なぜキャバクラ代がOKで
ベビーシッター代が
経費で落とせないのか!?

ダイヤモンドザイ Diamond ZAiが作った

フリーランスのための お金の本

マンガ
小迎裕美子×ダイヤモンド・ザイ編集部

ダイヤモンド社

巻頭マンガ
小迎裕美子のフリーランスに幸あれ！ 6

第1章 税金
税金って何ぞや 15

稼ぐのはうれしいが税金もがっぽりとられる
石川遼の稼ぎの4割が税金 …… 18

これだけは知っておけ
税金の額ってどう決まる？ …… 20

フリーが払う税金にはこんなにたくさんの種類が …… 25

誰でも払いたくないけれどどこんな落とし穴も
税金は安ければいいというわけじゃない …… 30

第2章 税務調査
「税務署に呼ばれました」 33

なぜ自分に来たのか？
税務署から連絡が来たらどうする？ …… 34

税務署に呼ばれた証言集①
事務所に税務署員が来たA子さん …… 36

税務署に呼ばれた証言集②
「ベビーシッター代」をつっこまれたB子さん …… 42

第3章 節税1
所得控除で税金を取り戻せ！ 47

節税効果が大幅アップ
所得控除で税金を取り戻すことができる！ …… 50

所得控除のポイント
税金をもっと取り戻せる所得控除の裏ワザ …… 52

専従者控除とは
フリーランスだからこそ妻や親族を雇うのもアリ …… 56

会社員も申告する
医療費控除と住宅ローン控除とは …… 58

第4章 節税2 経費を最大限活用せよ 61

経費があるほど節税になるワケ
納税も経費を使うも「出費」に変わりなし …… 64

経費積み増しのポイント
ぶっちゃけどこまでが「必要経費」なのか？ …… 66

フリーが使う勘定科目
経費は自分のモノサシで振り分けて○K！ …… 68

交際費
フリーランスは交際費が使い放題！ …… 70

福利厚生費
一人で仕事をしていても「福利厚生費」は大いに○K …… 71

旅費交通費
「旅費交通費」は事実上、領収書はいらない …… 72

家賃・通信費・水道光熱費
「家賃」「通信費」「水道光熱費」は事業の比率分が経費に …… 73

車両関係費
車のランニングコストは「車両関係費」で7割ほど …… 74

図書研究費・取材費
フリーだって市場調査が必要。「図書研究費」「取材費」を賢く使え …… 75

消耗品費
パソコン買うなら10万円未満で「消耗品費」で計上 …… 76

減価償却費
10万円以上の買い物は「減価償却費」で計上 …… 77

ぶっちゃけ！ フリーランスが知りたい経費Q&A …… 78

第5章 収入 これからフリーランスになるのなら 85

開業前の準備費用は開業費に
イザ、個人事業をスタート！ 必要な「届出」と「経費」は？ …… 88

「勤め人」から「フリーランス」へ
時間も心も自由だけれどお金の管理は自己責任 …… 90

「収入」の考え方の基本
フリーランスの「収入」と「利益」は違う！ …… 92

第6章 経理 帳簿付けなんてカンタンだ！ 97

どうして確定申告しなくちゃいけないの
1年間の所得金額を確定するのが「確定申告」
これをもとに住民税や健康保険料が決まる …… 98

簡単帳簿のための3種の神器
経費と生活費は銀行口座を別にして
ハッキリ、すっきり整理する …… 100

まずは帳簿をつけることから始めよう
帳簿とは、事業の家計簿のようなもの。
これを見れば、お金の流れがわかる！ …… 104

単式簿記って何？
収入と支出を記帳することでお金の出入りを
チェックする簡単な帳簿 …… 106

複式簿記って何？
お金の流れを「原因と結果」両面からチェック
資産や負債の残高、損益が把握できる …… 108

第7章 確定申告① 青色申告と白色申告どちらを選ぶ 115

申告には青色と白色がある
面倒な帳簿つけが必要ない「白色」 メリット大の「青色」 …… 116

青色申告のメリットは
節税になる特典をいろいろ受けられる …… 118

青色申告特別控除額「10万円」「65万円」の違いは?
複式簿記で帳簿をつければ「65万円」 簡易式だと「10万円」 …… 120

青色事業専従者控除はどう使う?
青色申告なら、家族への給料だって経費になる …… 122

ほかにもこんなメリットが!
赤字の繰越、資産の一括償却、貸倒引当金が効果の大きい特典 …… 124

青色申告は届け出から
青色申告は事前に届け出をしなくちゃダメ …… 126

「青色」「白色」あなたはどっち?
青色申告には準備が必要。青色なら今すぐ届け出を …… 128

第8章 確定申告② 「確定申告書」の記入ナビ 131

確定申告のダンドリ
申告提出までのスケジュールをきちんと把握しておこう! …… 132

確定申告はこの用紙を使う
個人事業主は必ず「申告書B」を使用する …… 134

収支の内訳だけでなく青色申告は貸借対照表を作成 …… 136

確定申告を作成しよう

CASE 1 白色申告の場合 …… 138

CASE 2 青色申告(支払調書あり)の場合 …… 148

CASE 3 青色申告(支払調書なし)の場合 …… 160

CASE 4 青色申告(赤字)の場合 …… 166

第9章 社会保険 賢く使おう! 国保と年金 175

フリーランスの国税と年金
自分の身は自分で守る! あぁ、社会保険のありがたさ …… 182

国民健康保険の基本
別枠でためないと大変 国保+介護保険も! …… 184

国民年金の基本
明るい老後にしよう! 年金の基本のキ …… 188

男と女の年金 Q&A …… 192

将来、年金が足りない!
一生お金に困らないために国民年金にプラスオン! …… 194

フリーランスの退職金
小規模企業共済で〝自前の退職金〟を作らねば!…… 196
社会保険と税金の関係
将来の備えが手厚いほど税金が安くなるのだ!…… 198
ぶっちゃけ! フリーランスが知りたい社会保険Q&A…… 200

第10章 消費税 いつかくるかも消費税 205

確定サラリーマン時代は関係なかった!
フリーランスは「消費税」もかかる!?…… 206
1000万円の売上なら50万円?
単純に売上の5%が課税額ではない!…… 208
帳簿の管理もカンタンで助かる
簡易課税制度を選択して消費税額計算も簡単らくらく…… 210

第11章 会社設立 会社にするか? 損益分岐点は? 213

法人化するかどうかは何で決める?
税額が安くなるかどうかを見極め。業種によっては助成金や許認可の有無も…… 214
売上や利益でみるといくら?
決め手は「課税所得400万円」「売上1000万円」を超えたら…… 216
法人化の最大のメリット
会社個人の「経費」をダブルで差し引ける…… 217
法人化すると経費もこんなに違う
個人では認められない経費がガッツリ落とせる…… 220
節税だけ見ている大きな落とし穴も
会社を設立することで逆にこんな費用が発生する!!…… 222

フリーランスの知っ得コラム

コラム1 雇われ人から経営者へ。まずは「屋号」をつけよう 14
コラム2 納税が遅れると延滞税が! 振替納税を利用する手も 32
コラム3 税務調査の実態は? 申告漏れの平均所得は965万円 46
コラム4 稼ぎすぎ一発屋のための平均課税とは? 60
コラム5 税務署から呼び出しが来る人、こない人のボーダーライン 84
コラム6 年収300万円以下の会社員は4割。それより稼げるフリーに! 96
コラム7 脱・帳簿つけには会計ソフトを使いこなそう 114
コラム8 意外な節税制度発見! 「ふるさと納税」を活用 130
コラム9 自動計算されてサクサク! 国税庁のHPは便利!! 174
コラム10 「ねんきんネット」でもらえる年金をチェック! 204
コラム11 仕事がないと不安…フリーランスのメンタルケア 212

小迎裕美子の
フリーランスに幸あれ!
思う所が色々ありまして。フリーランスになりました。
この本を手にとっているアナタも色々ありましたよね!
夢とか野望とかもうやってらんないとか
これで自由になれる!
目がさめた時間が始業時間としよう。
あーフリーさいこー
自分のやりたい事をやりたいようにやれる!!
しかも稼げば稼いだだけ自分のもの♡
わりと幻想です
……と思っていましたがそうは問屋がおろしません。
うっ…なんか
思わぬ足かせがっ
クッ

それは…
お金!!
お金にまつわるエトセトラ!!
会社員だった頃 支給総額以外は ちゃんと見ていなかった私です
給与明細
支給
控除
厚生年金
住民税
私だけじゃないですよね?
会社員時代の明細 チェックはココのみ。
知らないウチに(?)天引きされていたので意識してませんでしたが
税金って…こまごまと…こんなにとられてるって知ってました?
ウイイン
あーっ
稼げば稼ぐほどもってかれる〜!!

そして
きたるべき
3月を前に。
フリーになっての口ぐせは
「領収証ください!」です!
フリーランスにとって
決戦ともいうべき
確定申告!!!
もらいまくった領収証がどこまで経費として通用するのか!!
観葉植物
PC
マグカップ
画材
資料
戦国武将
打合せ…コーヒーは?
OKでしょ
もちろん
ケーキやパフェは?
OKじゃないっ?
一人、二万五千円くらいのフレンチは?
高いワイン
アリ?、
…OK…なのかな?、

ちなみにキャバクラでの接待は
OK
ですが
うへへ
※イメージです
ベビーシッター代は、
なんと
NG
という。
なぜ!!?
こっちがききたいっ
経費…なぞだらけです。
線引きがイマイチわからない…
線引きといえばーー
フリーランスの人は
自宅が仕事場
という人も
多いですよね。
….

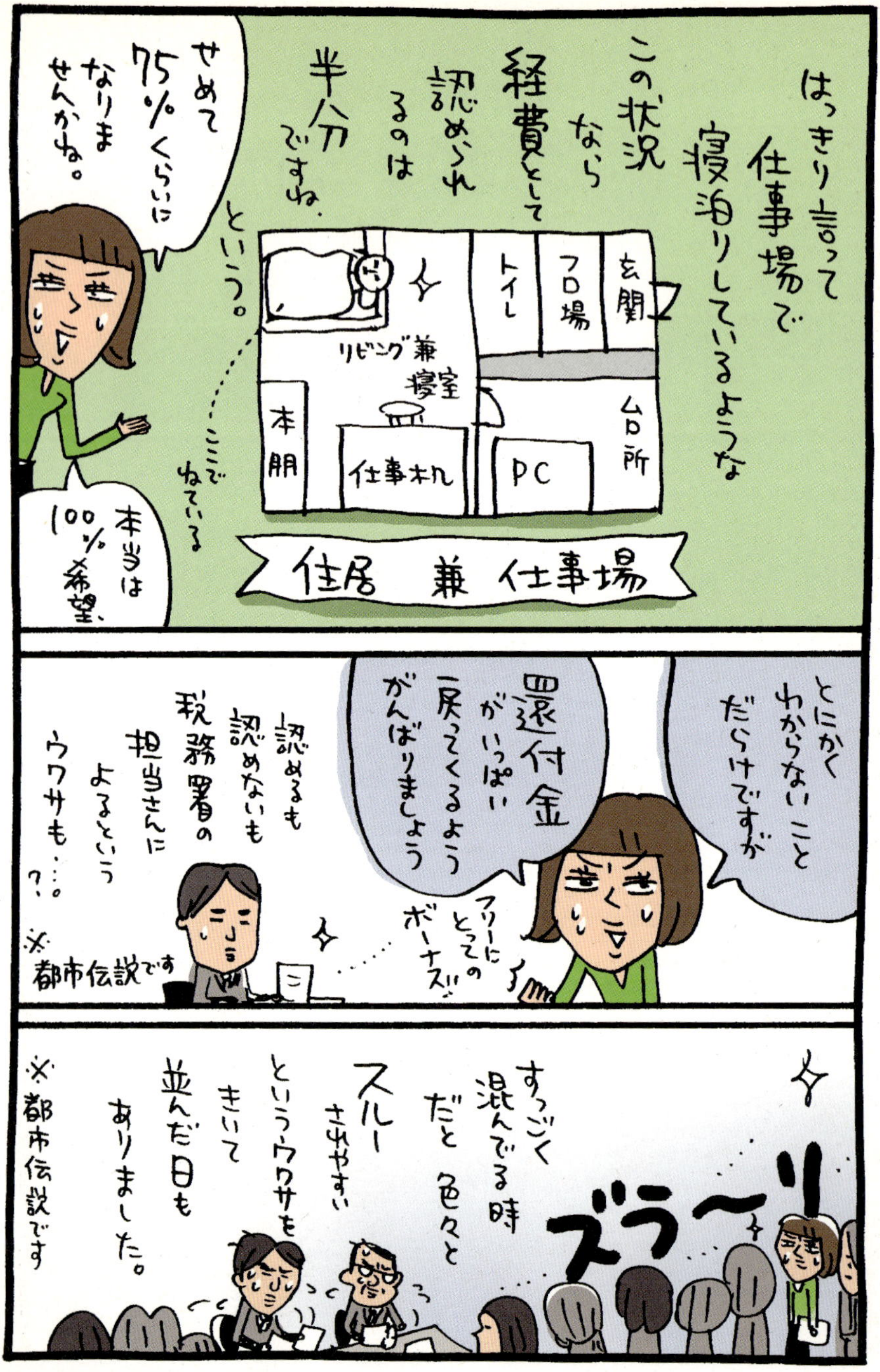

はっきり言って仕事場で寝泊りしているような
この状況なら経費として認められるのは半分ですね。
という。
せめて75%くらいになりませんかね。
玄関
フロ場
トイレ
リビング兼寝室
台所
本棚
仕事机
PC
ここでねている
住居 兼 仕事場
本当は100%希望。
とにかくわからないことだらけですが
還付金がいっぱい戻ってくるようがんばりましょう
フリーにとってのボーナス!!
認めるも認めないも税務署の担当さんによるというウワサも…?。
※都市伝説です
すっごく混んでる時だと色々とスルーされやすいというウワサをきいて並んだ日もありました。

ズラ〜リ
※都市伝説です

さらに〜〜。
フリーランスにとって大切な社会保険。
国民健康保険ーと
一カ月こんなに支払うのか……もしもの事があったらアレだしなぁ…
病院ギライのためめったに行かない
国民年金!!!
ドン
年金……と言えばワタクシ……
会社やめたり結婚したり引越したり
厚生年金からの切りかえがアレだったり何だかんだとうやむやで。
なんかハガキいっぱいきてたなー
あと、行きずりのFPさんにー
お金のプロ
将来ぜったいもらえなくなるから私、払ってないよ
若い→
FPさん
力強く断言され。
影響されやすい魚座の私は……。
払ってない時期もあったりなかったりず〜〜っとあったり……。

するとある日。
ヒラリ
ついに来た!!
っていうかなんで私だけーーッ
ぎゃっ
年金払わないと預貯金と財産差押えます。という催告状が!!
けっこうドキッとします→
2人の先生にすがってみました。
っていうか取材しました。→
とりたてが!?
どうしたらいいんですかー
先生〜〜〜っ
払っていない人、他にもいるのになんで私だけ〜〜〜っ
I 税理士
社会保険労務士
S 社労士

・・・。
結果はうしろのページで。
私ほど無知で無頓着ではないにせよ
皆さまがフリーランスを生き延びていくためにー。1ミリでもお役にたてたらと思います。
経済ジャーナリストFさん。
Kさん
こちらのおふたりも強い味方です。
老後の事とかもありますしね。

海千山千のフリーランス向け「お金の本」です

フリーランスになられた方、これからなろうとしている方。まさに人生の転職ですね。**これからは、自由と引き換えに何もかも自分でやらなければなりません。**会社任せで気にしていなかったことが、すべて自分に振りかかってくるからです。

本書はそんなフリーランスの人たちのために、収入、税金、社会保険、所得控除、経費、帳簿、確定申告などの内容や手続きの解説をしたお金関係の本です。杓子定規ではなく、少しでも節税をするためのノウハウを、税理士と社会保険労務士のアドバイス中心に解説しています。

フリーランスになったらとにかく稼いで、**儲けて**、**きっちり確定申告**することが肝心。特に1年目が大事なので、本書でしっかり確認を。

フリーランスの知っ得コラム

column

雇われ人から経営者へ。まずは「屋号」をつけましょう！

会社員からフリーランスになると、会社の肩書きがなくなるため個人名で勝負しなければなりません。電話をかけるときには「デザイナーの○○○○です」という具合にです。

これではいかにも一人でやっているのがミエミエなので、フリーランスでも「屋号」をつけることをおすすめします。たとえ自宅兼事務所でも、名詞に「デザインオフィス△△△」と屋号が入っていたほうが、信頼度、信用度が少しアップ。事業内容も伝わりやすいし、何よりも取引先に覚えてもらいやすくなります。

屋号は自分で考えればＯＫ、特に税務署や自治体に申告する必要はありません。短く、自分らしい屋号をつけましょう。同時進行でドメインが空いているかどうかもチェックを。ホームページやメールアドレスも仕事専用のほうがビジネスチックで、仕事の幅が広がるというものです。

また、フリーランスになったら会社員時代よりも大局観を持つことを心がけましょう。どんなに小さくとも、いっぱしの経営者として経済情勢やビジネスの潮流を見つつ、自分がどう生き残っていくかを考えて。

そういうつもりで仕事をすると、いろいろなアイディア浮かんできて、実行に移すにも仕事のやり方が変わってきます。受け身ではない、「経営者の視点」を持つフリーランスをビジネス界は求めています。

開業までのチェックリスト

退社準備

- □ 退職の申し出、決定
- □ 退職願の提出
- □ 業務マニュアルの作成、引継ぎ
- □ 退職時の手続き

退社後

- □ 退職の挨拶状送付
- □ 取引先へ退職の挨拶
- □ 失業保険の手続き
- □ 国民健康保険の手続き
- □ 国民年金の手続き

開業準備

- □ 独立スタイルを決める
- □ 取引先をリストアップ
- □ 事業プランを立てる
- □ 開業資金を計算する
- □ 屋号をつける
- □ 仕事場の環境を整える
- □ 営業・販促ツールを作る
- □ 取引ツールを作る
- □ 開業届を税務署に出す
- □ 開業の挨拶状送付

第 1 章

税金

まずは 税金って何ぞや

所得税、住民税、事業税、消費税…
他人任せにできない税金だから
内容をキッチリ理解して
どれくらい納めるのか確認を!

12回に分割されていたものが1回とか2回でまとまった額になると
っていうか
ぎゃっ
振り込み票
ショックが大きいです。

会社員だった頃
税金はーー＊
毎月コンスタントに給料から天引きされていました。
知らないスキに…
給料
フリーになると
税金は…
ちょっと休憩中
一気にドカッと忘れた頃にやってきます。
12回に分割されていたものが1回とか2回でまとまった額になると
ゆーっ
っていうか
ぎゃっ
ショックが大きいです。
振り込み票

税金と無関係ではいられない！きっちり勉強を

会社員は天引きの形で、税金や社会保険が差し引かれていたので、いったい、自分が何をいくら支払っているのか、知らなくとも、何の問題もありませんでした。

しかし、フリーランスになると、自分がいくら稼いで、そこからいくらの税金を支払わなければいけないか、自分で計算して、自分で支払いをしなければいけません。それが、毎年2月16日から3月15日に申告する「確定申告です」。

これで国税の所得税額を確定させると、住民税や消費税の納税通知が税務署や自治体から送られてきます。払いたくないけれど、払わないわけにもいかない税金。どうせ支払うなら、詳しくなってやれ！

もちろん、節税のテクも勉強しながら、お金に強くなろう。

稼ぐのはうれしいが税金もがっぽりとられる

石川遼の稼ぎの4割が税金

収入は多ければいいという考えはNG？

会社員は1カ月一生懸命働いたとしても、1カ月分の給料しかもらうことができない。**一方、フリーランスといえば、会社員とは異なり働けば働くほど1カ月の収入は多くなる。**収入は多ければ多いにこしたことはないと思う人もいるだろうが、ちょっと待ってほしい。

たとえば、プロゴルファーの**石川遼君**。若くして賞金王になるなど、たくさんの収入を得ている。あれだけ稼げたらと誰もが思ってしまいがちだが、**実は、大変な額の税金を払っているのだ。**

石川遼君の年収が4億円だとして試算してみよう。遼君は個人事業主になるので、4億円のうち、経費を差し引いた所得に税金がかかる。この、経費がいくらかかったかによって税金の額は変わるのだが、仮に、収入の4割が経費だとすると、4億円のうち、税金がかかる所得は2億4千万円。**税額は約9千万円になる。**年収の約2割が税金で消える。

年収４００万円のイラストレーターも、同じく収入の4割が経費だとすると、所得が２４０万円。これにかかる税金は約14万円だ。これだと税金は年収の約3％。試算とはいえ、遼君との負担の違いは明らかだ。

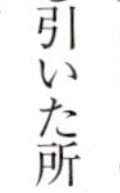

所得が多くなると税率は高くなる

なぜこんなことになるのか。そもそも所得税は課税される所得金額、つまり年収からさまざまな経費を差し引いた金額によって税率が決まっている。**この課税所得金額が高くなればなるほど税率も高くなるという「累進課税」になっているからだ。**ある意味当然といえば当然かもしれない。だって、石川遼君とあなたの税率が一緒だったら、ばかばかしくて仕事なんてやる気にならないはず。もし、自分の稼ぎのうちの2割も税金でとられたら、生活も厳しくなる。

そうはいっても、2割も税金でとられ

てしまう遼君って正直、ちょっとかわいそうかも。しかし、これが「累進課税」の現実だ。

自分の税金はいくらなのか課税所得を知ることが大切

この累進課税は、たとえば課税所得が１９５万円以下の場合の税率は５％だが、課税所得が３００万円の場合は、１９５万円を超えた額に対しては10％の税率がかかり、１９５万円以下の額については５％の税率がかかる。

厳密には、**石川遼君の場合は１８００万円を超える額については40％だが、１８００万円以下については33％や23％など、それぞれ一定額以上になった場合にその超過金額に対してのみ、より高い税率を適用する「超過累進課税制度」にな**っている。まず、自分にどの程度の税金がかかるのか、次のステップ１からを参考にして課税所得を知ることが大切だ。

これだけは知っておけ

税金の額ってどう決まる？

STEP 1 まずは12カ月の収入を計算する

1年間で入金されたものが確定申告の対象

自分の税金の額を知るためには、まず1年の稼ぎを把握する必要がある。

会社員の場合、残業代などで多少のずれはあるが、一定額を毎月受け取ることになる。しかしフリーランスの稼ぎとなると、左の図のように1月は25万円、2月は40万円の収入があったとしても、5月には20万円、10月には15万円とその月によってばらつきが出るのは当たり前。

また、仕事の都合によって納品してから入金されるまで2カ月以上間があくことはざらだ。**フリーランスの1年の稼ぎとは1月から12月までの間に入金された金額の合計額だ。**もし、昨年の6月に納品して入金が今年1月になったとしたら、それは今年の売上となり、今年の分として申告する。もし、今年の年末に納品したものでも入金が来年になってしまったら、それは来年の分として申告することになる。

今年やった仕事だからといって今年の分として申告できるとは限らない、あくまでも1年間で入金されたものが申告の対象となることは覚えておこう。

支払調書の合計額が1年間の稼ぎとなる

生活費の源でもあるので、毎月、銀行口座の記帳はまめにして、いくら入金されたかの確認は必須だ。1月から2月にかけて、**昨年の仕事先から支払調書が送られてくるので、基本的には全部の支払調書を合算すれば1年間の稼ぎは把握できるはず。ちなみに1年間の稼ぎは収入であり、売上である。**左のケースの1月から12月までを計算すると、４００万円の売上があったことがわかる。

1年の稼ぎは1月から12月の入金ベースで!

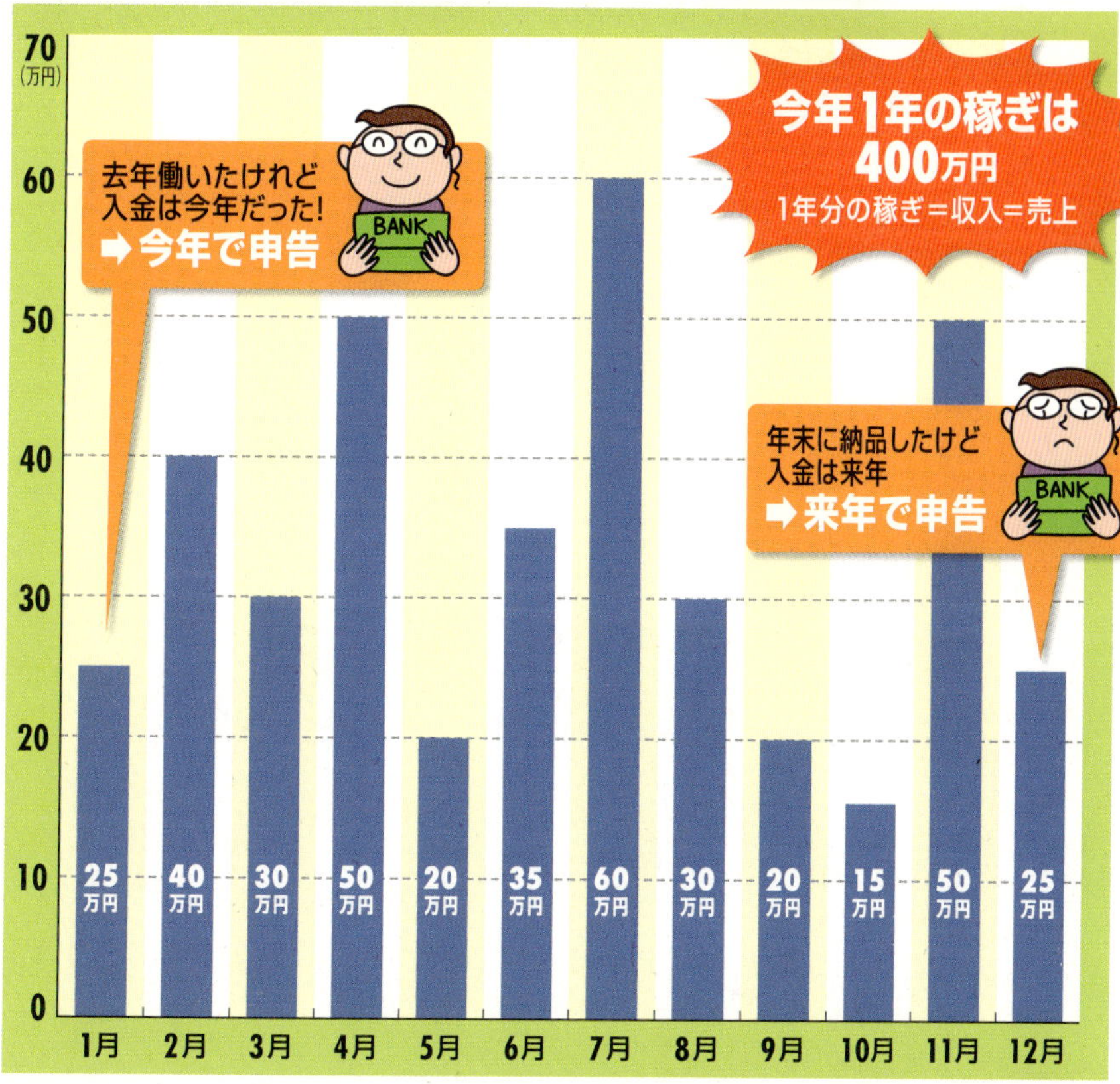

Q 支払調書ってどんなもの?

A フリーランスの場合、仕事の売上から前もって10%の所得税を差し引かれて支払われている。この納税を証明するものとして、仕事先から1月頃に送られてくるのが「支払調書」だ。もし、昨年10社と仕事をしたら10枚分が送られてくる。確定申告のときには忘れずに申告書に添付しよう。

支払調書

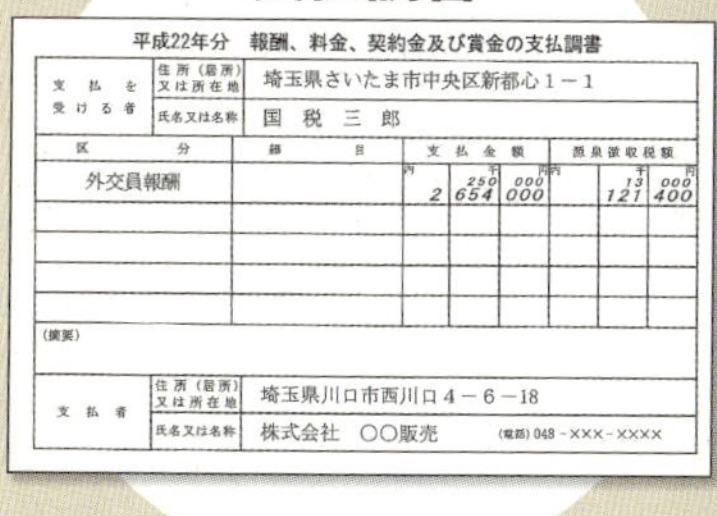

平成22年分　報酬、料金、契約金及び賞金の支払調書

支払を受ける者	住所(居所)又は所在地	埼玉県さいたま市中央区新都心1－1
	氏名又は名称	国　税　三　郎

区分	細目	支払金額	源泉徴収税額
外交員報酬		内 250千 000円 2 654 000	内 13千 000円 121 400

(摘要)

支払者	住所(居所)又は所在地	埼玉県川口市西川口4－6－18
	氏名又は名称	株式会社　〇〇販売　(電話)048－×××－××××

STEP 2

売上から経費を差し引く

稼ぎから経費を差し引いてOK!!

1年間の売上が把握できたら、売上から経費を差し引いていこう。これまでで1年間に400万円の売上があることがわかったが、この400万円の売上を得るために、さまざまな経費がかかっているのだ。

たとえば、左でも紹介しているように、事務所費として6万円、これは1年間分なので72万円、そして事務用品費や通信費、この通信費にはインターネットや電話代などが含まれている。

ほかにも、仕事先へ行くためにかかった旅費・交通費や仕事先の人との飲食代などの交際費などが当てはまる。これらの経費を合計すると150万円となった。

1年間の売上である400万円からこの経費の合計分150万円を差し引くと250万円となる。この250万円が1年間で得た本当の稼ぎとなるのだ。

1年分の事業にかかった経費を計算する

事務所費 （詳しくはP73） 6万円×12カ月＝	72万円
事務用品費	15万円
通信費	15万円
旅費・交通費	18万円
図書研究費	4万円
打ち合わせ・会議費	10万円
水道光熱費	8万円
交際費	8万円
かかった経費	150万円

400万円－150万円＝250万円

売上 － 経費 ＝ 所得

消耗品費や広告宣伝費などその他の経費も知っておく

そもそも経費とは、仕事をするためにかかった費用を指している。フリーランスで仕事をする場合、上記で挙げたもの以外にも様々な経費があることを知っておこう。

たとえば文房具やコピー用紙、名刺代などの「消耗品費」や、仕事を増やすために作成したパンフレットやチラシ、ネット上での広告にかかった「広告宣伝費」などがある。

STEP 3

所得から控除を差し引く

「控除」という隠れた経費も引ける

売上から差し引けるのは経費だけではない。様々な控除を差し引くことができるのだ。

まず、代表的なのが38万円の基礎控除だ。この基礎控除とは、収入のある人全員が対象で、収入の多い少ないに関係なく無条件で認められている控除だ。そして社会保険料控除は、金額の制限はなく**1年間に支払った国民健康保険料や国民年金などの社会保険料全額が控除の対象となる**。これらの控除を差し引くことで、税金がかけられる所得（課税所得）を減らすことができる。

下のケースでは、250万円の所得から38万円の基礎控除と33万円の社会保険料控除を差し引いた結果、179万円まで課税所得を減らせた。もし、10万円以上の医療費がかかれば医療費控除や妻がいれば配偶者控除なども差し引くことができる。

「所得」から「控除」を差し引く

400万円（売上） − 150万円（経費） ＝ 250万円（所得）

250万円（所得） −（38万円（基礎控除） ＋ 33万円（社会保険料控除））

＝ 179万円（課税所得）

400万円の売上があっても課税対象になるのは179万円だけ!

やっと一年間の売上が計算できた
そこから「経費」と「控除」を引くんだ!
げっ
やっとSTEP1が終わっただけなんだ〜

STEP 4

課税所得に決められた税率を掛けたものが税額!!

課税所得額によっては還付される可能性も

ゴールは近いぞ。課税所得がわかったら、該当する税率を掛ければＯＫだ。１７９万円の課税所得に対する税率は５％、この５％を掛けることで８万９５００円という納付税額を割り出すことができた。

この額を出すために今までやってきたのだ。**もし、支払調書が出ていれば既に10%を所得税として納めているので、その合計額が８万９５００円以上なら還付金として戻ってくる可能性がある。**払い過ぎていた税金なので戻ってくるのは当然なことだが、ボーナスのようで、ちょっとうれしい。

最後は税率を掛けて計算終了!

課税所得 179万円 × 税率 5%

= 納付税額 8万9500円

400万円の収入だけれど、払う税金は8万9500円でOK
ちなみに支払調書をもらう働き方の場合、既に報酬の10%を所得税として納付済み。
支払いすぎていれば還付の可能性あり

先輩フリーランスの
ぶっちゃけ!

生命保険
控除
小規模企業共済

貯金好きなイラストレーター いつのまにか節税にも

Sさん・32歳・イラストレーター

勤勉家のイラストレーターSさん。会社員時代から個人年金に加入しており、フリーランスになったのを期に、小規模企業共済にも月5万円加入。お金にはきっちりしています。おかげで独身ですが、控除が100万円超えており、実家住まいなだけに、節税対策にもなっているそう。

フリーが払う税金にはこんなにたくさんの種類が

稼ぐほど税率が上がる

所得税

所得税の税率は5%から始まり最高40%

フリーランスが払う税金の代表選手は個人の所得に対してかかる「所得税」だ。これまでのステップは、この所得税を計算するために紹介してきたのだ。所得税は下表のように課税所得額によって税率が変わってくる。たとえば、195万円の人の税率は5%で税額9万7500円、**しかし200万円になると10%と税率が倍になるが20万円になるわけではない。**10%かかるのは195万円を超えた部分だけなので、大半は5%だ。これを計算しやすくしているのが控除額だ。

200万円に10%を掛けて9万7500円の控除額を差し引くと10万2500円という正しい所得税を導き出せた。速算表を見れば、意外と簡単に計算できるのだ。

所得税の速算表

課税される所得金額		税率	控除額
超	以下		
	195万円	5%	0円
195万円	330万円	10%	9万7500円
330万円	695万円	20%	42万7500円
695万円	900万円	23%	63万6000円
900万円	1800万円	33%	153万6000円
1800万円		40%	279万6000円

翌年に請求されるので注意

住民税

所得額にかかわらず税率は一律10％と一緒

所得税は国に対して納める税金だが、**住民税は都道府県と市区町村に対して納める税金**で、名前のとおり住民が住んでいる地域に納める。住民税も所得税と同様に、所得によって税額が決まるので、**所得が多ければ当然支払う住民税も多くなる**。下の図にもあるように、住民税は一律10％。所得税のように**所得が多いからといって税率が変わるわけではない**。10％の税率のうちの4％が都道府県民税で残りの6％が市町村区民税だ。

住民税をいつ納めるかというと、実は翌年の6月と後払いになっている。なので今年の収入が多くても、**翌年の収入が少ないときには住民税を納めるのが大変になる場合があるので注意したい**。住民税の納税は、一括で納めるもよし、4回に分けて納税するもよしだ。

住民税のしくみ

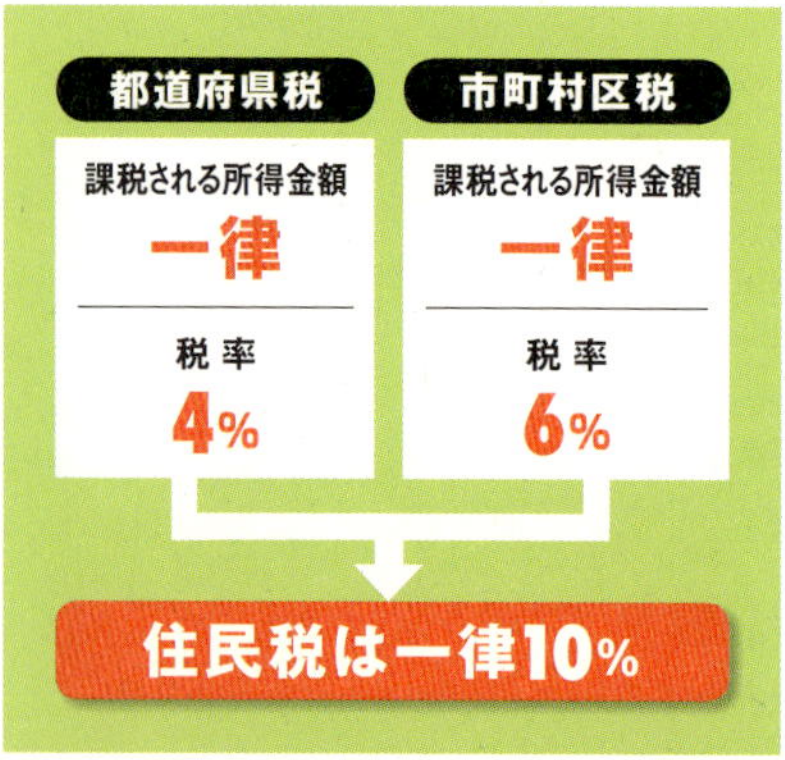

住民税は忘れた頃にやってくる

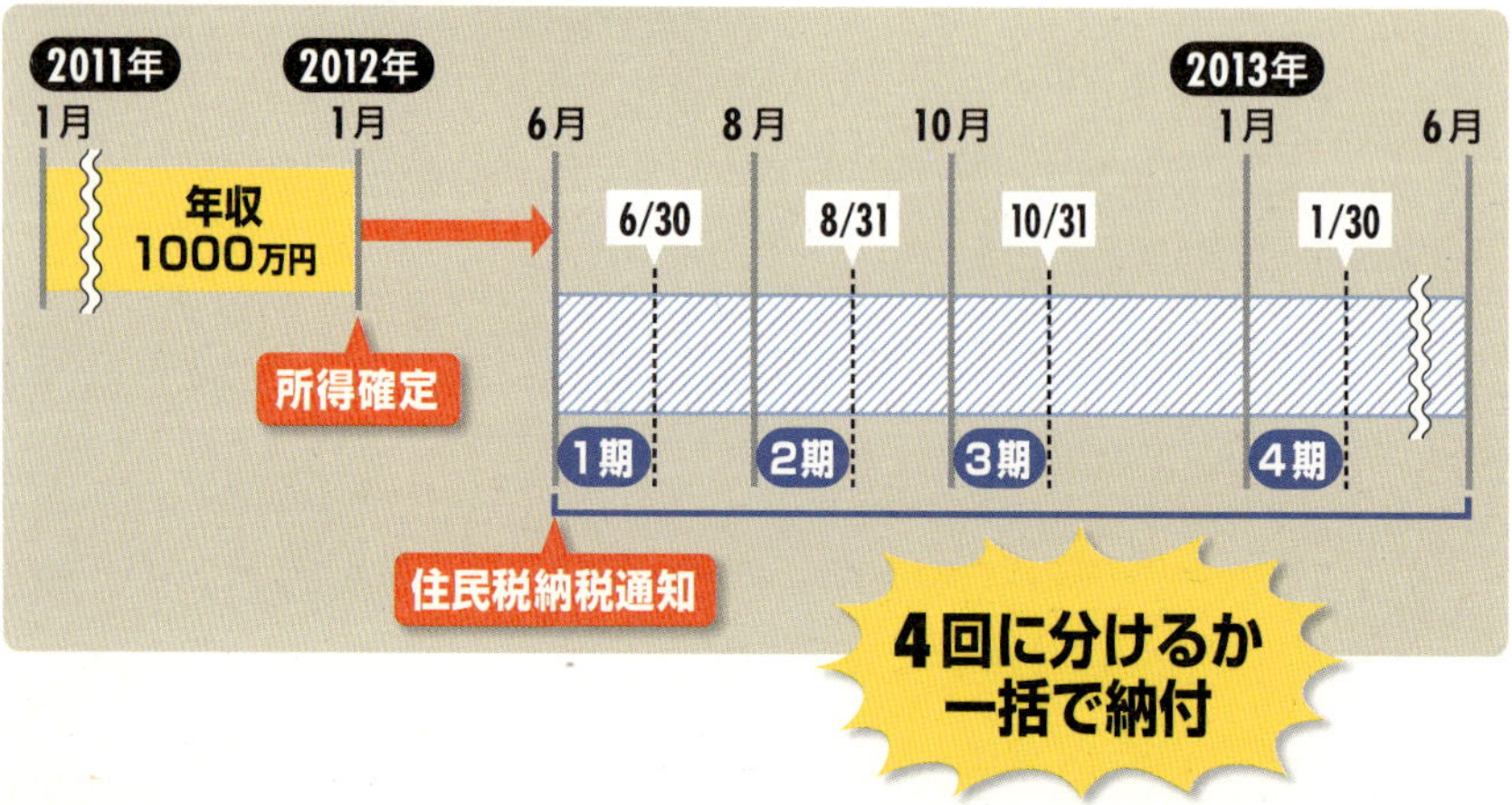

所得が290万円を超えるとかかる

事業税

ライターは払わないが デザイナーにはかかってくる

事業税は事業を行っている人が支払う税金で、所得によって納める税額が決まる。とはいえ、その税率は所得の多い少ないによって決まるのではない。下の表に出ているように、**事業内容によって税率が決まる仕組みだ。**課税対象となる事業は、第一種、第二種、第三種の3つに分かれている。

たとえば、第一種事業には印刷業や保険業を営んでいる人が該当し税率は5%。第二種事業には畜産業を営んでいる人が該当し税率は4%。第三種事業にはマッサージ業などを営んでいる人が該当する3%の税率と、税理士やデザイン業、美容業などを営んでいる人が該当する5%の税率の2種類に分かれている。**同じフリーランスでも、カメラマンやライターは該当しないが、デザイナーは該当するというちょっと不思議な区分けだ。**計算方法は所得税と同じだが、事業税には290万円という「事業主控除額」が認められているので、所得が290万円を超えなければ税金はかからない。

課税対象事業の種類と税率

	税率	種類
第一種事業	5%	物品販売業、保険業、金銭貸付業、物品貸付業、不動産貸付業、製造業、電気供給業、土石採取業、電気通信事業、運送業、運送取扱業、船舶ていけい場業、倉庫業、駐車場業、請負業、印刷業、出版業、写真業、席貸業、旅館業、料理店業、飲食店業、周旋業、代理業、仲立業、問屋業、両替業、公衆浴場業(第三種事業に該当するもの以外)、演劇興行業、遊技場業、遊覧所業、商品取引業、不動産売買業、広告業、興信所業、案内業(通訳案内業を除く)、冠婚葬祭業
第二種事業	4%	畜産業、水産業、薪炭製造業
第三種事業	3%	助産師業、あん摩、マッサージ、指圧、はり、きゅう、柔道整復、その他の医療に関する事業、装蹄師業
第三種事業	5%	医業、歯科医業、薬剤師業、獣医業、弁護士業、司法書士業、行政書士業、公証人業、弁理士業、税理士業、公認会計士業、計理士業、社会保険労務士業、コンサルタント業、設計監督者業、不動産鑑定業、デザイン業、諸芸師匠業、理容業、美容業、クリーニング業、公衆浴場業(銭湯)、歯科衛生士業、歯科技工士業、測量士業、土地家屋調査士業、海事代理士業、印刷製版業

１０００万円を超えるとかかる

消費税

報酬の請求には消費税を上乗せする

近い将来引き上げが予想されるおなじみ５％の「消費税」。この５％の消費税はお店などが国の代わりに徴収しているだけで、最終的には国に納めなければいけない税金だ。

実はフリーランスが支払う税金の一つでもある。**ただ消費税を支払うのは、売上が１０００万円を超える課税事業者で、それ以外の人は「免税事業者」となる。課税事業者となっても、実際に課税されるのは２年後だ。**

免税事業者は消費税を支払う義務はないが、仕事先に消費税を請求できる。というのも免税事業者であっても、経費などで消費税を負担しているので、**利益を確保する意味でも報酬に消費税を上乗せすることができるのだ。**もちろん、確定申告時には、仕事先から消費税として受け取った金額も売上に含めて所得税の課税対象とすることを忘れてはならない。

土地保有でかかる

固定資産税

カメラやパソコンなど未償却残高が１５０万円以上限定

「固定資産税」は、毎年1月1日現在に、土地や家屋、償却資産を持っている人が払わなければいけない地方税だ。賃貸のときには払っていなかっただけに、マイホームを手に入れてから初めて知ったという人もいるようだ。住宅ローンの支払い以外に、管理費や修繕積立金とともに考慮しておく必要がある支出だ。

土地や家屋以外にも、たとえばカメラやパソコンなど、仕事で使う高価な機材や設備などの償却資産に対しても税金がかかる。といっても、払ったことがないという人も多いはず。なぜなら、償却資産については未償却残高の合計が１５０万円以上の場合に限られているからだ。もしこれ以上ある場合の税額は、固定資産の評価額に１・４％の税率を掛けて算出すればＯＫ。納税書は毎年4月に送られてくる。

意外とかかる

自動車税

4月1日時点の保有者に1年分課税される

仕事で自動車を利用しているなら「自動車税」もかかる。**税額は自家用や営業用、また排気量などによって決まる。**たとえばカメラマンなどが移動で使う自家用の場合、排気量が2・5リットル超3リットル以下とすると5万1000円の税額だ。排気量が大きくなれば税額は高くなり、自家用の最高税額は11万1000円。この自動車税は4月1日時点の保有者に1年分課税される。

自動車関連の税金は他にもある。たとえば自動車取得税。これは50万円を超える自動車を購入したときにかかる地方税だ。条件が50万円なので中古のとっても安い車を購入した人以外、ほとんどの人が払わなければいけない税金である。税率は自家用自動車の場合で5％、営業用自動車や軽自動車の場合は3％だ。

仕事を外注するとかかる

源泉所得税

天引きした税金は翌月の10日までに税務署に納付する

仕事先から送られてくる支払調書を見ると、10％の源泉徴収税額が差し引かれているのがわかる。この源泉徴収制度とは、本来であれば納税者であるフリーランスで働く人が支払うべき税金を、報酬を支払う仕事先が納税者にかわって納めているのだ。**ということは、フリーランスで仕事をしていて、たとえばデザイナーやライター、カメラマンなどに仕事を依頼したときには、これまで仕事先の人がやってくれていた源泉徴収制度を自分でやらなければいけないのだ。**つまり、源泉徴収税額を天引きしてから支払うことになる。

天引きした源泉所得税は、翌月の10日までに「報酬・料金等の所得税徴収高計算書」で、銀行などを通じて税務署に納付する。納付用紙は税務署に用意されているし、届け出などをしていれば税務署から定期的に送られてくる。

誰でも払いたくないけれどこんな落とし穴も

税金は安ければいいというわけじゃない

所得がゼロなら住宅ローンは借りられない

　これまで自分の税金を知るためにいろいろなことを学んできた。税金って面倒くさくて複雑そうだと思っていたけど、意外と筋道が通っていて、明快なものと理解できたのではないだろうか。

　でも、結局、税金は安い方がいいよと思っている人がいたら、ちょっと考えを改めてほしい。安ければ安いほどいいわけでもないのだ。

　税金が安いということは、所得が少ないということ。フリーランスだから、経費などがたくさんかかった場合は所得が少なくなることはあるだろう。しかし、所得が少ないことによって受けるデメリットは、「税金は安い方がいいよね」と軽く考えていたことを後悔するほどのインパクトがある。

　まず、住宅ローンなどをはじめとする銀行からの融資が受けられない可能性がある。

　フリーランスにとって、所得を証明するものというと確定申告書しかない。その**確定申告書で所得が少ないということを証明してしまうことになるのだ。所得が少ない人に銀行はお金を貸してくれるだろうか…。**難しいだろう。結果、仕事のために必要なものを購入したくて、銀

私
エコに
うるさいの
自宅に
エコキュート
つけよう
あっ
どうも
エコ
キュート
主婦誌ライターKさん
エコ住宅
補助金を
出すので
「納税証明書」
を提出して
はい
赤字申告に
しなくて
よかった
──
ははっ

行からお金を借りようとしても借りられない事態を招くのだ。

確定申告は所得を証明する唯一の手段

住宅ローンだけではない。フリーランスにとって、一番の危機は病気や事故などで仕事ができなくなることだ。そのために、休業補償などが受けられる保険などに入っておけばと思うだろう。

仮にそんな殊勝な気持ちで保険に加入した、Aさんというデザイナーがいたとしよう。Aさんは必死に働き年間1000万円を稼ぎ、経費を盛りだくさんにして所得税をゼロにしていた。そんなAさんが病気になってしまった。入院すれば医療保険からお金は出る。しかし、運悪く自宅で長期間、療養することになってしまったから悲劇だ。

自宅療養では医療保険からお金は出ない。こんなときに活躍するのが休業補償の保険だ。休業補償にはいろいろなタイプがあるが、Aさんの場合、1カ月の平均所得が補償の限度額というものだった。**正しく確定申告していればもらえていた休業補償が、経費を盛りだくさんにして所得をゼロにしていたためもらえなくなってしまったのだ。**

Aさんは体力に自信があり、日ごろから健康には人一倍気をつかっていた。加えて、保険にも入っていたので、いざというときの備えは万全だったはず…。しかし、フリーランスの特権といわんばかりに、当然のように所得をゼロにしたせいで、まさかこんなことになってしまうとは夢にも思ってなかったのだ。

もちろん正しく申告をした結果、所得がゼロになったのであれば、来年こそ税金が払えるように頑張ればいいだけのこと。**唯一、所得を証明できる確定申告では、正しく申告しよう。**

確定申告をさぼり住宅購入で慌てて申告を

Tさん・36歳・建築家

建築家Tさんは、大手建設会社の仕事がほとんどで、源泉10%を引かれて報酬をもらっています。そのため、「忙しさにかまけて」、5年間、確定申告をさぼっていました。ところが、結婚して住宅を購入することになり、慌てて、5年分遡って申告を。収入が確定しないと、住宅ローンも組めない！

column

納税が遅れると延滞税が！振替納税を利用する手も

確定申告をして所得税が還付される人はいいけれど、税金の納付をしなければならない人もいるでしょう。

やっとの思いで確定申告はしたけれど、税金はいつまでに払わなければいけないの？ そうです。現金での納付は3月15日です。この日が土曜日や日曜日、国民の祝日・休日の場合は、その翌月曜日が納付期限となります。

基本的には、現金に納付書を添えて、金融機関の窓口やコンビニンエンスストアで支払いをします。もしも納税が納期限に遅れると、期限の翌日から納付の日までの延滞税を併せて納付しなければいけなくなります。

延滞税は納期限翌日から完納の日までに年7.3%の割合で課税されてしまいます。せっかく経費を必死に計算したのに、延滞税をかけられたのでは元も子もありません。延滞税は絶対に避けなければいけない、つまり、納付が遅れるのは厳禁ということです。

毎年、確定申告によって納税が発生することが予想される人は、納税を忘れないために、振替納税制度を利用する手もあります。利用するには、金融機関に振替納税手続の用紙（下参照）を提出するだけ。

事前に手続きをしておけば、翌年から納付は4月20日に自動的にできるようになります。国税の振替納税は、所得税、消費税で利用可能です。

納付書送付同意書

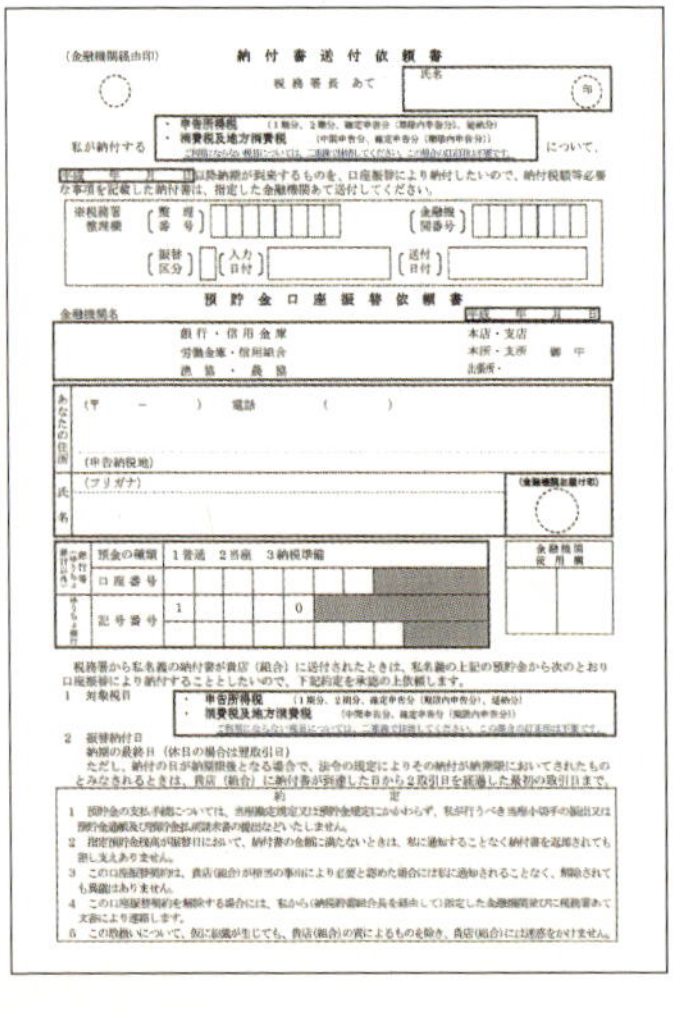
納付書送付依頼書

税務署長 あて

預貯金口座振替依頼書

振替納税での納付時期

❶申告所得税 平成23年度分

納期等の区分	法定納期限	振替日
平成23年分 予定納税1期	平成23年 8月1日(月)	平成23年 8月1日(月)
平成23年分 予定納税2期	平成23年 11月30日(水)	平成23年 11月30日(水)
平成23年分 確定申告	平成24年 3月15日(木)	平成24年 4月20日(金)
平成23年分 確定申告延納	平成24年 5月31日(木)	平成24年 5月31日(木)

❷消費税及び地方消費税 平成23年度分

個人事業者

納期等の区分	法定納期限	振替日
確定申告（原則）	平成24年 4月2日(月)	平成24年 4月25日(水)

第2章

税務調査「税務署に呼ばれました」

申告に不審な点があると
税務署から連絡があるかも。
脅かすわけではないけれど、
実際にあったケースをご紹介

なぜ自分に来たのか？

税務署から連絡が来たらどうする？

追加課税されると延滞税や重加算税が

フリーランスになって自分で税金の申告をするようになったら、当然、「税務調査」については、意識するべきだろう。

もしも、税務調査が実際に入り、不正がみつかったりすると、追加課税がかけられるうえに、その税金には「過小申告加算税」と「延滞税」がかかってしまう。

過小申告課税は「追加で支払う税額の原則10％」、延滞税は「追加で支払う税額の年利14・6％を日割り計算した金額」となっており、もたもたしていると、支払う税金は雪だるま式に増えてしまう。

さらに「悪質」と判断された場合には、「過小申告加算税」が「重加算税」に変更になり、「追加で支払う税額を35％上乗せ」する厳しい追徴が課されてしまう。

サラリーマンでは決して味わうことのない「最悪のシナリオ」だ。

実際、個人・法人の申告件数は現在年間3000万件ある。そのなかで、いわゆる**税務調査を受ける確率（実調率）は、法人で4・9％、個人だと0・8％（平成18年）**。といっても8割強は個人なので、年間20万人の個人が税務調査を受けていることになる。

税務調査は「申告が適正でないと認められた納税者に対して的確に調査・指導を実施する」のが目的。国税庁の報告書によると「高額・悪質な不正計算が想定される納税者など、調査必要度の高いものを中心に実施」とあり、これを見る限り、〝大して収入もない善良な小市民の俺たちには関係ないね〟と読みとれる。

ただし、「申告内容や資料情報等からみて、申告漏れが明らかな場合や計算誤り等により是正が必要なものは、文書・電話、または来署依頼により、幅広く接触を図り、効率的な処理を実施」とある。

いきなり、税務署員がやってくる可能性はそれほど多くないにせよ、呼び出しの電話や手紙がくる可能性なら、十分に考えられる、ということになる。

呼び出しがあったらとにかくプロにすがる

もし、こうした「呼び出し」がきたら、どうすればいいのか？ **とにかく、その場で返答したり、何の準備もなく来署す**

※『個人事業、フリーランス、副業サラリーマンのための「個人か?会社か?」から申告・節税まで、「ソン・トク」の本音ぶっちゃけます。』（岩松正記著、ダイヤモンド社）より

るのはNG。電話の場合は、1回、電話を切って冷静に呼びだしの趣旨を考えてみよう。

心当たりがない場合でも、まずは、プロである税理士に相談するべき。税務署を訪問するなら、できればついてきてもらおう。先方が突っ込んできたポイントに、われわれ素人が適格に返答できるわけがない。とにかく話しを聞いてもらってから、事務所に戻って、対応の作戦を一緒に考えてもらうといいだろう。

現金商売の人やマスコミ露出の多い人は注意

税務署員の訪問ももちろん、呼び出しや電話も、絶対に避けたい！という人は、確定申告時に、税務署に開かれる相談コーナーで見てもらうことをオススメする。5年くらい続けてみてもらえば、大体のコツはわかるはず。また、白色申告より青色申告（P116参照）を選択するのも、大事なポイントとなる。

それでも、税務調査を受けやすい人はどんな人か。まとめたものが左表。

やはり売上を隠しやすい飲食業や美容業などの現金商売の人は突っ込まれやすい。また、行例のできる店になったり、雑誌やテレビに出るなどマスコミの露出が増えているときも要注意だ。売上が急に増えた、といった目だった動きも目を付けられやすい。

また、自分で勘定項目をつくっており、何かの項目が突出して多い、といった経費の付け方も十分、目立つ理由になってしまう。とにかく税務署を甘くみるのはNG。品行方正かつ、無知や根拠のない自信も落とし穴に落ちる原因になる。

税務調査で狙われやすい人（会社）※

- 現金商売をしている
- 短期間で売上を伸ばしている
- マスコミなどの露出も多く、目立っている
- ブログやホームページなどで見栄をはっている
- 確定申告書の「雑費」や「消耗品費」の金額が大きい
- 顧問税理士がついていない
- 一度調査されてから、しばらく調査が入っていない
- 白色申告で、売上が年2000万円以上ある個人

税務署に呼ばれた証言集 ❶

事務所に税務署員がやってきたA子さん

忘れもしない税務調査。今、思い出しても腹が立つ&冷や汗が出る体験だった。もう10年以上前のことになり、今の会社を設立する前の話しになる。

「税務調査」とは決していわない「ちょっと確認が」と言われた

まず、東京・N税務署の人（たぶん「N」という名前だったと思う）から電話があって、**「確定申告された内容について、ちょっと確認したいことがある」とか何とか**。とにかく「税務調査」とかいう言葉は使わなくて、「そんなに時間はかかりませんから」「お時間のあるとき、いつでも結構ですから」みたいな内容だった。**物腰は丁寧だし、私としては、大したことなさそうだ、とか、完璧に対応してやるとか、そんなふうに思ったような記憶がある。**

ピース
A子さんプロフィール
仕事：スポーツライター
年齢：38歳
性格：意外ときっちり屋だが、すごく抜けているところもある

（注）私は役人嫌いだし、また、過小申告とかもしたことがなかったので、オメオメ帰らせてやるから、って感じで自信満々だったと思わる。

その電話のときに、「これまでの領収証を揃えておいてください」と言われたのだが、2年分くらいしか保管していなかった。**フリーになって4年目だった頃だが、とにかく当初からの領収証全部はとっていなかった。**

それでも、まぁ、2年分もあれば大丈夫だろうと、思っていたのだが…。（結局、これが後々の突っ込まれどころのひとつとなる）

で、当日。

「私はぴっちりやっておりますから」という雰囲気を出そうと、事務所もきれいに片付け、あと、いま考えるとバカみたいなんだが、結構オシャレしていたように思う（これも逆効果だったと、後で気付く…）。

Nなる人（結構な年のおっさん。50歳は超えていたと思う）が玄関の呼び鈴を押してやってきた。

いきなり、領収証と請求書と入金用の通帳を見せてください、みたいなことを言われたので、「領収証は、一昨年より以前のものは捨てちゃったんです」と言ったところが、

「あー、それじゃあダメなんですよ！ちゃんと全部取っておいてもらわないと！　困るんですよ！」というような感じ。

舌打ちでもしそうな、いきなり豹変したような印象だった。

領収書が2年分しかないことをまず突っ込まれる

「ないものはしょうがないので、ある分だけ出してください。」

と言われ、保管していた領収証と請求書、通帳を渡すと、「こちらで作業をしますから、どうぞ、お仕事をしていてください」とか言うわけだ。

そんなこと言われても、それは気になるよね。

で、チラチラ横目で見ていたのだが、私としては、領収証の経費を全部足して申告した必要経費の額と合っているかをチェックするものだとばかり思っていた。

ところが、どうもそういうことをしている気配がない。**請求書と領収証（あと、支払い通知書もあったかも）を1枚1枚見て、通帳の内容を付け合わせをやっているような感じ。**

何やってんだろう…、と思っていたとき、

「ちょっとすいません。これは何ですかね」

と言われたのは強烈に覚えている。

「これ」というのは、数枚あった白紙の領収証。

当時、事務所の近くの「S」という飲み屋にほとんど毎日寄っていて、ママさんと仲良かったのね。で、そのママさんが何枚かくれた白紙の領収証があったわけ。

別にそれを使って必要経費を水増ししていたわけじゃなくて、ただ領収証保管袋に入れておいただけ（ホントだよ）。

白紙の領収書に口ごたえして心証台なし

「こういうものはダメなんですよ。どうこうした、しない、という話ではなくて」

というようなことを言われた記憶。

ワタシとしては、「別に経費を水増ししているわけじゃないんですけど。計算していただければ分かると思いますが」

というようなことを言ったと思う。

そういうワタシの主張などはまるで無視。引き続き、付け合わせ作業的なことをやり、ときどき、不審に思った部分か何かに線を引いたりしていた。

「なんでこういうものが入っているんですかね」とまたご指摘が。

プロ野球の半券がもう絶体絶命な気分

「こういうもの」というのは、プロ野球のチケットの半券。その頃、ワタシはよく野球を見に行っていて、一緒に取っておいただけだったのだが。

「私、野球が好きで見に行くんですけど、その半券ですね。別にそれは経費になんか入れていないですよ」

とか言っても無駄。

「どうして領収証と一緒に入れておくんですか」

みたいなことを言われ。なんかやばい感じ。そして…

「ちょっとよろしいですか?」と、作業終了、結果発表ということらしい。

追加課税20万円を計算し直して値切る

そこで言われたことは以下のような感じ。

①一昨年以前の領収証がないので、本来なら申告した経費は認められないが、割り引いて考えてやる

（というようなことを言われたようにも思うのだが、この辺はよく覚えていない）

②保管してあった領収証のうち、これらは経費に入らない。よって、この分は納税しろ

③ちゃんと青色申告しろ

で、20万円くらいだったか、金額はよく覚えていないんだけど、ワタシとしては超絶大しょーっく! な額の追加納税を申し渡されたのだった…。

（「後に納付書を送る」とか言われたのかどうか、その辺りの記憶も曖昧）

税務署員Nが去ると悔しくて号泣

で、そいつが帰った後、自分の無防備さにも腹が立ち、ワタシは号泣したの。

ただその後、落ち着いてから、「そんなに払ってられっか」と、とにかく「これは経費に入らない」と指摘されたものを整理して、それで改めて経費の額を計算し直したのね。

すると、私はもともと経費を少なめに計算していたのか、そんなに払う必要がないことが判明。

それで、N税務署のN宛てに「指摘さ

れた領収証を除外して、あんたが経費として認めた残りの領収証から必要経費を算出し直した。すると、このくらいになった。よって、この前言われた金額よりも追加納税額は少なくなる。このくらいでいいはずだ」というような文書と資料を送ったのだ。

　するとNから電話が。

「一生懸命計算したようだから、その額でいい」

一生懸命計算したようだから「少なくてよし」と電話

って。何、そのあっさりした言い方は。

　つまり、金額なんてどうでもいいわけだよ。突っ込もうと思えばいくらでも突っ込みどころはあって、あとは税務署員の気分次第で金額なんて決めていい、ということなのね。税法なんてあっても、結局のところ、税務署員が自分の裁量でやっていいわけ。法治国家じゃないって

ことだ。ああ、超むかつく！
　と、まぁ、こんなようなことでして、「ワタシ・バカすぎ」感が強烈にした経験だった。
　その頃よりは世間が分かるようになったワタシから、若いフリーランスの皆さんへの税務調査対策のアドバイス。

〈その１〉

　税務調査が来る前にすべての領収証をチェックする。**突っ込まれそうなものは処分しておく。**


〈その２〉

「私は稼いでいる」「私は完璧に確定申告している」というように、**自信を持った対応は逆効果。**税務調査前に食事を減らすとか、寝不足気味にするとか、不健康そうな容姿にしていたほうがよいと思う。服装も安物っぽいほうがいい。


〈その３〉

　取引先から酷い対応をされた話などをもとに、相談・質問する。たとえば、「仕

事に難癖をつけられて減額された」、そういう見えない損失はどうすればいいのか、といった質問をしたりする。

〈その４〉

仕事場にある**「仕事とは関係がなさそうなもの」**（**趣味関連のものなど**）**は当日仕事場には置いておかない**

〈その５〉 最後まで諦めない。

向こうの言ってくる追加納税の金額は、ある意味「適当」。よって、向こうが言ってきた金額を何とか減らすよう、最後までいろいろ工夫してみる。

相手は、どんなことでも追加納税に結びつけるテクニックを持った強者。一見、物腰柔らかそうに見えても実はおっかない人だと考えて間違いない。

昨今は財政状況が極めて厳しいので、税務調査にも躍起となっていると思われる。十分注意して対応を。

と〜いうことでこれからはこの感じね
いらっしゃいませ〜は〜ぁ
大丈夫ですか？
税

A子が学んだ５カ条

その１ 領収書はすべて事前にチェック

税務調査が来る前に全ての領収証をチェックする。突っ込まれそうなものは処分しておくか、とにかく見せないようにする。

その２ 自信を持った対応は逆効果

「私は稼いでいる」「私は完璧に確定申告している」というように、自信を持った対応は逆効果むしろ、自分をみすぼらしく見せたほうがよい。

その３ 同情を誘うような質問を用意する

たとえば、「仕事に難癖をつけられて減額された」といった質問をしたりする。自分は弱い立場だという話を用意しておく

その４ 仕事と関係ないものは置くな

仕事とは関係がなさそうなもの（趣味関連のものなど）は当日仕事場には置かない。その関連の支出も経費につけていると勘ぐられる。

その５ 最後まで諦めない

税務署が言ってきた金額を何とか減らすよう、最後まで諦めない正当っぽい理由で粘れば、たぶん減額できるはず。

税務署に呼ばれた証言集 2

「ベビーシッター代」をつっこまれたB子さん

私への税務署の洗礼は突然やってきた。上の子が小学校に入学したのを期に会社を退職。その**最初の年の確定申告について、「呼び出し」が来たのだ。**

当時の私は、会社を辞めたものの、業務委託という形で元の会社の編集デスクの仕事を受けていた。さらに、「会社を辞めたなら、手伝って～」といわれ他の仕事も受けてしまい、なんだかんだとやっぱり忙しくしていた。そのため、初めての確定申告も3月1日の声を聞いて、あせりながら、袋の中に貯めていた1年分の領収書を整理。**勘定項目も自分で適当につくり、手書きで経費一覧を書き、なんと領収書も全部クリップで留めて、郵送で、税務署に提出してしまった。**

ハ～イッ
B子さんプロフィール
仕事：ファッションエディター
年齢：45歳
性格：おおらかで明るい性格だが「KY」なだけというウワサも

隣りの席では、土地の売買についておばさんが大激論

さて、M区税務署から1通の封書が届いたのは9月頃だったと思う。

とにかく、もう確定申告のことはきれいさっぱり忘れていた。還付金も戻ってきて、そのお金で住民税も払った。「経理がきちんとこなせた！」と自己満足にひたっていた時期だった。

それなのに封書を開けると、ほんの数行**「あなたの支払った税金について、おうかがいしたいことがあるので、○月○日○時にM区税務署までおいであれ」という内容だった。**

しかし、鈍感な私はまだ、何も感じていなかった。「税務のお尋ね」という知識すら持ち合わせていなく、税務調査などという恐ろしいことすら、思いつきもしなかったのだ。

当日、私は何も考えず、無防備に税務署の門をくぐってしまった。

受付で呼び出しの手紙を見せると「2階の○番の部屋の前で待っていてください」という事務的な対応。またもや、何も考えず、待っていると、ほどなく、名前を呼ばれて、会議室の中にはいった。

座らされた席には誰もおらず、座っていると隣りの声が聞こえる。

「だって、あの土地はもともとウチの土地だったんです！」

「でも、○年に売られていますよね」

「いいえ。それは亡くなった母が…云々」

話しはよくわからないが、メビウスの輪のように、同じところをぐるぐる回っているようだった。鈍感な私は、それを聞いても「たいへんだな〜」と思うだけだった。

ベビーシッター代は家事費であると、魔の宣告

そして、世紀の瞬間がやってきた。

席にやってきた税務署員のオヤジ（40代後半くらいだと思う）は、私の名前を確認すると、いきなり本題にはいった。

「先日、あなたが申告なさった税金の件ですが、ベビーシッター代は困るんだよね。あれは経費ではないんですよ」

「はい？ベビーシッター代は、全部、領収書も出しましたし、私にとっては、働くために支払っているのですから、全額経費なんですが」

「いや。ベビーシッター代は家事費なんだよ。少なくとも、当署では経費として認めた前例はないんですよ」

最初は、相手が何を言っているのかわからず、頭の中が真っ白になってしまった。あまりの唐突な攻撃に、すっかり、面喰ってしまったのだ。

保育園お迎えを毎日ベビーシッターに頼む

当時の私は子どもが1歳と6歳。下の子の保育園のお迎えはベビーシッターさんが行き、そのまま、家で待っていてもらい、学童から戻ってきた上の子と2人を帰宅するまで見てもらっていた。19時から21時が基本契約で、毎日頼んでいたので、**2人分ということもあり、支払いは年間240万円にも達していた。**

逆に言うと、それ以外に経費といえるものはそれほど多くなく、事務所代は夫が住宅ローンを支払っているため0。交通費や書籍代、多少の打ち合わせ代はあったものの、合計したところで年間50万〜60万円。ほとんど、ベビーシッター代のために働いていた(会社員時代もだが)といっても過言ではなかった。

そのベビーシッター代が経費ではない、というのだ!

しかし、その先の私の対応がいけなかった!

「あの。では、子どものいる女性はどうやって働けばいいんですか。ベビーシッター代は家事費ではありません。私は、ベビーシッターさんがいなければ、働けないんです!!」

ベビーシッター代を経費に認めたことはないと宣告

「いや、M区でベビーシッター代を経費として認めたことはないんですよ!」

「M区に住んでいるタレントさんなんかも多いですよね。みなさん、ベビーシッターさんを使っていますよ」

「でも、そんな申告を受けた前例はありませんよ!」

「私は絶対に納得がいきません!!!」

「それでしたら、裁判でもなんでも起こして、正々堂々と納得がいくまで、戦ってください!」

ついに、税務署員に宣誓布告までされてしまったのだ。

そして、最後に手渡された追加徴税は約60万円！

「よく検討してお返事をください」と、話しは10分で終わってしまった。

税理士に即相談 会社設立をすすめられる

私は慌てて、税理士さんを紹介してもらって相談に駆け込んだが、**勝ち目はないということ**。解決策としては、会社を設立して、**ベビーシッター代の半額を福利厚生費で落とすのがよい**、とアドバイスを受けた。

怒り心頭に達しながらも、私は60万円を納税。すぐに会社を設立して、以後、申告はすべて税理士さんにお任せしている。もうあんなにイヤな思いはこりごりだと思っている。

B子が学んだ3カ条

その1
初めての確定申告は税務署の相談コーナーでみてもらう

なんとかなると見よう見まねで申告書をつくると、落とし穴に落ちることも。初めてなら、税務署の相談コーナーに必ず行こう

その2
税務署員と話すときは、反抗的な態度や議論のふっかけはNG

いくら自分が正当だと思っても、相手は税金のプロなので、かなうはずない。「長いものには巻かれろ」的に、つかまってしまったら、おとしない態度で、アドバイスをこうべし

その3
バランスの悪い経費申告はご法度

さまざまなマニュアルにも書いてあるが、やはり、経費の項目で突出した金額をのせると必ず突っ込まれる模様。目立つ行動はやめて、よしなにバランスよく項目に振り分ける

column

税務調査の実態は？ 申告漏れ平均は965万円

税務調査にはなるべくお世話になりたくはない、というのがフリーランス全員の願い。

実際のところは、申告に対して税務調査が実施される割合をみると、年々減っているのが現状です。というのは、申告件数は、1987年から2007年の20年間でみると、1881万件から3000万件と約1.6倍も増加しています。そのうち、約500万件が法人なので、残りの2500万件は個人の確定申告件数ということになります。

これに対して、税務調査の割合は、法人が4.9%、個人が0.8%となっています（2006年）。これは15年前が9.3%と2.4%だったのと比べると、随分下がっていることがわかります。

ただ、先ほども言ったとおり、申告件数自体がうなぎのぼりに増えているので、税務署員が同じ件数だけこなしていたのでは、率が下がってしまうのは当然といえば、当然なのです。

その代わりに、個人調査1件あたりの申告漏れ所得金額は、年々、アップしています。1991年の平均金額が568万円なのに対し、2007年は965万円にも達しています。芸能ニュースなどで、「所得隠し２億円！」といった数字が飛び出してびっくりすることがありますが、こうした高額申告漏れがあるのも、数字が上がっている理由なのかもしれません。

個人調査1件当たり申告漏れ所得金額の推移

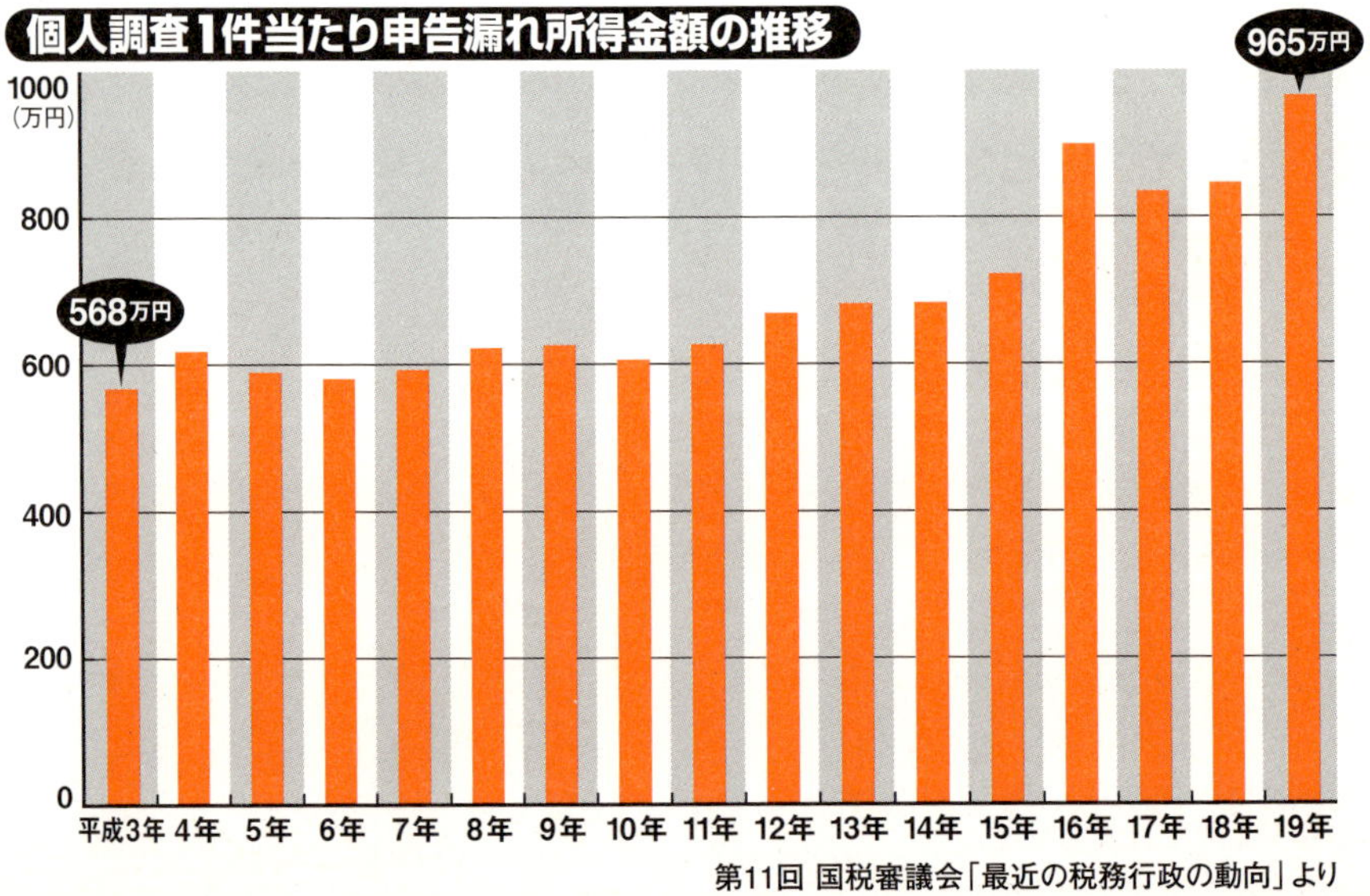

第11回 国税審議会「最近の税務行政の動向」より

第3章

節税❶

所得控除で税金を取り戻せ!

所得控除とは
税金をオマケしてくれる制度。
所得控除を使った合法的な裏ワザで
税金を安くしよう!

がんばって働いて収入がUPすればするほど持っていかれる額もふえる税金ですが
ムチ!
ビシッ
バシッ
おめこぼしとしてステキな節税のシステムもあります。
アメ
それが「控除」の数々です。
なにソレ?
Kさん
フリーで専従者控除つかわないなんてもったいないなー!!!
「専従者控除」とは身内に払った給料をすべて経費にできるというワザです。
ひとつ屋根の下
母
ヨメ
ハイ!
給料だよー
一緒に住んでいない親族もOK!!

使えるのに所得控除を使わないのはもったいない！

節税は、知らないとソンすることばかり。なぜなら、節税はその人の知識と行動力次第だからです。

まず節税効果が高いのは「所得控除」。課税するべき収入から、一定額を差し引いてくれる制度です。たとえば基礎控除額は38万円なので、結果的に1割の3万8000円税金が安くなるイメージです。

使う使わないは自由ですが、せっかく安くなるなら、使わなければソン。中でも「小規模企業共済等掛金控除」と「専従者控除」は使えるのに使っていない人が多くて、かなりもったいないことになっています。

税金でお金をもっていかれるより、控除を使って賢い節税をしましょう。

節税効果が大幅アップ

所得控除で税金を取り戻すことができる！

合法的な裏ワザで

フリーランスの税金の計算方法は、まず、事業の「売上」から「経費」を引いた分が「利益」となる。（フリーランスがかかる税金の仕組みはＰ20参照）

利益＝売上－経費

しかし、税金はこの利益にかかるものではない。さらに「所得控除」を引いた「課税所得」に税金がかかる。

課税所得＝利益－所得控除

税金（所得税）は課税所得の金額に「税率」をかけたものだ。

所得税＝課税所得×税率－所得税の控除額

つまり、経費を増やし、所得控除も増やせば、課税所得が減るので税金は安くなる。フリーランスは取引先からあらかじめ売上の10％の源泉徴収（イメージとしては税金の先取り）があることが多いので、**あとから経費や所得控除を計算し、確定申告で税金を取り戻す！　と理解しよう。**

所得控除とは税金をオマケしてくれる制度

所得控除とは、ぶっちゃけ、何かと支出が多い人は家計が大変だろうから税金をオマケしますよ、という制度だ。たとえば扶養家族が多い人には「扶養控除」、生命保険や地震保険に入っている人は「生命保険料控除」「地震保険料控除」、医療費が高額になったら「医療費控除」なんてものもある。フリーランスの退職金制度、小規模企業共済には「小規模企業共済等掛金控除」があり、売上から掛金全額を差し引くことができる。利用している人が少なく不思議なほどだ。

左の表は所得控除の一覧表で、合計14種類ある。これらをうまく使えばかなり税金を減らすことができるのだ。

控除を使って賢い節税を！

あなたは
いくつ使える?

所得控除は14種類

所得控除の中には、必要書類（領収書や納付書、届け出）などが必要なものもある。
中には取り揃えるのに時間がかかるものがあるので、余裕を持って準備を!

すべての納税者に認められている控除	基礎控除
合計所得金額が年38万円以下の配偶者がいる	配偶者控除
配偶者に38万円超の所得があるため「配偶者控除」を受けられない場合でも、本人の合計所得が1000万円以下で、配偶者の所得が76万円未満の場合は、所得に応じて最高38万円まで控除できる	配偶者特別控除
扶養する家族がいる	扶養控除
配偶者と死別・離婚して、子どもを扶養している	寡婦・寡夫控除
本人・配偶者・扶養家族に障害者がいる	障害者控除
中学、高校、専門学校、大学に通いながら給与収入が130万円以下	勤労学生控除
国や地方公共団体などへ2000円超の寄附をした	寄附金控除
自宅や生活用品にかけている地震保険料	地震保険料控除
生命保険や個人年金保険に入っている	生命保険料控除
本人・配偶者・生計をひとつにしている親族の合計で年間に支払った医療費が10万円を超えた	医療費控除
本人・配偶者・生計をひとつにしている親族が災害、盗難、横領にあって損害を受けた（所得が200万円未満の場合は5%）	雑損控除
本人・配偶者・扶養家族の国民健康保険料、国民年金、国民年金基金、確定拠出年金の掛金	社会保険料控除
小規模企業共済の掛け金	小規模企業共済等掛金控除

所得控除のポイント

税金を賢く取り戻せる所得控除の裏ワザ

使わなきゃソン！

控除が受けられる人は確定申告書に記載する

知らなきゃソンする！所得控除はこう使え

では、所得控除を一つひとつ説明していこう。自分に関係のあるものがたくさんあるはずだ。控除でどれだけ税金が安くなるかは税率によって違ってくるので一概にはいえないが、**イメージとして控除額の1割、たとえば基礎控除額は38万円なので３万８０００円税金が安くなるとイメージして**みよう。

①「基礎控除」

確定申告をする人は誰でも全員受けられるので、確定申告書用紙にはあらかじめ金額が印刷されている。控除額は38万円。

②「配偶者控除」

収入が38万円以下の配偶者がいる人が受けられる。最近は妻のほうが稼ぎ、夫は〝主夫業〟をしている家庭も珍しくないが、そのような家庭で**妻が申告しても**

もちろんＯＫ。控除額は38万円。

③「配偶者特別控除」

配偶者に38万円超の所得があるため「配偶者控除」が受けられない場合でも、本人の合計所得が１０００万円以下で配偶者の所得が76万円未満の場合は、**所得に応じて最高38万円まで控除できる。**

④「扶養控除」

扶養している家族がいる人が扶養の人数分の控除を受けられるもの。金額の大小にかかわらず仕送りをしているなど、**その人の生活上の責任を持っていれば、同居をしていなくても扶養の数に入れてよい。**たとえば施設に入っている収入のない田舎の両親なども０Ｋ。控除額は一般の扶養家族は38万円。

⑤「寡婦（寡夫）控除」

シングルマザーなど配偶者と死別もしくは離婚して、扶養すべき子どもがいる人が受けられる。控除額は27万円。

⑥「障害者控除」

扶養している家族が障害者の場合受けられる。控除額は、障害者は27万円、特別障害者は40万円。

⑦「勤労学生控除」

中学、高校、専門学校、大学に通う人で、給与収入が年１３０万円以下の人が受けられる。イメージとしては昼間働いて夜は定時制に通っている学生など…。控除額は27万円。

⑧「寄附金控除」

国や地方団体、学校などに２０００円超の寄附をした人が受けられる。東日本大震災への義援金や「ふるさと納税」も証明するものがあればＯＫ。住民税もその分安くなるのでトク。母校への寄附も

所得控除の 裏ワザ まとめ

- 扶養は6親等以内の血族か3親等以内の姻族。**同居していなくても扶養控除**ができる。
- 震災の被災地への寄附、ふるさと納税などは**寄附金控除**できる。税金で納めるよりいいかも。
- **地震保険料控除は最高5万円。**新しく加入した人は確定申告時に控除を忘れずに!
- **生命保険料控除**は生命保険5万円控除、個人年金5万円控除と2種類とも控除できる。
- スリに財布をとられた、豪雪地の雪下ろし費用、スズメバチの巣の駆除費用も**災難なので雑損控除**できる。

対象になる場合がある。納税するより自分が寄附したいところにお金を出したほうが精神的にもよく、控除にもなる。控除額は、寄附金額－2000円。

⑨「地震保険料控除」

地震保険に加入している人が受けられるので、**震災を機に地震保険に入った人は控除を忘れずに**確定申告を。控除額は5万円を限度に保険料全額が対象。

⑩「生命保険料控除」

生命保険や個人年金に加入している人が受けられる。控除額は保険料によって異なるが、年10万円超なら生命保険5万円、個人年金5万円の計10万円。つまり年間10万円程度の保険がもっとも節税効果が高くなるわけ。税金を納めるより、保険に入っていればイザというときに助けてもらえるし、税金も少し安くなるからトク、という考え方もある。

⑪「医療費控除」

家族合計で医療費が10万円超か、所得が200万円未満の場合は5%超かかった人が受けられる。控除額は医療費－10万円か所得金額の5%。医療費控除は家族分を合計できるというのがミソ（詳細はP58参照）。

⑫「雑損控除」

災害、盗難、横領など生活の資産の被害を受けた人。**地震や台風の被害**はもちろん、**財布の盗難やスズメバチ駆除**など、ぶっちゃけ運が悪かった人には税金をオマケしてくれる制度だ。控除額はほとんどの場合、被害額－5万円。

⑬「社会保険料控除」

健康保険、年金、共済など、社会保険料を納めた人は全額控除となる。詳細は左ページへ。

日本美術全集

全20巻

密教寺院から平等院へ

〈平安時代Ⅰ〉

責任編集 伊東史朗（和歌山県立博物館館長）

ISBN978-4-09-601104-1

好評発売中

室生寺・十一面観音菩薩立像から、平等院鳳凰堂・阿弥陀如来座像まで、平安時代４００年の祈りのかたち

続々刊行中!!

以降続刊 偶数月25日頃刊行予定

定価(各巻):本体15,000円＋税

●小学館愛読者サービスセンター
TEL.03-5281-3555
http://www.shogakukan.co.jp/pr/nichibi/

小学館

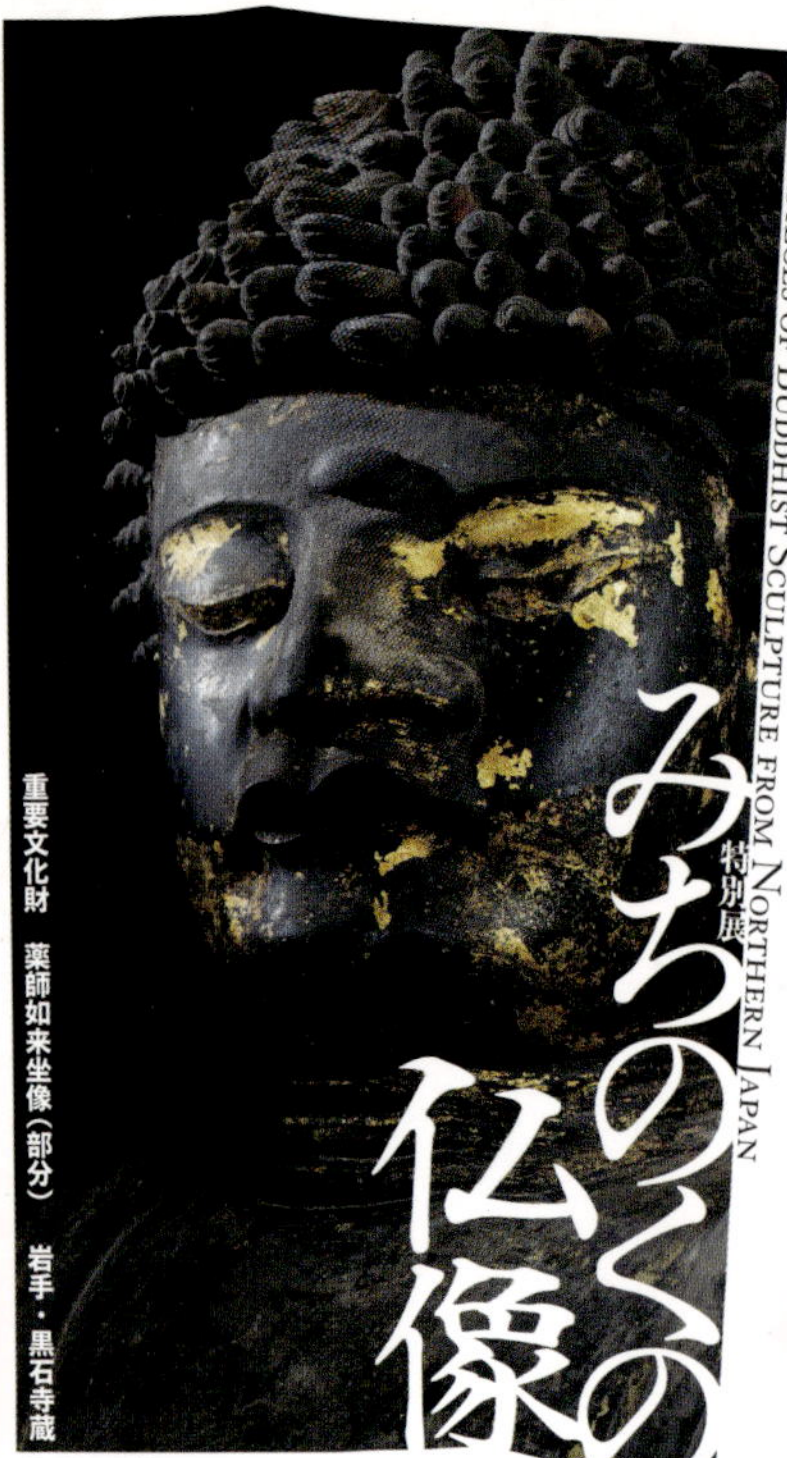

重要文化財　薬師如来坐像（部分）　岩手・黒石寺蔵

MASTERPIECES OF BUDDHIST SCULPTURE FROM NORTHERN JAPAN

特別展 みちのくの仏像

2015年
1月14日㊌～4月5日㊐

開館時間：午前9時30分～午後5時　休館日：月曜日
※ただし、3月23日（月）、30日（月）は特別開館
※3月、4月の（金）は午後8時まで。
4月4日（土）、5日（日）は午後6時まで
※入館は閉館の30分前まで

放送90年

主催：東京国立博物館、NHK、NHKプロモーション、読売新聞社
後援：文化庁、青森県、岩手県、宮城県、秋田県、山形県、福島県
協賛：大伸社　協力：あいおいニッセイ同和損害保険

TNM 東京国立博物館 本館特別5室
TOKYO NATIONAL MUSEUM（東京・上野公園）

割引引換券（本券ではご入場できません）

<一般>	<大学生>	<高校生>
,000円→900円	700円→600円	400円→300円

※本券に上記割引料金を添え、東京国立博物館正門のチケット売場で観覧券と引換えの上、ご入場ください。

節税&お金も貯まる！
年金控除と共済控除の裏ワザ

公的な年金や共済はフリーランスの味方！

　国民健康保険、国民年金、国民年金基金、確定拠出年金（個人型）、小規模企業共済は全額控除になる（P196参照）。

　銀行でお金を貯めて利息をもらうものよいが、公的な年金や共済も、支払った分だけ税金が安くなるのだから捨てたもんじゃない。時期が来る（廃業や年齢、起業など）までお金を下ろせないというのも、フリーランスにとってはかえってメリットだ。

　ここで社会保険の裏ワザを。健康保険や年金の納付は国民の義務であり、もし、払っていない人は一定期間分ならまとめ払いができ、過去の分も前納分も、納めた金額は全額控除となる。

　また、家族が年金暮らしだったり、無職ならば、家族分の国民健康保険や国民年金も合算して控除できる。考えられるのはフリーターの子どもの分や収入のない親の分なども合算できる。

　もし、あなたが親と同居で家にお金を入れる立場なら、その分は親の社会保険料を払ってあげることにしよう。**こうすると、親の社会保険料分も節税になるのだ。**

　また、毎月、稼ぎ過ぎている…と思ったら、経営セーフティ共済（中小企業倒産防止共済）を。こちらの利息はつかないが、**上限で月20万円（積立限度額は800万円）を必要経費にすることができ、40カ月たてば解約金なしで下ろすことができる。**効果は所得控除と同じだ。使い勝手のいい人は、利用して欲しい。

年金控除と共済控除 裏ワザ まとめ

- **国民健康保険、国民年金**はさかのぼって払った分も控除できる。
- **家族の国民健康保険や年金**も控除できる。
- **国民年金基金、確定拠出年金（個人型）も全額控除**でき、将来の年金資産も貯まる。
- **小規模企業共済**は最高年84万円が控除でき、退職金代わりとして利息もつく。
- **経営セーフティ共済**は最高年240万円を必要経費として計上できる。
  40カ月以上で解約もできる（利息はなし）。

フリーランスだからこそ 妻や親族を雇うのもアリ

専従者控除を使え！

「専従者控除」とは、**「生計を共にしている妻や親族などに支払った給与を経費とすることができる」**もの。その控除額は白色申告で配偶者なら年86万円、それ以外の親族なら50万円、青色申告者なら限度額はない。

これは、税務上のフリーランスへの〝おめこぼし〟の制度ともいえるので、使える人は、ぜひ！

たとえばフリーランスのカメラマンが働きに出ていない専業主婦の妻をアシスタントに使い、税務上で給与を払えばいいのだ。

ここで妻は仕事を手伝っていない…と思うなかれ、仕事の電話をとったり、書類整理をしたり、経費計算や事務処理も立派な仕事といえる。家族でお店など商売をやっている人は、ほとんどが専従者控除を使っている。フリーランスのカメラマンもライターもＳＥなどもお店は開いていないけれども、**家族総出で商売をしていると考えれば、立派な従業員だ。同居している収入のない親も専従者として雇える。**

専従者として認められる条件は左上にあるのでチェックしてみて欲しい。

専業主婦の妻を雇うなら月8万円が目安

そこで先にでたカメラマンの妻の給与をいくらにするかなのだが、支払うべき人が源泉徴収をしなくていいのが毎月8万8000円までなので、その範囲内で給与を払うのが正解。

妻や親族を専従者として雇える条件はコレ!（青色申告者のみ）

- 青色申告者と**生計をひとつにする配偶者か親族**であること。
- **15歳以上**であること。
- **6カ月以上事業に従事**していること（会社に勤めている人の副業はダメ）。
- 確定申告をする人の**配偶者控除、扶養控除の対象になっていない**こと。
- 給与の額が、同業同規模の事業専従者と**比較して適正**であること。

また、妻の所得が年間で103万円を超えると源泉所得税を払うことになるので、切りよく8万円×12カ月＝96万円でどうだろう。専従者控除を使うと配偶者控除や扶養控除は受けられないが、**専従者控除の96万円のほうが、配偶者控除の38万円よりずっと節税になる。**

なお、専従者控除を受けるにはあらかじめ「青色専従者給与に関する届出書」が必要だ。家族とはいえ、「今から妻をアシスタントにして稼ぎがたくさんあった月に給与を出すよ」なんて夫婦でなあなあで勝手に決めても、それは専従者控除として認められないというもの。

届出書は開業して2カ月以内か、その年の3月15日までに税務署に提出すると必要経費として認められる。開業届けといっしょに提出すればフリーランス最初の年から専従者控除が使えるので、該当者はそうしたほうがいい。

先輩フリーランスのぶっちゃけ!

衣装管理と経費精算担当の妻はもちろん専従者です

神奈川県・芸能関係者・52歳・男性

地味な俳優ですが30年選手となりました。ここまで続けることができたのは妻のおかげです。妻は少し病弱なのですが、私の衣装の管理や仕事の電話をとったり、パソコンで調べ物をしてくれたり、セリフ合わせもたまにしてくれます。税務上は専従者として給与を毎月7万円、ボーナスを年10万円払っています。大切な仕事上のパートナーですからね。

会社員も申告する医療費控除と住宅ローン控除とは

「医療費控除」とは、家族全員分を合わせた医療費が年10万円を超えていた、所得が200万円未満の場合は5%を超えていたら税金が安くなるというもの。**大病だけではなく出産や子どもの歯科矯正、レーシック手術など健康保険の利かない治療をした家族は当てはまるだろう。**

高額な医療費を支払った人は少し税金を安くしてあげよう…という国の〝おめこぼし〟が医療費控除なのだ。

また薬局やドラッグストアでの支払い、禁煙外来、メタボの治療、のっぴきならない病院へのタクシー代も医療費なので、合計すれば意外と金額はいくかも。下記は医療費として認められるもの一覧だ。目安として病気の予防はNGだが、治療はOK。**ただし、申告には領収書やレシ**

認められるものはコレ

妊娠・出産
- **定期検診や検査の費用、通院費**
- **妊婦や新生児の保険指導料**
- **出産、入院費**
- **通院のための交通費**
- **出産の入退院のためのタクシー代**
- **病院で出る入院中の食事代**

通院・入院
- **病気やケガの治療費**
- **不妊治療費**
- **治療に必要な差額ベッド代**
- **通院・入院のための電車、バスなどの交通費**
- **通院・入院が危険な場合の付添人の交通費**
- **家族以外の付添人への支払い**（交通費含む）
- **治療のための整体・マッサージの費用**（疲れを癒すためのマッサージはNG）

歯
- **虫歯の治療**
- **保険の利かない高い材料による歯の治療費**
- **かみ合わせを治すための歯科矯正**（歯並びが悪いなどの美容矯正はNG）
- **歯槽膿漏の治療費**

ートの添付が必要となる。

ちなみに、医療費控除は会社員も年末調整後に確定申告で税金を取り戻すことができるので、会社員も申告をやっている人が多い。

住宅ローンがあるのなら「住宅ローン控除」を！

「住宅ローン控除」があるからと、マイホームを買った人もいるだろう。**住宅ローン控除とはローンを利用して家を買った人はローン残高によって控除してくれるというもの。**会社員時代に家を買った人は会社が手続きをしてくれていただろうが、フリーランスになったら自分でやらなければならない。

住宅ローン控除の期間は10年か、もしくは15年間、申告し続ける。申告の仕方や書類はそれぞれの住宅やローン残高によって異なるので、該当者は税務署で聞いてみて欲しい。

医療費として

目

- **眼科の治療費**
- **医師の指示で買った治療のための眼鏡代**（日常生活における、コンタクトの購入はNG）
- **弱視用眼鏡代**（20歳以下で視力向上が必要である人）

薬

- **調剤薬局での薬代**
- **ドラッグストアで買った胃腸薬、傷薬、頭痛薬、下痢止め**（治療目的の薬はOK。栄養補給のためのビタミン剤、ドリンク剤はNG）

先輩フリーランスのぶっちゃけ！

足を骨折して3カ月入院
保険と医療費控除でケガの功名
福島県・委託営業・36歳・男性

自転車で転んで足を複雑骨折し、手術も2回して、3カ月間も入院しました。民間の医療保険に入っていたし、医療費もなんだかんだで60万円ぐらいかかりましたが、医療費控除もして（医療保険分は医療費から引いて医療費控除を受ける）その年は無税でした。病室はパソコンを持ち込んでもよかったので、仕事もコソコソしましたよ。

フリーランスの知っ得コラム

column

稼ぎすぎ一発屋のための平均課税とは?

フリーランスは浮き沈みが激しい職業です。お笑い芸人の書いた本がミリオンセラーとなって、今年の年収は1億円を超えても、来年は200万円以下なんてこともありえます。イラストレーターなら考案した“ゆるキャラ”が大人気となり、莫大な著作権使用料が入るなんてことも夢ではありません。

急に売れたら巨額な税金がかかりますが、将来の保障はありません。そこで原稿や作曲の報酬などで変動が大きい人は「平均課税」が使えます。これは急増した所得の部分を５年間で受け取ったことにして、当年の税金負担を減らすしくみ。フリーランスなら一度は使ってみたい課税制度ですね。

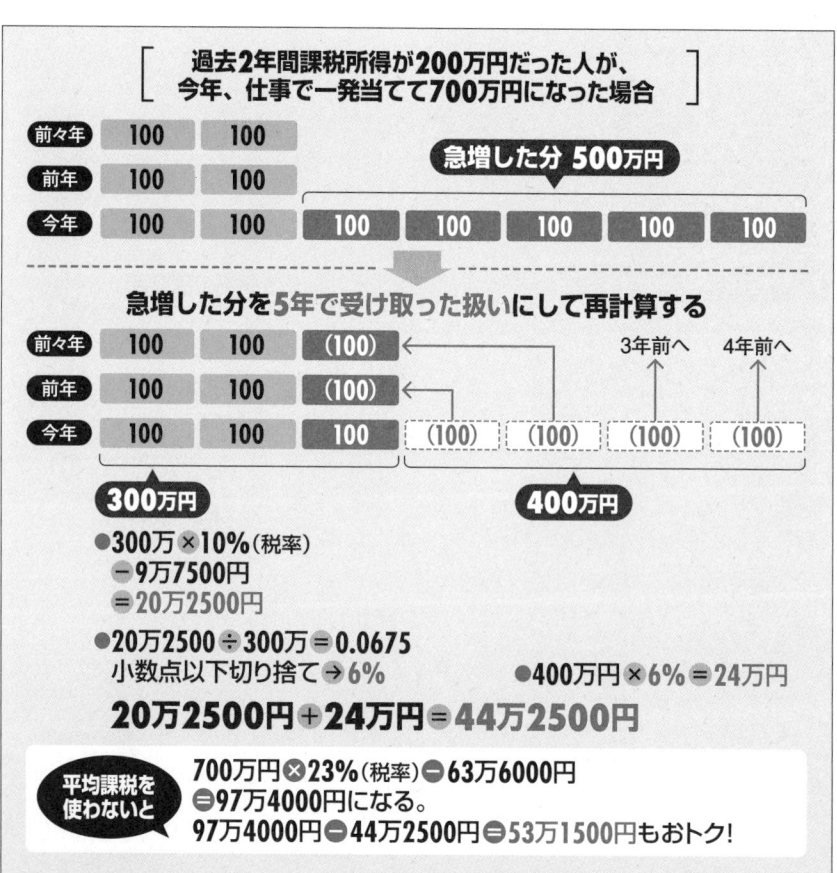

［ 過去2年間課税所得が200万円だった人が、今年、仕事で一発当てて700万円になった場合 ］

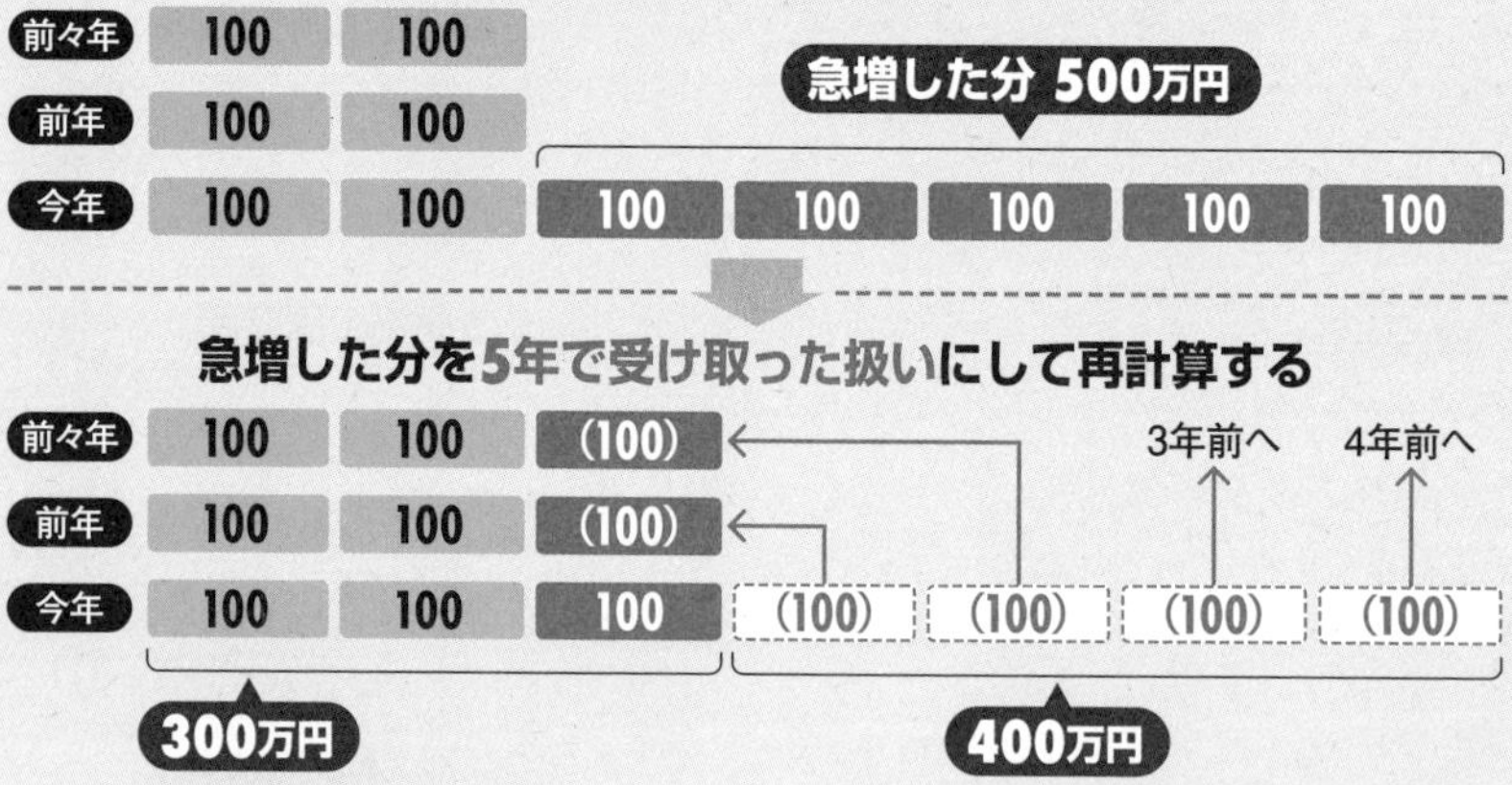

●300万×10%（税率）
－9万7500円
＝20万2500円

●20万2500÷300万＝0.0675
小数点以下切り捨て→6%

●400万円×6%＝24万円

20万2500円＋24万円＝44万2500円

平均課税を使わないと
700万円×23%（税率）－63万6000円
＝97万4000円になる。
97万4000円－44万2500円＝53万1500円もおトク!

第4章

節税❷

経費を最大限活用せよ

領収書の管理は仕事の一部。
たくさん集めたら
フリーランスの特権を使い、
税金を安くしよう!

収入を上げるために使ったものが経費だから!
将来のシゴトの種まき!!
商売に役立つ投資とかね。

フリーランスの生態
ログセは領収証くださいっ。
スーツじゃない
彼らは命がけで領収証をあつめます
確実に経費として
シロ
のモノとー
画材
紙
PC
シゴトでこり固まった肩や腰を…
マッサージ
グレー?
シゴト部屋でつける
アロマキャンドル
健康管理のための
ジム
メガネ
コンタクトレンズ
インタビューなどで撮影される時用の
服
クロ?
経費として計上できるの?
とーちょっと悩むものもあります。
ダメ?
ここらへんの線引きってどうなんですか?
ちなみにジムはNGでした。
I先生にきいてみました。
親セキにひとりはほしいゴーカイで頼れるかんじのI先生

線引きに悩む経費 自分への投資も経費だ!!

フリーランスになると「領収書ください」というのが、口ぐせに。経費を最大限に活用して節税するためには、マンガにある「グレー」と「クロ」を、なるだけ「シロ」にするための特権がフリーランスにはあるので、ぶっちゃけで紹介するのがこの章です。

社用車のフェラーリにしてもこの出費が仕事で不可欠であることを説明できるかどうかがカギとなってきます。

小迎さんもマッサージやアロマキャンドルが経費かどうかで悩んでいますが、将来の事業を大きくすることを考えての、自分への投資はもちろん経費でOKです。

さらにフリーランスだって市場調査が必要。そのための出費は認められます。

経費があるほど節税になるワケ

納税も経費を使うも「出費」に変わりなし

経費が増えるほどに課税所得が減る

何度も出てきておさらいになるが、フリーランスは所得税を納めるために確定申告をする。その所得税は課税所得によって計算され、さらにそこから住民税や健康保険が計算される。

課税所得＝収入－経費－控除

経費が増えればそれだけ課税所得が減るので、所得税も、住民税も、健康保険も安くなる。

でも、経費を増やすということは、その分、自分の財布からお金を出すこと。税金を安くするためにお金を使う、税金を安くするために欲しくないものを買う、のは腑に落ちないという人もいるだろう。

何でもいいから、経費を使う!!ではダメ

税金を安くするために経費を使うも、納税のためにお金を使うも「手元からの出費」に変わりはない。しかも使った経費以上に節税できるわけはなく、経費を10万円使ったからといって、税金が10万円安くなるわけではないのだ。「もし、10万円経費を使ったら、あとで4万円返します」と言われたとしても、結局は6万円を使っているわけで、節税と節約は逆の動きともいえる。

先輩
何でも経費って使うと良くないぞ〜
はぁ〜
自分に投資することを考えて使うんだよ
これで仕事が100倍になっても大丈夫！
No1デンキ
最強パソコン
SUPER PC

だから何でもかんでも経費を使えばいいというものでもない。いつ仕事が切れるかわからないフリーランスにムダ遣いは禁物。それでも「税金を払うなら使ったほうがいい」というそのワケは…

将来の事業を考えて自分に投資をする!

仕事とは関係ない出費を経費として計上することはできないが、**将来の事業のためにお金を使ってネットワークを広げておかないと、フリーランスは先細りで、生き残れない。**

だから仕事のためにお金を使う、働く環境を整えるためにお金を使う、自分の仕事の幅を広げるための勉強にお金を使う、仕事をくれそうな人と食事をして関係を深めるためにお金を使う…。事業拡大のためにお金を使うことは実のあることだし、その分、少しでも税金が安くなるのならよいではないか。

ぶっちゃけ、自分に投資をすることはムダ遣いではないし、立派な経費だ。

領収書の管理はフリーランスの仕事の一部

そこでフリーランスに欠かせないのが領収書だ。この領収書が「何を何のためにお金を使った」という唯一の証明だから。領収書は経費のもとなので、せっせとかき集めて積み重ねれば、課税所得が減っていく。ブログや家計簿は三日坊主で続かないフリーランスも、**バラバラの領収書を管理することは、仕事の一部としてやらねばならない。**

フリーランスとして稼げば稼ぐほど税金をガッポリ持っていかれるので、税金を少しでも安くするために1枚たりとも領収書をなくしたくないと思うようになったら、一人前のフリーランスになった証かも。個人事業主としてがんばろう。

経費積み増しのポイント

ぶっちゃけどこまでが「必要経費」なのか？

フリーの特権を使え！

事業のために使うお金が経費で、生活や個人的な生活のために使うお金は経費として認められない。つまり、家族との外食を「接待交際費」にしたり、彼女とデートしたときのガソリン代を「取材費」や「車両関係費」にしたりするのは、税法上では認めてくれない。

けれども個人的に使ったお金をどこまで経費にねじこめるのかは、フリーランスの腕の見せ所。先輩フリーランスの中には強者も実在する。

仕事で不可欠と説明できるかどうか

ぶっちゃけ、領収書があり、それが仕事に必要不可欠であると堂々と言い切れれば、それは経費なのだ。

例えば歯科医院が患者のために「消耗品費」としてスリッパやひざかけにお金をかけることもあるし、スーツのクリーニング代を「取材費」にしているジャーナリストもいる。このジャーナリストの堂々とした経費ストーリーはこうだ。「企業のトップに会ってインタビューをするのが私の仕事です。だらしない格好ではみくびられるし、本音も聞けません。だから取材に着て行く服はクリーニングに出し、そのお金を経費としています。もちろん、それ以外のプライベートのクリーニング代は経費に計上していません」

と。

つまり、経費にならない個人的なものをねじ込むというのではなく、**この出費が仕事で不可欠であるということを説明できるかどうかだ。**

ただし、フリーの営業マンで毎日スーツだからといって、クリーニング代を経費にすると、それはツッコミたくなる。これは、「一般論として常識の範囲を超えている」というものだから。そのへんを次ページから紹介していこう。

フリーランスは会社員と違って、自分のやりくりで節税できることが多い。万が一、税務署から問い合わせがあったとしても、ちゃんと説明ができればいいし、ダメといわれたとしてもすべてがNGということはない。

やたら安全運転で経費を抑えてしまうよりは、仕事に使う領収書テクで税金を安くしよう。

先輩フリーランスのぶっちゃけ!

どれだけネタを持っているか それが勝負ですから!

神奈川県・テレビ関係者・40歳・男性

私はテレビ番組の企画を自分で出さない限り、自分がヘッドになれるような仕事は回ってきません。いい企画は机の上で生まれてくるわけはなく、街を歩き、有名シェフのレストランで食事をし、夜は情報収集のために飲みにいったりしてネタを集めないと…。領収書はぜんぶ仕事のためのもの。それでも企画ってなかなか通らないものなんですよ…。

それでどのくらいの大きさに載るんだい?
これくらいですけど
しかもモノクロ…
んー ちょっと無理かも
マジっすか〜

フリーが使う勘定科目

経費は自分のモノサシで振り分けてOK！

勘定科目ごとの節税ポイントを伝授！

必要経費には種類があり、その分類を「勘定科目」（かんじょうかもく）という。フリーランスが所得税を納めるために確定申告で経費を計上するには、**左ページの表にあるように「交際費」「消耗品費」「旅費交通費」など分類分けをしなければならない。**

この分類はざっくりと当てはめているだけのもので、税務上で厳密な決まりはない。電車の切符代は「旅費交通費」でも「取材費」でもどちらでもよい。なぜならどちらも「必要経費」であることに変わりはなく、経費の総額は変わらないわけだから。領収書を見ながら分類に悩むフリーランスがよくいるが、**税務署からみると、そこはあんまり突っ込むところではないのだ。**

バランスよく勘定科目に分けるのがコツ

では分類するに当たって何に気をつけなければいけないかというと、**ズバリ、バランスだ。**例えば、収入が３００万円しかないのに、交際費が突出して１００万円もあったらツッコミたくなるので、ちょっと問い合わせてみよう、ということになってしまうのだ。それを避けるには**自分で細かく科目を設定して振り分けるのがベスト。**なぜなら特定の科目の金額が突出することがなくなるから。しかも詳細に記録することにより、自分自身のお金の使い方の反省にもなる。

また、前回の出張は取材費だったのに、今回は福利厚生費になっている…と、毎年、**ころころ勘定科目が変わるのも、見る人がみればわかるもので目立つからよくない。**

フリーランスが使う主な勘定科目と主な内容

	勘定科目	主な内容
確定申告の申告決算書に印刷されている勘定科目	租税公課	事業税、収入印紙、固定資産税（所得税、住民税は含まない）
	荷造運賃	宅配便、荷物便
	水道光熱費	電気代、ガス代、水道代
	旅費交通費	電車代、バス代、飛行機代、タクシー代、宿泊代
	通信費	電話料、ネット接続料、ハガキ、切手
	広告宣伝費	看板、チラシ、ホームページ、電話帳広告
	接待交際費	接待の飲食費、打ち合わせ飲食費、歳暮、中元、手土産
	損害保険料	火災保険料（生命保険は経費ではなく控除なので注意）
	修繕費	パソコンの修理、仕事場の修理
	消耗品費	パソコン、事務用品関係の消耗品、名刺、封筒
	減価償却費	自動車、大型器具など10万円以上の償却費
	福利厚生費	慰安などの費用、お茶、コーヒー、深夜の作業の夜食
	給与賃金	従業員の給与、賞与
	外注費	仕事の一部を外注に委託した場合の委託費
	利子割引料	事業用資金の借入金に対する支払利息
	地代家賃	仕事場の家賃や駐車場代
自分なりの勘定科目	図書研究費	書籍代、新聞代、サンプル代、市場調査費用
	取材費	事業の取材に関する経費
	車両関係費	ガソリン代、駐車場代、保険代、車検費用
	材料費	製作のために要する材料の購入費
	支払報酬	税理士への報酬
	諸会費	同業者団体の会費、商工会議所の会費

フリーランスは「交際費」が使い放題！

仕事に関係する飲食代はすべて交際費でOK！

会社員時代は得意先への手土産を経費にするのも一苦労、一人5000円以上の接待を打ち合わせ食事代として「交際費」とするなら申請が必要…なんて会社も少なくない。

晴れてフリーランスになったら、**取引先の人を接待したり、仕事仲間と情報交換のための飲食代は誰に文句をいわれることもなく交際費となる。接待ゴルフもしかり**。フリーランスの交際費の上限は決められていないので、仕事をする上で必要な付き合いは使いたいだけ使える。明らかに領収書が二次会のスナックでもキャバクラでもOK…といいたいところだが、そこは常識の範囲内で。結局は自分で使うお金なのでムダ遣いをしても仕方ないのも確かだ。

打ち合わせの食事や喫茶の領収書には、参加した人たちの名前や関係・人数などを書いておくとよい。

このほかにお祝いやお香典も交際費で、案内のハガキは領収書にして金額を書いておくとよい。領収書がなければ、「支払証明書」あるいは「出金伝票」を自分で書いて伝票処理で計上する。

取引先の人の退職祝いでプレゼントを購入した代金も交際費。仕事を頼む後輩のフリーランスに**ランチをごちそうしても**交際費となる。持ちつ持たれつの関係で接待をしよう。

一人で仕事してても「福利厚生費」は大いにOK！

年に一度の視察旅行は計上していいかも

フリーランスには「福利厚生費」がないとの根も葉もないウワサがあるが、それは間違いだ。**一人で事業をしているフリーランスも、家族で経営しているお店も福利厚生費を使える。**

そもそも福利厚生費とは、**会社の従業員の労働意欲向上のために、賃金以外の間接的給付を行うための経費をいう。**

具体的には従業員の結婚祝い金、出産祝い金、病気見舞金、香典、食事代補助、同好会の補助、慰安旅行、健康促進のためのスポーツジムなどが認められており、従業員の中には代表者も含まれている。

ただし、一人でやっているフリーランスの場合、福利厚生費と個人的支出の区別がなかなかつかないので注意が必要だ。

具体的に、フリーランスでも会社員同様、年に一度の視察旅行は計上してもいいかもしれない。観劇やスポーツ観戦も、会社ではコミュニケーションのための同行会補助があるので、それ相応のものなら年に一度ぐらいなら計上してもいいだろう。これらは税務上の言葉でいえば、**「社会通念上、妥当なもの」**としてだ。

仕事中に飲むお茶やコーヒーは仕事をしやすくするためのものだし、深夜作業の夜食は会社なら300円ぐらいまでは福利厚生費で補助している会社もあるので、フリーランスも独自に解釈してもよいだろう。

「旅費交通費」は事実上、領収書がいらない

事業に関係ある調査旅行なら経費になる

一般的な考えとして、公共交通機関の場合だと移動した区間で交通費がわかるので、**昔から「領収書は必要なし」ということになっている。**

鉄道系電子マネーも交通費以外に使っていないといい切れれば、全額、計上してもよいはず。しかし、いつ、どこで必要になるかわからないので、券売機の〝領収書発行ボタン〟は押しておこう。

タクシー代も、ほぼ100％旅費交通費として認められる。フリーランスは時間に追われているのだから。

そしてもっとも経費にしたいところなのが、**「事業に関係のある視察旅行」「事業に関する出張」**だろう。ぶっちゃけ、あくまでも仕事上必要な「調査旅行」であれば、誰に文句を言われることなく立派に経費として認められる。

フリーランスといえども事業に関する視察をしなければ次の企画はできないし、商品開発調査も必要だ。たとえばネット販売のための商品を開発したり、新規事業を考えなければならなかったり、記事を書くような仕事をしている人は、東南アジアに出張してアジアン雑貨の販売調査をすることだってアリなのだ。

とにかくビジネスの種を探す姿勢を最後まで崩さず、資料を残し、出張報告書も書いて、旅費交通費（宿泊費込み）を計上しよう。

「家賃」「通信費」「水道光熱費」は事業の比率分が経費に

自宅兼仕事場なら家賃の一部を経費にできる

フリーランスの場合、自宅を仕事場としている人も多いだろう。この場合の家賃や火災保険料、電話代、電気代、水道代は一部を経費として認められる。

家賃は原則からいうと、仕事部屋とプライベート部屋を明確に分けて、占有面積によって割合を計算することになっている。とはいえ、プライベートな空間で仕事をすることもあるだろうし、居間で企画書を書くためにテレビで情報収集をすることもあるはず。ワンルームのフリーランスだって少なくないはずだ。ぶっちゃけ、明確に分けるのが難しい人は、家賃の3割程度なら認めてくれる。

一方、持ち家を仕事場にしたフリーランスは、住宅ローンを経費にできるかというと、住宅ローン控除（58ページ参照）を受けている最中なら経費にはできないのでご注意。

自宅と事務所を分けている人は、事務所の家賃は100%、「賃借料」として計上してよい。

同様に固定電話やケータイは仕事に使っている比率を自己判断して「通信費」で、水道代、電気代も「水道光熱費」として経費として計上する。

経費にできる割合は基準を決めて統一するとよいだろう。例えば自宅のうち仕事スペースが3割だったら、電気代も水道代も電話代も3割を経費にするなど。

車のランニングコストは「車両関係費」で7割ほど

走行距離をキープして揺るぎない証拠に

会社員からフリーランスになって、以前から持っていた自家用車を営業に使う場合も経費となる。勘定科目は「車両関係費」と「減価償却費」だ。

まず、車両関係費として車を維持するためにかかるガソリン代、駐車場代、保険代、車検代、税金もすべて根拠のある自己判断で事業に使う割合を決めよう。**ここで仕事に車を使わないと言うことなかれ。車で接待ゴルフに行くのも事業のためだし、車で新規ビジネスのための市場調査にでかけることもあるだろう。**

そこで、悩むのが仕事用とプライベート用での使う比率だが、平日は仕事用、休日はプライベート用と考えたら7割前後が経費ではないだろうか…。一般的には5割程度の人が多いようだ。走行距離は揺るぎない証拠になるだろう。

一方、所有中の車そのものの金額は「減価償却費」で計上する（P77参照）。

もし、フリーランスになるにあたり車を購入するのなら、節税の裏ワザとして、**新車よりも4年落ちの中古車を買うと節税の効果が高い**。なぜなら、中古車の耐用年数は法定耐用年数を超えたものはすべて2年と決まっており、これを定率法で計算すると、計算の仕方は省略するが、1年（月割）でほぼ全額経費にできるからだ。

フリーだって市場調査が必要。「図書研究費」「取材費」を賢く使え

仕事に関する調査なら堂々と経費にする

フリーランスの確定申告には白色申告と青色申告がある（P116参照）。経費の内訳は、白色で「収支内訳書」、青色で「申告決算書」に印刷されている勘定科目以外にも、自分なりの勘定科目を作ってもよい。その代表的なものが「図書研究費」と「取材費」だ。

　フリーランスともなると、**どこにどんな仕事が転がっているかわからず、本業以外の仕事もちょこちょこと拾っていかないと、将来への展開がない。**そのためには自分の知識の引き出しをたえず増やさなければならないのだ。

図書研究費の書籍代、新聞代、雑誌代はよほどの理由がない限り１００％経費としてよい。どんな事業でもライバルを研究するために市場調査をしたり、サンプルとして物を買ったりするはずで、それらにかかったお金は商売に必要なのだから経費となる。

　取材費にしても、事業に関するものだったら経費となる。たとえばフリーのカメラマンは直接、仕事にならなくても自分の作品のテーマを持っているはずで、あわよくばその写真が売れたらお金になるのでかかった費用は取材費だろう。

　同様にライターやイラストレーターも、パソコンのSEやフリーの営業マンだって、仕事に関する調査や取材が必要なはず。取材費は使える勘定科目なのだ。

パソコン買うなら10万円未満で「消耗品費」で計上

稼ぎ過ぎたら…パソコンを買い換えよう

事業用の買い物を経費にする場合、**高額商品はその費用を一括で計上することはできない**。例えば年収400万円のうち200万円のプリウスを買って1年で経費に認められるとしたら、その年は確実に赤字になり、税金を納めなくてもよくなるだろう。でもこういった処理は税務上は認められないのだ。

そこでいくらまでなら1年一括で経費にしていいかというと、**白色申告ならズバリ10万円未満となり、勘定科目としては「消耗品費」で計上する。**

ここで基本に戻ると、税金を減らすためには経費を増やすことだ。もし、**税金をたくさん納めなくてはならないほど稼いだときは、ここぞとばかりに買い物をしよう。**パソコン、パソコンソフト、机、応接セット、キャビネット、エアコン、仕事場の冷蔵庫、自転車、なんらかの機械や装置なども…。もちろん事業用という前提だが。

では、10万円以上のものはどうなるかというと、消耗品ではなく固定資産として扱われ、耐用年数に応じて「減価償却費」となる。

ちなみに青色申告なら、30万円未満の資産は全額減価償却費にできる。ただし条件として、合計金額が300万円まで。これ以上は、あくまでも減価償却費の扱いになることに注意しよう。

10万円以上の買い物は「減価償却費」で計上

軽自動車の「減価償却費」は4年をかけて行う

10万円以上の買い物は経費ではなく、固定資産となる。

例えば新車で買った車も1年、2年と使っていくうちにゆるやかに価値が下がっていく。**仕事で使っているうちに価値が下がっていくのだから、その減った分の価値を経費として認めてくれるのが「減価償却費」**だ。こちらも事業用とプライベート用の割合で、事業用の分が経費として認められる。

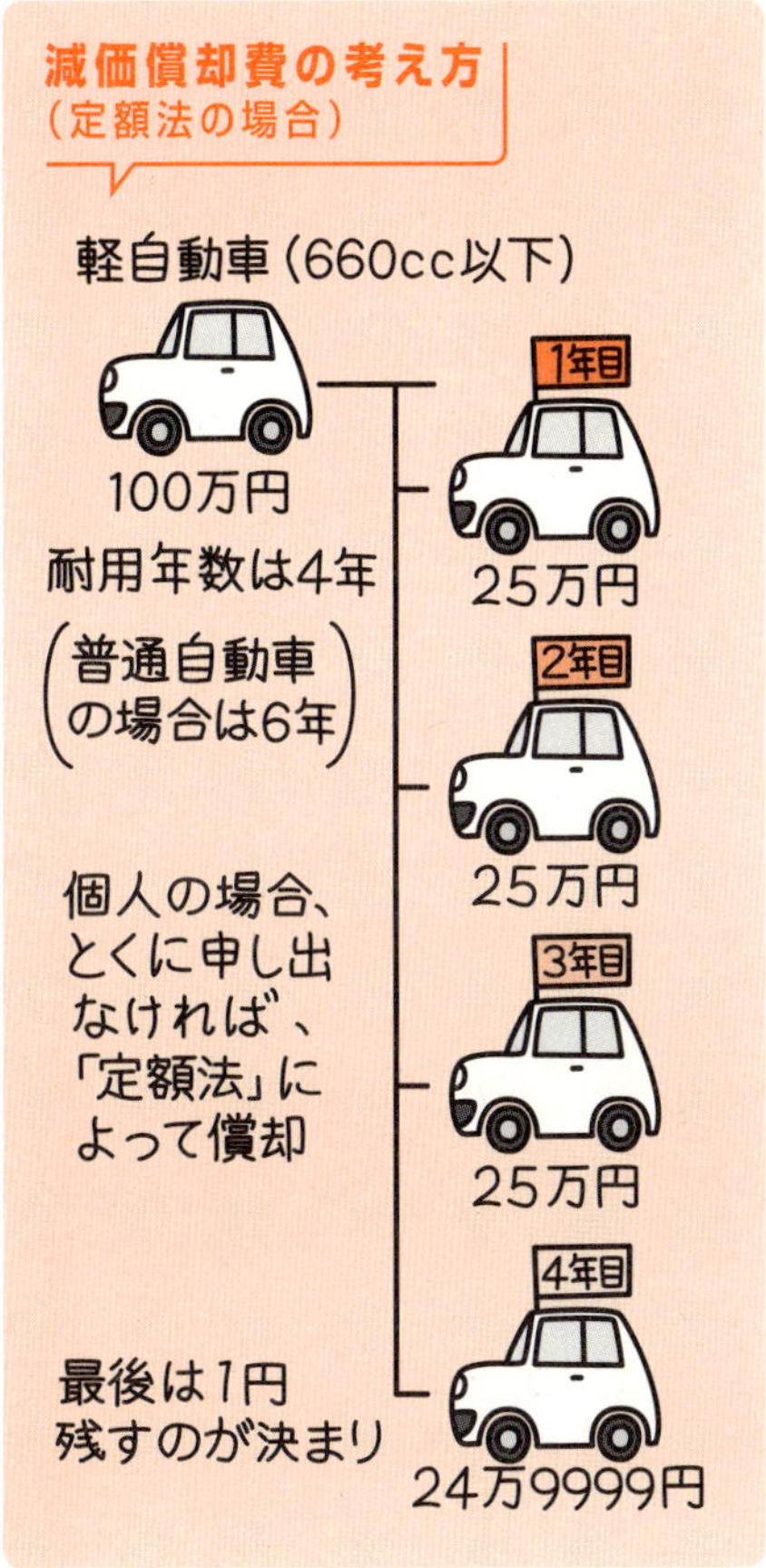

上のように軽自動車を100万円で買ったとしたら、1年一括の車両関係費で100万円は認められないのは先に説明をした。

軽自動車の場合は税務上の耐用年数が4年と決まっているので、**定額法（個人の場合は定額法のみ）により1年に25万円ずつ4年間に渡って減価償却費として計上していく**。最後の1年はなぜか「1円残す」のが決まりで24万9999円の経費となり、資産の価値は限りなくゼロとなるのだ。

軽自動車の耐用年数が4年と決められているように、資産の種類によって何年もつか、という基準が定められている。普通自動車6年、パソコン4年、カメラ5年、映画撮影機5年、応接セット5年、コピー機5年、インターホン6年、看板・ネオンサイン3年などで、資産それぞれ減価償却していく。

腑に落ちた？

ぶっちゃけ！ フリーランスが知りたい 経費Q&A

自己判断で申告することが多い経費。
領収書を眺めながら、悩むこともしばしば…
脱税はNGだけど、節税はOK。
ぶっちゃけな経費の疑問を解決します！

Q 開業届を出さずに仕事をすれば納税しなくてもいいのでは？

失業保険をもらいながらフリーランスへの道も探っています。このまま開業届を出さずに仕事を始めたら、１年ぐらいはバレずに税金を納めなくても済むのではないかと…。

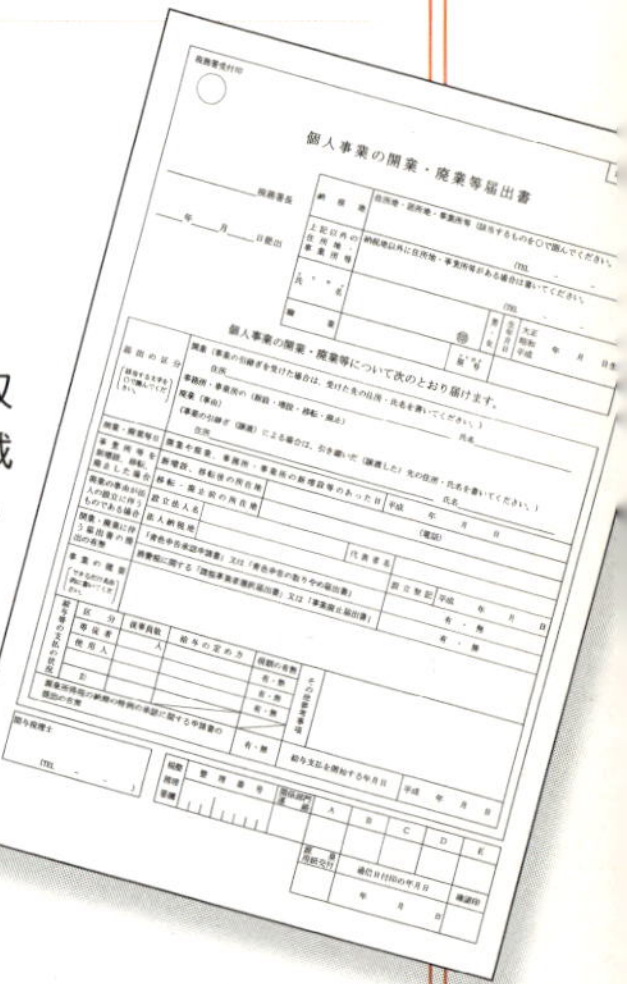

A 開業届は税務署へ開業の日から１カ月以内に提出するものですが、実際は利益が出るようになるまでは届けを出さずに仕事を始めている人が多いようです。

それで特に問題はありませんが、確定申告に関しては、先輩フリーランスは次の年の３月15日までにキッチリ行っています。

ぶっちゃけ、稼ぎ（所得）を隠す行為は大変な能力が必要です。**支払先のほうが申告をしているので、近いうちにはバレるというもの。**お店開業などで収入は現金の人でも地域の税務署員は見ています。開業届を出さず、確定申告をしないで追徴課税にでもなったらややこしく、事業にも影響を及ぼします。

Q 3月15日までに間に合いそうもない！確定申告しないとどうなる？

フリーライターになって仕事が忙しいのは嬉しいけれど、収入も経費の計算も１年間何ひとつしていなく、３月15日の確定申告締切日に間に合いそうにありません。

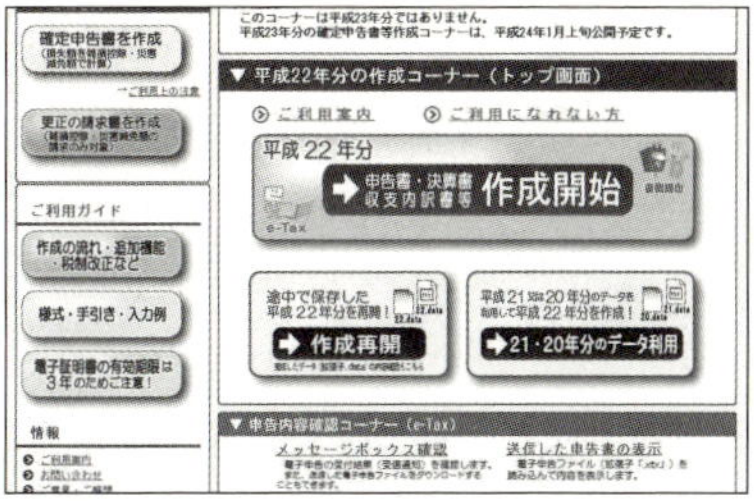

https://www.keisan.nta.go.jp/h23/

A フリーランスは１月１日～12月31日の所得を、次の年の２月16日～3月15日に確定申告します。

もし、確定申告の計算が間に合わなければ、“奥の手”として、**申告書に名前と連絡先だけを書いて所得０円とし、あとは空欄のままで出しましょう。**白紙であっても締め切りを守ることが大事で、これで「書類が提出された」という事実は残ります。その後、３月15日以降なるべく早めに、目安として１カ月以内に修正申告をすればいいのです。

なお、確定申告は郵送でもOKです。消印が３月15日ならセーフ、重要書類なので宅配便ではなく簡易書留で送ってください。

Q 領収書をもらい忘れました。経費にしてはダメなのですか？

得意先との食事の領収書をもらい忘れてました。他にも自動販売機のジュース代や結婚式のお祝いなど領収書やレシートがない場合はどうしたらいいのでしょうか？

A 領収書やレシートがなくても、事業のために使ったお金であれば経費として認められます。その場合は伝票処理をすればよく、**「いつ、いくらを、どこで、なんのために払いました」という「支払証明書」あるいは「出金伝票」（100円ショップなどで販売中）を自分で書きましょう。**

たとえばフリーの設計士が、建築現場の人たちに期間中、毎日10本ずつ自動販売機でジュースを購入していたというのも交際費として経費になります。事実ですから。

もちろん伝票処理はあくまでも例外処理的なもので、全部が伝票処理では認められませんので間違いのないように。

Q スポーツジムの会費が経費になる場合を教えて！

スポーツジムに通ってリフレッシュしています。これは仕事をバリバリするために健康維持を目的としているのですから、福利厚生費にはならないのですか？

A スポーツジムが福利厚生費になるかどうかは、税務上はグレーな部分です。法人の場合は、ジムの法人会員となり社員全員が使えるのなら◎です。

フリーランスのあなたがジムの会員になったのは、もしかしてそこのジムに品物を納入している得意先に「会員になって欲しい」と懇願されたからではありませんか？　**それならばあなたの事業にもかかわってくるので「交際費」です**。仕方ないことですね。

同様にコンサートやサッカー観戦が**次の企画書を書くのに必要な視察なら「図書研究費」**、あるいは「取材費」です。常識的に無理があるならば、自腹を切って楽しみましょう。

Q テレビやオーディオ代を備品として計上してもよいですか？

自宅兼仕事場でデザイナーをしています。新しくテレビとオーディオと携帯音楽プレーヤーを買ったのですが、経費として計上していいですか？

A テレビもオーディオも10万円以下で事業に使っているのなら、「備品」あるいは「消耗品費」で経費になります。

事務所に置いてあるならテレビもオーディオも100%事業用として認められます。自宅兼仕事場の人は、仕事部屋のテレビはＯＫ、寝室なら難しいかも。けれども、ゴルフ関係の営業の人がゴルフのテレビを寝室で見ても仕事のうちでしょう。

携帯音楽プレーヤーは、**これから英語圏の会社と取引をするために、英会話を聞くためならばきっと大丈夫でしょう**。このように仕事に関連づけでき、実際に使用するものであれば、むしろ経費として計上すべきです。

Q セミナー講師ですが「美容院代」「めがね代」を認めて!

セミナー講師として人前に出る職業なので、身だしなみには人一倍気を使っています。スーツ代はもちろんお願いしたいところですが、「美容院代」「メガネ代」も認めて欲しい!

A よく、女優さんが自分を売るための必要経費だからといって、洋服やエステ、宝石まで経費で落とし、税務署から注意を受けているケースがあります。これも基本的に所得と納税のバランスで、**常識的に無理があるならば自腹となります。**

セミナー講師の美容院代やメガネ代は、すべてが仕事にかかわってくるものではないでしょう。髪はセミナーがなくても切りますし、メガネも生活の一部ですからね。

ここで、例えばセミナーの1週間前に美容院に行ったという領収書があれば、税務署も認めてくれるかもしれません。日付けで説得性があればOKということですね。

Q 家族との外食も領収書があれば「交際費」でバレないと思うけど…

家族で外食した分を「取引先と食事をした」ということにしてもいいですよね。それくらいみんなやっていますよね。領収書はしっかりもらいました。

A 家族との食事も、得意先との打ち合わせも同じファミリーレストランなんてことは大いにありえる話です。家族分で「大人2、子ども2」なんていうレシートだとNGですが、領収書をもらえば内訳の表記はなくなります。その領収書を取引先との打ち合わせ食事代として税務署員が見破るのは、ぶっちゃけ、難しいかも。

例えば専従者である妻との仕事の話をしながらの外食は立派な交際費ですが、子どもが小さいから目がはなせないので一緒に連れてきたという説明では税務署は認めてくれません。**いくら領収書があっても回数が多いと税務署も大目にはみてくれないのです。**

Q 主に仕事で乗りますが高級車を買ってもよいですか？

仕事を頑張ったので、税金を多く納めるより車を買って経費にしたいと思い、どうせならリッチな車にしたいです。フリーランスでも高級車を経費で落としてもよいですか？

A フリーランスの車は、仕事用と私用の比率で、仕事用の部分を経費にできます。仮にベンツのボディに「○○商店」とロゴが入っていたら事業用として100%認められるはずですが…、ありえないですよね。

フリーランスが高級車に乗るメリットは意外にもあるものです。いくつかあげてみると、安全性が高い→自分の身を守りやすい、ステイタスがある→自分の信用につながる、高値で買い取ってくれる→困った時の資金繰り対策になる、専従者や社員に社用車として使わせてもいい→従業員ががんばる、など。

あまりにも身分不相応は難しいですが、仕事で乗るなら高級車はアリでしょう。

Q 売上を少しぐらいごまかしてもバレませんか？

小さなエステサロンを経営しています。お店にはレジがなく、欲しい方のみ手書きの領収書を差し上げています。売上を少しぐらいごまかしてもバレないと思うけど？

A **売上を抜くことはもっともタチの悪い脱税行為です。**税務署は経費なら事情によってはお目こぼしをしてくれることもありますが、売上を抜くと容赦はありません。

税務署は売上に関してはたくさんの情報を持っており、ごまかしても発覚しやすいのです。こちらがお金を抜いたとしても、払ったほうが報酬を経費として計上していたらつじつまがあわなくなるし、源泉徴収していたら税務署には「あなたがお金を受け取った」という証拠が残る…なんてことは序の口で、もっと詳しい情報を持っています。

税務署はいったん睨まれるようなことをすると、毎年のように税務調査が入ることも。

Q 母が仕事部屋を片付けてくれます。「専従者」としてもいいですか？

フリーランスのライターとして家で仕事していますが、同居している母親が何かと世話を焼いてくれて助かっています。扶養ではなく「専従者」としてもいいですか？

A それは母親としての行為で掃除をしてくれるのではなく、**あなたの従業員として書類整理をしていたり、電話をとってくれたりするのなら、専従者としてそれ相応の給料を出したほうがいいでしょう。**

あなたが白色申告なら実際に給料を払っていなくても配偶者の控除は86万円、配偶者以外なら専従者一人につき50万円です。青色申告なら届け出は必要ですが上限はないので、扶養控除（70歳未満38万円）よりトク。

母親が年金をもらっている場合、65歳未満で70万円以下、65歳以上で120万円までは全額控除で無税です。**専従者分はあなたが申告するので、母親は確定申告不要です。**

Q 会社を作れば税金が安くなるってどういうこと？

これから独立開業をします。一人で仕事をしますが、会社にして社長の肩書きをつけたほうがカッコいいし、仕事も増えるし、税金も安くなると聞いたのですが本当ですか？

A **フリーランスで、会社にすると税金が安くなる人もいますし、そうでない人もいるので一概には言えません。**

会社にすれば個人ではできなかった節税対策はあるけれども、それは会社として帳簿類が整理され、さまざまな節税策が行われたときに、はじめて「会社にしてトクをした」ということになるのです。それには素人では無理なので税理士に頼み、月々の報酬が必要になるでしょう。

一般的には、売上1000万円、あるいは課税所得が400万円を超えたら法人にするかどうかの悩みどころです。会社作りには助走期間が必要なのです（第11章参照）。

フリーランスの知っ得コラム

column

税務署から呼び出しが来る人、こない人のボーダーライン

「税務調査」は税務署から呼び出される人、向こうからやってくる人がいますが、すべての納税者を調べるのは不可能で、ではどんな人が税務署から声をかけられるのでしょうか？

税務署が調査したい人は「申告に不審な点がある」「ある程度の追徴課税が見込める」人。申告内容を確認したい人は呼び出し、細かい帳簿まで調べたい人は電話がかかってくる感じ。

ぶっちゃけ、稼ぎが少なく、主な収入先が法人で明確にわかるようなフリーランスは多額の追徴課税が見込めないので、可能性はかなり低いです。

一方、税務署から目をつけられやすい人は、現金商売をしている、水商売をしている、短期間で売上を伸ばしている、マスコミなどで目立っている、ブログやツイッターなどで見栄を張っている、経費の「交際費」や「雑費」や「消耗品費」の金額が大きい、顧問税理士が付いていない、など。

青色申告より白色申告の人のほうが入りやすいのは、帳簿をつけていないので「お金の管理がいい加減」と思われてしまうから。一つの目安として売上が年2000万円ぐらいでも白色申告だと、「何かがあやしい」と思われるかも。事業者が少ない地方では、もう少し売上が低くても声をかけられるかもしれません。

税務署から調査の連絡がきてから２～３週間後が調査日になりますが、こちらにだって都合というものがあるでしょう。出張など都合が悪ければ日程変更してもらって。その間に最低でも過去３年分の領収書や帳簿、通帳、請求書などを準備してください。

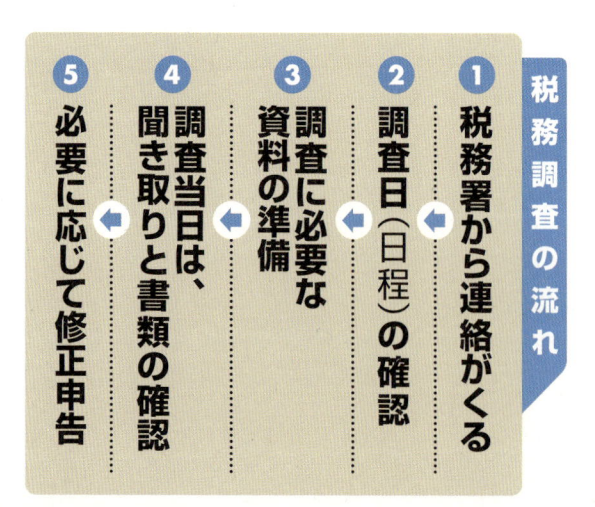

税務調査の流れ

1. 税務署から連絡がくる
2. 調査日(日程)の確認
3. 調査に必要な資料の準備
4. 調査当日は、聞き取りと書類の確認
5. 必要に応じて修正申告

第5章

収入

これからフリーランスになるのなら

これからフリーランスを
目指す人はまずは
開業届け提出からスタート。
フリーランスのお金の「イロハ」を伝授

ボーナスもない。
労災もない。
でも
自由が
あるフリーランス
しかし。
熱が出ても
病気になっても
身内に不幸が
あったとしても
誰も
かわりに
やってくれ
ません
自己管理必須
そして
老後の
不安も…
老眼
とか。
50~60代の時…
シゴトあるのかな~…
20代の
編集さんに
しかられ
たりとかさー
襲って
きます。
も~
感覚
古いんです
ケドー

成功するフリーになる!! その心構えと手続きは?

長らく不況が続くご時世ですが、できる人には仕事がたくさんくるのがフリーランス。逆に好景気でも、仕事のできない人には、仕事が来ないつらい職業。

フリーランスは経費を使い放題!と思っている人もいるかもしれませんが、実際は、収入から自分で税金、健康保険、年金を払う必要があります。会社員時代の2倍を稼がないと、独立前の給料レベルにならないと思ってください。

フリーランスの税金は自分で計算して納付するし、フリーランスの保険は自分から入ることになります。

この章では勤め人からフリーランスになる始めの一歩としての基本的な心構えや、事業を始める前にやらなければならない手続きなどを紹介します。

開業前の準備費用は開業費に

イザ、個人事業をスタート！必要な「届け出」と「経費」は？

フリーランスになって大きく変わるのは、税務署との関係が密になること。税金に関する申告も自分でするからだ。

フリーランスになって最初のおつきあいが書類の提出。白色申告を選び、専従者も従業員も雇わないという人は「個人事業の開業・廃業等届出書」だけを出せばよい。「白色申告」にするか、「青色申告」にするかは迷う所。**当初から青色申告を選択すれば、初年度から赤字を3年繰り延べることができるので、節税を考えるなら青色申告のほうがいいだろう。**この件に関しては第7章（P115～参照）で詳しく説明をする。

これらの届け出をすることで、税務署から書類が送られてくることになる。

なお、それぞれの項目の書類は国税庁のホームページからダウンロードできる。独立開業の第一歩として「サクセスしますように！」と心を込めて書こう。

準備期間中の経費は「開業費」として計上できる

開業にあたって、大なり小なり資金が必要だ。**開業前の準備期間中に使った費用は「開業費」としてまとめて経費として計上できる。**

印鑑や名刺、ホームページの作成、事務用品や机などはもちろんのこと、先輩フリーランスに相談をした打ち合わせ食事代や、将来の得意先へのご挨拶の手土産代や、そこまでの交通費も経費として認められる。

ただし、10万円以上の大きな買い物は一度に計上することはできず、減価償却（P77参照）で数年に分けて経費として計上していくことになる。具体的にいえば、車、高額なパソコンソフト、店舗や事務所などの改装費、設備費などがこれにあたる。

独立で成功するのは準備が肝心。なんとなく始めるのではなく、腹をくくって自分の人生を切り開いていこう。

フリーランス（個人事業主）としての届け出はコレ！

● 個人事業の開業・廃業等届出書

事業を始める人すべてに必要。開業から１カ月以内に提出。提出すると年末に税務署から確定申告に関する必要書類一式が送られてくる。

● 所得税の青色申告承認申請書

青色申告のハードルは決して高くはない。開業から２カ月以内に提出。１年目から青色申告をしたほうがさまざまな特典（115ページからの７章を参照）があるので、ぜひ、提出を！

● 青色事業専従者給与に関する届出書

青色申告をする人が、家族へ給与を支払う場合の届出書。仕事に従事してもらった日から２カ月以内に提出。最初から専従者がいる場合は、開業届と一緒の提出が望ましい。

● 給与支払事業所等の開設・移転・廃止の届出書

従業員に給与を払う場合の届出書。最初から従業員がいる場合は、開業届と一緒の提出が望ましい。

※国税庁・届出書のリンク集
http://www.nta.go.jp/tetsuzuki/shinsei/teishutsujiki/periodList.htm

「開業費」として経費になるものはコレ！

●印鑑や名刺、メールアドレスの作成費　●業務案内やチラシ、ホームページの作成費
●交際費（事業相談者との打ち合わせ食事代など）●旅費交通費（開業準備期間の交通費）
●図書新聞費（開業にあたっての資料など）
●事務所備品（インテリアや机、事務用品など10万円未満のもの）
●事務所経費（家賃、光熱費、通信費など）。
※開業費は5年で「均等償却」する方法と、開業年に一括して経費とする「任意償却」があり、いずれかを選択。

ただし開業費に認められないものもある！

●車
●パソコン、プリンタ、コピー（各10万円以上のもの）
●パソコンソフト（10万円以上のもの）
●店舗、事務所などの改装費、設備費　など。

※開業に当たって10万円以上かかったものは、資産として減価償却していく。

「勤め人」から「フリーランス」へ

時間も心も自由だけれど お金の管理は自己責任!!

収入が不安定なだけでなく 税金・社会保険の管理も必要

フリーランスになると、決まった時間に電車に乗って、会社に行く必要はない。上司に気を遣う必要もなくなるし、イヤな先輩に無理に話を合わせる必要もない。時間的な面だけでなく、精神的な面でも自由になれるのが何よりも大きなメリットだろう。

半面、金銭的には大きなリスクを抱えることを覚えておこう。何よりも収入が確実に入ってくるとは限らない点が、会社員との大きな違いだ。ビッグな仕事が入ってきて、まとまったお金を手にすることもあれば、今月は売上0という月もあるだろう。そこは、フリーランスになった以上、腹をくくって乗り切ろう。

しかし見過ごしがちだが、意外と大変なのが前ページに出てきた、税金や社会保険の管理。会社員時代は、税金や社会保険は給与天引きだったので、どんな種類があるか、いくら支払わなければいけないか、などノーケアだった。しかし、フリーランスになると、税金の支払いも社会保険の加入や保険料支払いも全部自分でしなければならない。

面倒だから放っておこう、などと考えると、あとから大変なことになる。税金は支払い先から報酬の支払いについての申告が税務署に行っているので、必ずお知らせがきてしまい、**場合によっては延滞税なども支払わなければいけなくなる。社会保険も、健康保険に加入していなければ病気になったとき、全額自己負担になるし、年金だって、今まで支払ってきた分までチャラになる可能性も!**

左表はフリーランスが支払ったり、加入しなければならない税金と社会保険の一覧。避けて通れないものなので、フリーランスの基礎知識として、頭に叩き込んでおこう。

フリーランスの「税金」は自分で計算、納付する

	会社員	フリーランス（個人事業主）
課税対象	給与所得	事業所得（売上－経費－控除）
所得税	毎月の給与から源泉徴収され、年末に年末調整で精算する	売上から10％源泉徴収される場合がある。1－12月までの事業所得を計算し、次年の3月15日までの確定申告で精算する
住民税	前年の給与所得に対して算定され、翌年の毎月の給与から天引き	前年の確定申告より算定され、納付書が送られてくる
事業税	なし	事業所得が年290万円以下は免税。それを超えると納税
消費税	なし	売上高が年1000万円以下なら免税。それを超えると納税

フリーランスの「保険」は自分から入る

	会社員	フリーランス（個人事業主）
健康保険	会社の健康保険に加入。保険料は毎月、給与から天引きされる	国民健康保険に加入。（フリーでも入れる国民健康保険組合がある。57ページ参照）前年の所得に対して保険料が算定され、納付書が送られてくる
雇用保険	毎月の給与から天引き	なし
労災保険	会社が負担	なし
年金	会社の厚生年金に加入。年金保険料は毎月の給与から天引きされる	国民年金に加入。定額で月1万5020円（平成23年度）、納付書が送られてくる

社会保険（健康・雇用・労災・年金）の半分は会社が負担している

なくなった保障をカバーすることが必要

先輩フリーランスのぶっちゃけ！

営業は苦手だけれど…独立したらやるっきゃない！

東京都・ライター・48歳・女性

編プロにいた時代、私が辞めても仕事を回してくれるという人がいて、思い切って独立しました。編プロの社長は「仕事を持って出て行った」と周囲に言いふらしましたが、私は「仕事がついてきた」と修正しました。営業もお金の管理も苦手だけれど、独立したらやるっきゃない！　フリーランスは勉強するほどに節税できますよ。でも、まずは1円でも稼ぐこと！　独立16年目の女より。

「収入」の考え方の基本

フリーランスの「収入」と「利益」は違う!

カン違いしてはダメ!

収入から経費を引くと「所得」となる

フリーランスになると、自分で収入を計算して国に確定申告をし、それに対する所得税を納めなければならない。

確定申告とは1月1日〜12月31日の1年間に得た収入から課税所得を計算して税務署に申告し、所得税を納める手続きのこと。翌年の2月16日〜3月15日に申告しなければならないことが決まっている。

フリーランスの収入は、お金を1カ所からもらう人もいるだろうし、数カ所からもらう人もいるだろうし、お店を開業して多くのお客さまからもらう人もいるだろう。つまりフリーランスの収入はさまざまで、それらをモレなく全部合算することになる。

ここで、税務上で使われる「収入」と「所得」は違うことを覚えておきたい。

フリーランスにとって収入とは売上のことで、所得とは売上から経費と控除などの金額を差し引いたものとなる。

所得＝売上－経費－所得控除

この所得を計算するために、売上を合算し、売上と経費を帳簿に記録して（P97からの第6章参照）、仕事におけるお金の出入りを管理しなければならないのだ。

税金を先取りされて支払われることもある

法人からの収入は、所得税を天引き（源泉徴収）された金額が支払われることもある。その金額は、売上が１００万円未満なら10％、１００万円を超えると20％だ。1年が終わると取引先から「支払調書」が送られてくるので、あらためて天引きされていた納税額がわかるだろう。

ここから確定申告をすると、払い過ぎた税金が戻ってくる。やらなければ高い税金を払ったままになり、喜ぶのは国だ。

また、お店など多数から収入を得ている場合は、金額に応じて税金を納める。

フリーランスの「収入」はさまざま

事業を通じて得たお金はすべて「収入」となる

法人からの売上は「源泉徴収あり」

取引先が法人（会社）なら、フリーランスへの支払いはあらかじめ所得税が引かれて支払われることがある（売上が100万円未満なら10%）。その場合、のちに「支払調書」が送られてくる。

個人からの売上は「源泉徴収なし」

お店など売上が個々のお客さんという業態は、源泉徴収はないので全ての売上を合算し、金額に応じて税金を納める。また、フリーランス同士の取引もほとんどが源泉徴収なしで行われている。

利益の2倍売り上げて黒字になるイメージ

フリーランスは「収入」と「利益」の関係もしっかり頭に叩き込んでおきたい。**収入から税金も、健康保険も、年金も自分で払うので、「収入＝利益」でないことは覚えておこう。**口座に売上代金が振り込まれてくると、会社員時代の給料の感覚ですべて使えるお金と勘違いしてしまい、あとで健康保険などの納付書が送られてきて愕然となる…、というのはフリーランスのお約束パターンだ。

会社員時代に口座に振り込まれてきた給料は、〝手取り〟で、税金と社会保険は引かれている。フリーランスになって同じ感覚でお金を使うと赤字は確実だ。

よく売上1000万円で8ケタ稼いだと豪語する人がいるが、経費を引いた金額かどうかは怪しい。

そのため売上に対して経費や税金がどれくらいかかるか、つかんでおく必要がある。よく、会社員は給料の最低でも3倍以上は稼いでもらわないと会社を維持できないといわれている。**フリーランスはせめて2倍を稼がないと、独立前の給料レベルにはならないと肝に銘じよう。**

また、売上が100万円あっても、経費が80万円あったら利益は20万円。その100万円を売り上げるために3カ月かかったとしたら、月6万6666円。単価が安いとはこのことだ。

事業が軌道に乗るまでは生活費も持ち出しになるため精神的にもキツくなる。家賃や水道光熱費、通信費などの固定費は売上があってもなくても出ていくお金として覚悟しなくてはならない。

会社員時代はあまり考えなかっただろうが、フリーランスになったらコスト意識を持たなければ！　独立当初はできるだけ固定費を抑えておきたい。

先輩フリーランスの
ぶっちゃけ!

仕事は単価と時給で計算しないとカン違いする

東京都・フリー編集者・38歳・男性

出版社から一冊、ムック本の発注があり、ほとんど一人で編集・執筆したので200万円が振り込まれてきた。「会社員時代の半年分を稼いだぜ」と思ったけれども、取材の出張も資料代もコミコミの金額だったし、仕上げるのに4カ月かかったので、よく考えると割りのいい仕事ではなかったかも。フリーランスは単価と時給から考えないといけませんよ。

書き込めば何かが見えてくる!

フリーランスの書き込みシート

厳しい雇用環境の昨今ではあるが、独立にはチャレンジしやすい環境となっている。自分のマンパワーだけでなんとかなるような職種ならば、必要なのはパソコンくらいでオフィスは自宅兼で十分だ。

さらにビジネスのネットワークを作るのも、Facebookなどのネット上のツールを使えば人を紹介してもらったり、自分をアピールすることが簡単にできるようになった。知らない人へのお願いでも、堂々と声をかけやすい。

まずは下の表を埋めることからフリーランスとしての第一歩が始まる。がんばろう。

●開業資金はいくらかかる？

費用項目	単価	数量	計
			円
			円
			円
			円
			円
開業資金合計			円

●仕事がもらえそうなところは？

会社名	担当者名	業務内容	単価	数量	計
					円
					円
					円
					円
					円
売上見込み合計					円

●事業資金はいくら持ってる？

預金など	計
銀行	円
郵便局	円
保険(解約したら)	円
不動産(売却したら)	円
その他	円

●あなたの年収目標は？

年	計
1年目	万円
2年目	万円
3年目	万円

●あなたの時給は？

時間単価＝ 年収目標 ／ 1日の稼動時間×月の働く日数×12カ月

フリーランスの知っ得コラム

column

年収300万円以下の会社員は4割。それより稼げるフリーに！

国税庁「民間給与実態統計調査」によると、2010年に１年を通して勤務した会社員の年収は４割が300万円以下という結果がでました。どうやら会社員の家計もラクではないらしい…。

年収は300万円以下なのに、支出は増える一方。必須食品である小麦粉やコーヒー、油、砂糖などの原材料は価格が高騰しているので、パンなどの加工品も値段が上がっているか、同じ値段でも一袋の量が減っているのをお気づきですか？

そして、今後、いちばん懸念されるのが増税です。政府は東日本大震災の復興財源をまかなう費用として、近い将来、法人税、所得税、消費税を上げるのは確実でしょう。

そんな状況下でフリーランスになりたい、もしくはなったからには、会社員時代より稼げないと独立した意味がありません！　組織を離れるリスクをとるのだから、大きなリターンを求めようではありませんか。

目標は高く…といいたいところですが、最初の１年は、まずは会社員に４割いる年収300万円を超えるフリーランスになりましょう。そんなに高いハードルではないはずです。

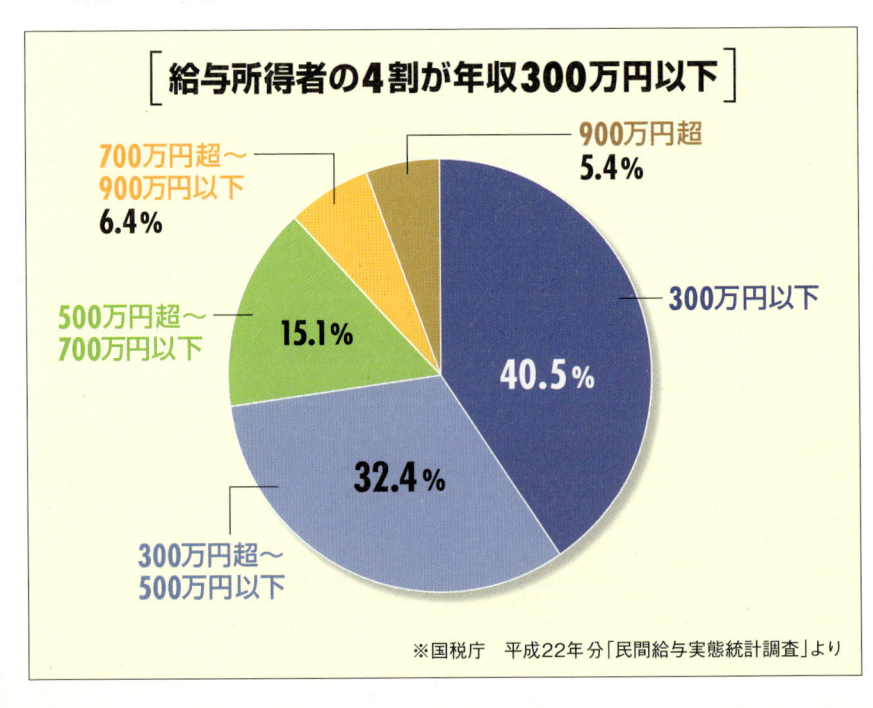

給与所得者の４割が年収300万円以下

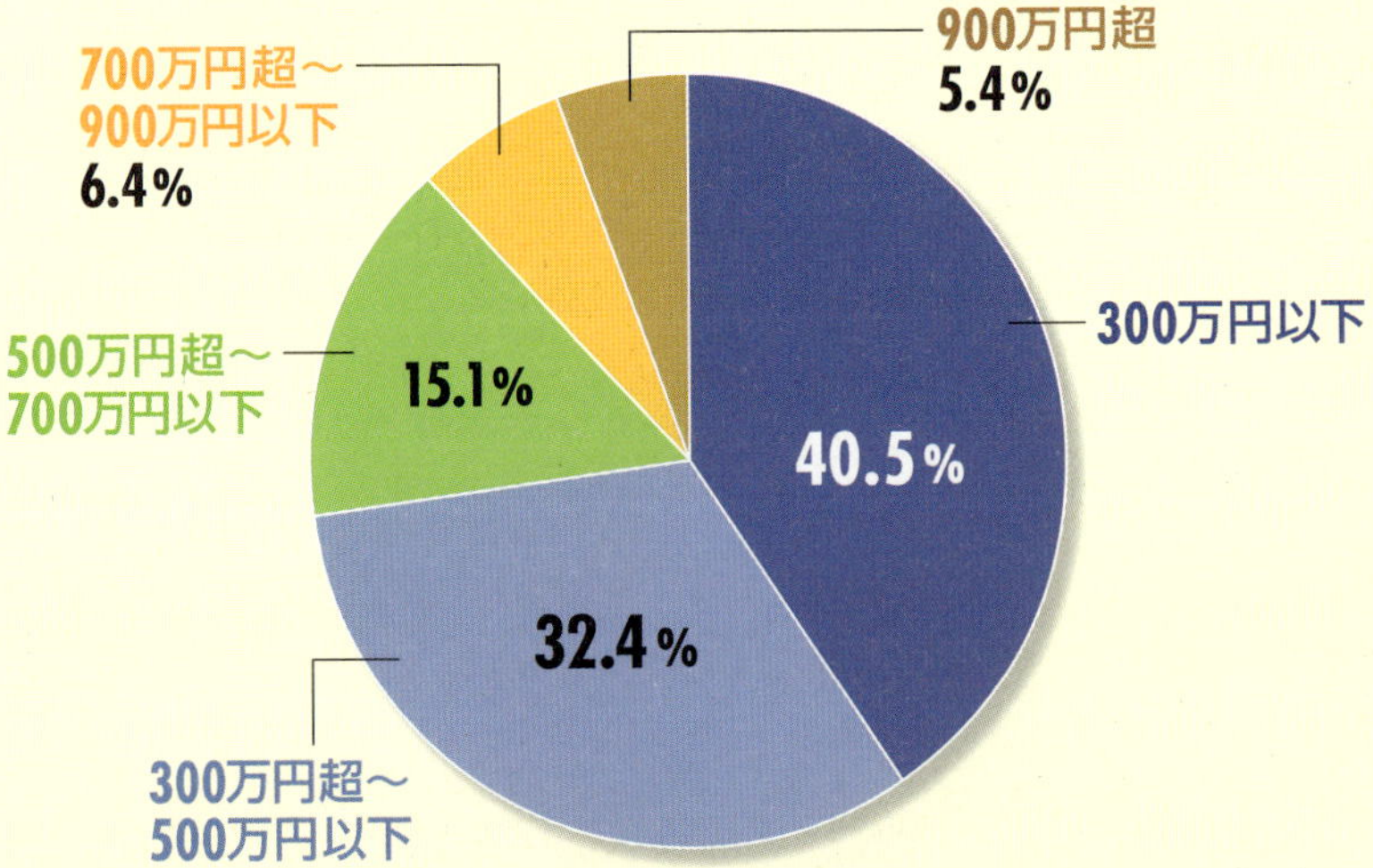

※国税庁　平成22年分「民間給与実態統計調査」より

第 **6** 章

経理
帳簿付けなんてカンタンだ!

フリーランスのお金管理の
第一歩は帳簿付け。
白色は単式簿記、青色は複式簿記で。
かんたん帳簿の書き方を伝授

がんばって働いて
収入がUPすれば
するほど
持っていかれる額も
ふえる税金ですが
ムチ!
ビシッ
バシッ

どうして確定申告しなくちゃいけないの

1年間の所得税を確定するのが「確定申告」これをもとに住民税や健康保険料が決まる

確定申告で所得税を納める手続きをする

個人事業主やフリーランスは、所得税を納めるために必要な手続きである確定申告をすることが必要だ。

会社員や公務員などの給与所得者の場合には、毎月の給料から所得税額を差し引く源泉徴収が行われている。ただし、源泉徴収される税額は概算の額にすぎない。そのため年末に本来の納税額を計算し、源泉徴収した税額との過不足を調整している。これが「年末調整」だ。

年末調整では、個人的に支払った生命保険や地震保険の保険料額などを年末調整の用紙に記入し、支払証明書を添えて勤務先に提出すれば、手続きは勤務先がまとめてやってくれる。そのため、会社員や公務員は、基本的には確定申告をする必要がない。

一方、個人事業主やフリーランスの場合には、**1年間に得た所得金額を確定し、それをもとに所得税額を算出して、納税するために必要な手続きをすべて自分で行わなければならない**。この手続きが「確定申告」なのだ。

なお、確定申告をすれば、住民税や健康保険料（国民健康保険税）などの税金についても申告したことになるので、別途手続きをする必要はない。

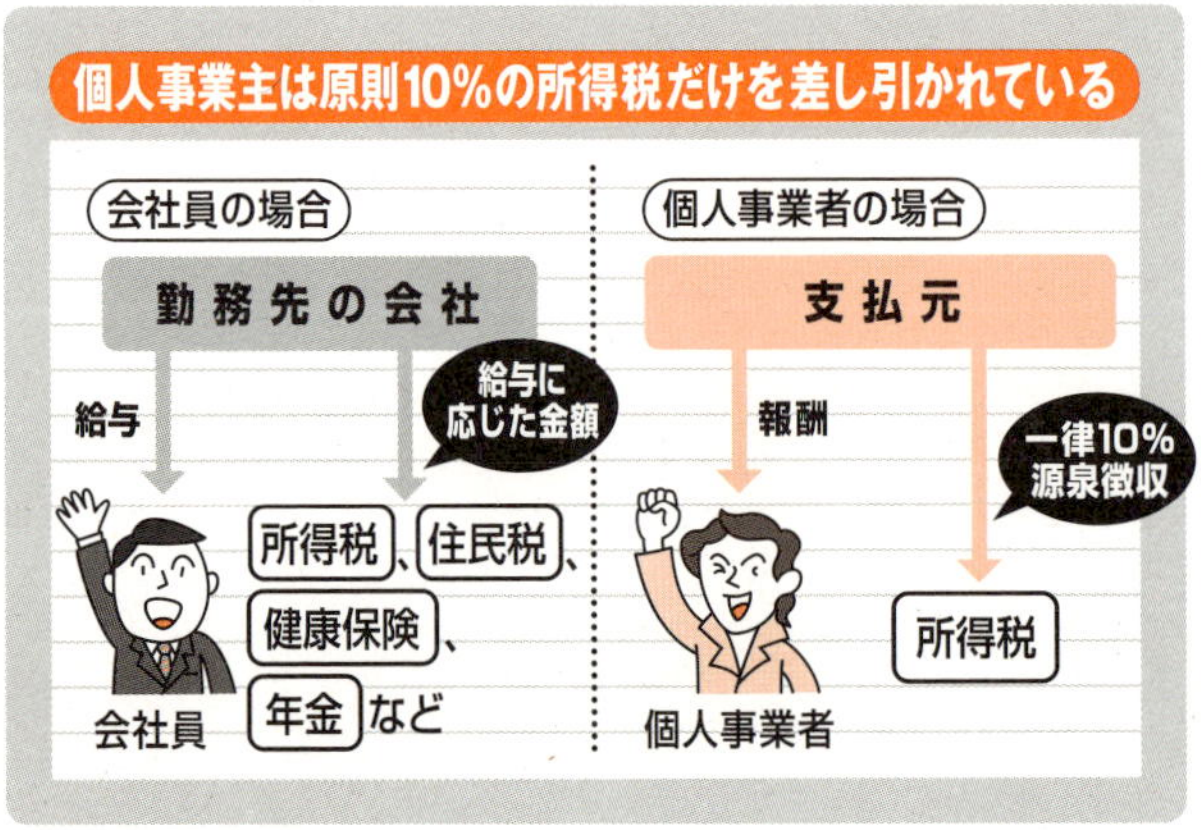

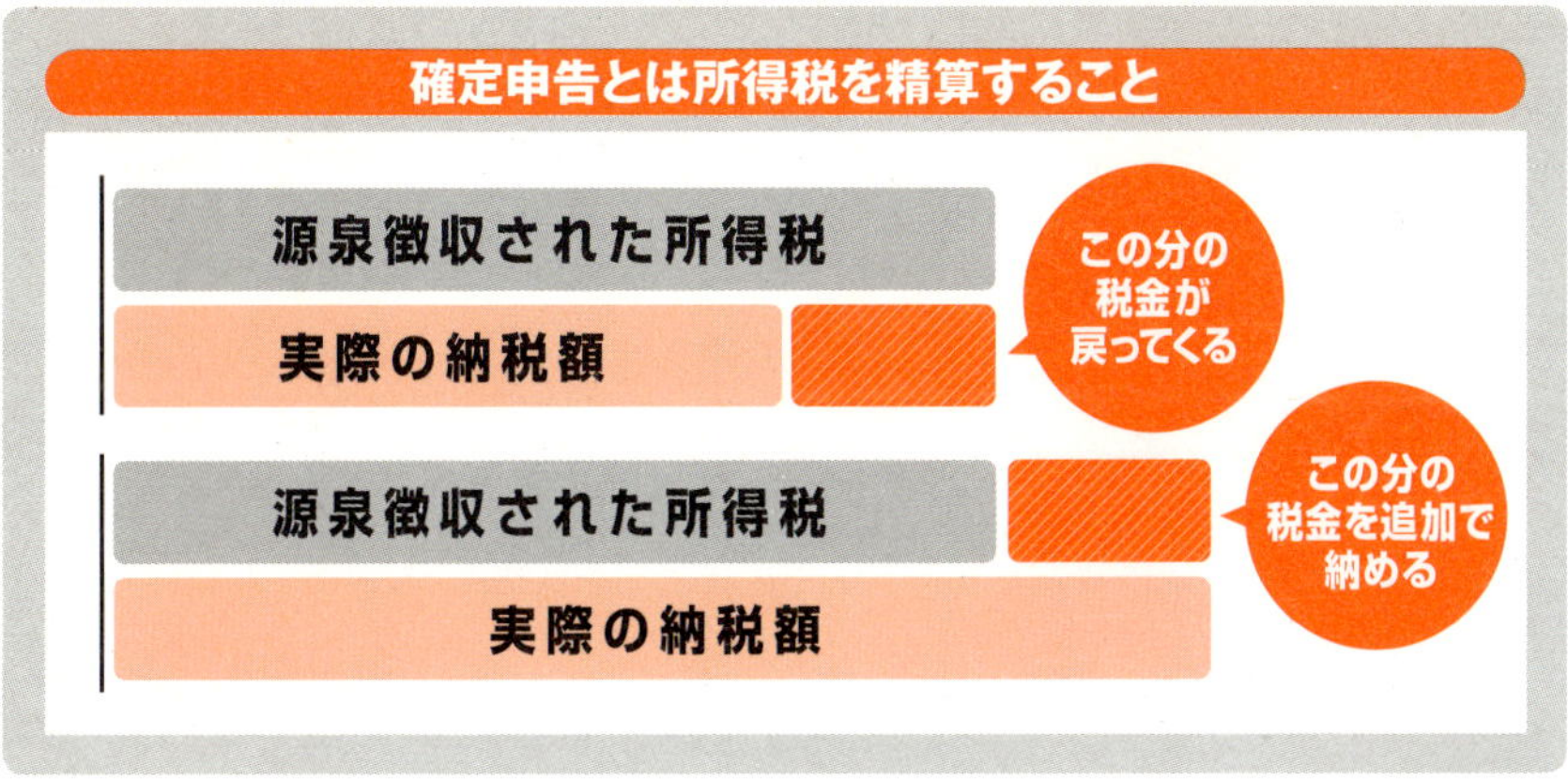

確定申告をすると払いすぎた税金が戻る

確定申告をするメリットは、ほかにもある。個人事業主やフリーランスは、取引先から仕事の報酬や料金の支払いを受ける場合、所得税として10％（20％の場合もある）を源泉徴収された金額が振り込まれることがある。また、その年の所得税の前払いとして予定納税をしている人もいるだろう。

ただし、3章や4章で説明したように、所得税は1年間の所得に対する税金であり、1年間の総収入金額から1年間の必要経費を差し引いた所得に対して課される。つまり、1年間の収入が同じ額でも、事業を営むために必要な経費が異なれば、所得税額も異なるのだ。

そのうえ、所得金額からは、所得控除を差し引くこともできる。所得金額から所得控除を差し引いた課税所得によって決まる納税額からも、住宅ローン控除や配当控除などの税額控除を差し引くことができる。**そのため、実際に支払う所得税額は、報酬から源泉徴収された税額や予定納税をした税額よりも少ないこともありうるのだ。**

そのような場合には、確定申告することで、源泉徴収された所得税額や予定納税した税額と実際の納税額の差額、**つまり余分に払っていた税金を返してもらうことができる。**このように、払いすぎていた税金を取り戻すための確定申告のことを、還付申告と呼んでいる。

なかには、実際の納税額が、源泉所得税額や予定納税額よりも多い人もいる。その場合は、確定申告の際に、実際の納税額と源泉徴収された所得税額や予定納税額との差額を追加で納めることが必要になる。追加で納税する場合は、確定申告の期限と同じ、3月15日までに納めなければならないので注意しよう。

簡単帳簿のための三種の神器

経費と生活費は銀行口座を別にして ハッキリ、すっきり整理する

口座で決済すれば 記録が残るからカンタン

事業のお金を管理するには、事業用と個人用のお金をきちんと分けることも大切だ。また、管理が大変な現金でのやりとりを少なくすることも、経理を楽にする重要なポイント。そこで、ぜひとも活用したいのが、**フリーランスの〝三種の神器〟ともいうべき、事業用の銀行口座と領収書、事業用クレジットカードだ。**

個人用の口座を事業用にも使っていると、事業に関係ない生活費の出し入れまで預金出納帳（Ｐ１０４参照）に記帳することになり、余分な手間がかかる。手間を省くためにも、**今使っている口座がある銀行に、個人用とは別に事業用の口座を作ろう。**これが三種の神器その1。同行間であれば、口座の間で振替をしても、送金手数料がかからないので便利だ。口座の名義を「屋号＋氏名」にすれば、同じ銀行に別の口座を開くことも可能だ。

事業用の口座を開設したら、売上や報酬は、その口座に振り込んでもらおう。そして、**生活費などプライベートなお金は、月に1度程度、事業用口座から個人口座に振り替える。**こうすることで、預金出納帳への記載も1度で済む。ちなみに、個人口座にお金を移した場合は、預金出納帳に「事業主貸」、事業用口座のお金が足りなくなり、個人用口座から事業用口座にお金を移した場合は「事業主借」と記載しよう。

光熱費や通信費、後述する事業用クレジットカードの支払いといった必要経費は、なるべく現金を使わず、事業用の口座を使い、送金や引き落としで決済しよう。通帳に記録が残り、お金の出入りがぐっと把握しやすくなる。金庫などで現金を管理する場合と違い、お金の動きと残高が、必ず一致するというメリットもある。使途不明金の発生も防げるので、記帳の際に「何に使ったのか」書いておくとさらに便利だ。

事業用口座はインターネットバンキングを活用

新たに事業用の銀行口座を開設するなら、インターネットバンキングのサービスが利用できる銀行を選びたい。**インターネットバンキングを利用すれば、わざわざ銀行の窓口やＡＴＭに行かなくても、送金などの作業ができる**からだ。

口座管理料などの費用が無料で、振込手数料も安い銀行を選べば、余分な経費を削減することにもつながる。

また、口座の入出金データをコピーしたり、エクセルファイルなどにダウンロードすることもできる。手書きや入力の手間が省けるので、預金出納帳への記帳がうんと楽になるというメリットも。記入漏れやタイプミスも防げるだろう。

会計ソフトによっては、銀行口座の管理ができるものもある。記帳の手間を省きたい人は、活用してみては？

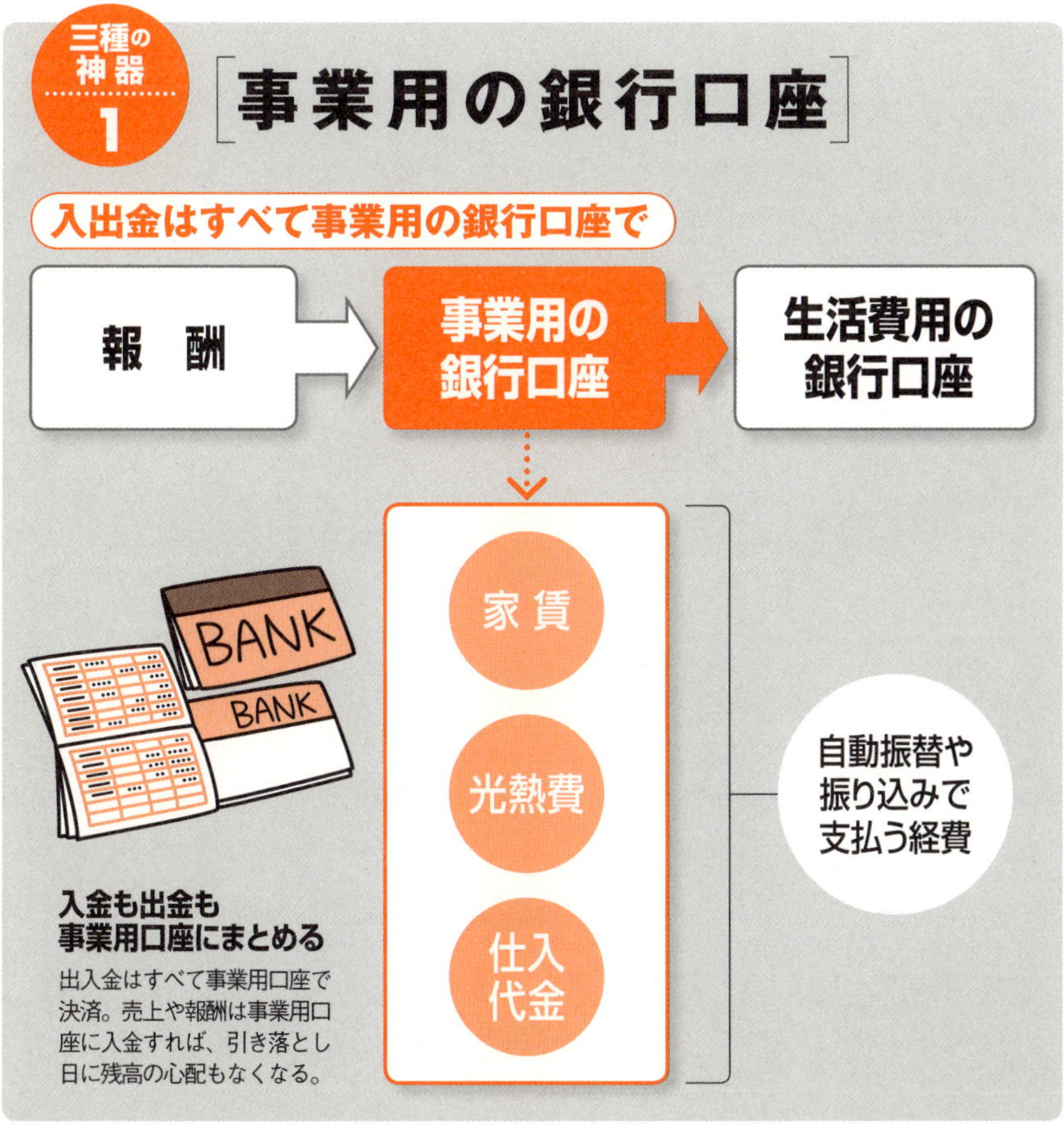

記録が残る方法で支出しておけば帳簿を付けるのは月に1回でOK！

必要経費の支払いで領収書のもらい忘れはNG

事業に必要な支払いをした場合は、必ず領収書をもらっておこう。現金で支払った場合はもちろん、クレジットカードの場合でももらいたい。**領収書がないと、支払った事実が確認できず、経費として認められない**。第2の「三種の神器」の所似だ。

仕事がらみの冠婚葬祭での支出など、領収書が発行されない場合は、**出金伝票を作成する**。出金伝票には、日時、支払い先、金額、内訳を記載しよう。また、経費関係の書類は、7年間保存する義務がある。領収書も無くさないよう現金出納帳の裏などに貼っておくといいだろう。

三種の神器 2

［領収書］

現金で支払ったら必ず領収書をもらおう

領収書はちゃんともらって、保管する

現金で事業上の経費を支払った場合には、必ず領収書を！領収書がないと支払った事実さえ認められないことも…。

領収書の整理方法にルールはない!

きちんとさんにオススメの保管方法

領収書の整理方法にルールはないが、勘定科目別に月ごとにノートに貼り付けると確認作業も楽チン。

ズボラさんもせめて月単位に分類しよう

基本的には、いつ、何に使ったかを証明できればいいので、たとえば、月単位で封筒に入れておくだけでもOK。

必要経費の支払いには事業用のクレカを使う

銀行口座で決済できない必要経費は、なるべく現金を使わず、事業用クレジットカードで支払うようにしたいもの。第3の「三種の神器」だ。

クレジットカードで支払いをすると、利用明細が発行されるので、いつ、どこでいくら使ったのかを、簡単に把握することができる。ただし、個人用のクレジットカードで支払ってしまうと、どれが必要経費なのか、わかりにくくなってしまうので、事業用のクレジットカードを作成。利用代金も事業用の銀行口座から引き落とすようにするのだ。

なお、クレジットカードの利用明細書は、領収書ではない。必要経費の支払いをした場合は、必ず領収書をもらおう。領収書は、無くさないよう、利用明細書に添付して保管すると便利だ。

三種の神器 3 ［事業用クレジットカード］

支払いにはクレジットカードを利用しよう

明細書を保管しておくだけでお金の使途が一目瞭然

明細書で使途がわかるクレジットカードは帳簿作成の強い味方。クレカの支出は1取引ずつ預金出納帳に記帳を。

先輩フリーランスのぶっちゃけ!

事業用口座と会計ソフトで経理にかける時間を削減

東京都・33歳・エステティシャン・女性

独立と同時に節税効果が高い青色申告事業者に。経理は苦手だし、時間もかけたくないので、事業用口座と事業用クレカを作り、口座管理もできる家計ソフトを導入。現金での支払いを極力減らし、事業用口座で出し入れするか、事業用クレカを使えば、利用明細をソフトへコピペするだけで自動的に処理してくれるので、私の手間はほとんどナシ!

まずは帳簿をつけることから始めよう

帳簿とは、事業の家計簿のようなもの。2014年から白色申告でも義務化!!

帳簿をつけて仕事上のお金の流れを把握しよう

確定申告には、青色申告と白色申告という、2種類の申告方法がある。詳細は8章で説明するが、**簡単にいうと届け出の有無と帳簿をつけるか否かが異なる。**

青色申告で確定申告をするには、税務署に「青色申告承認申請書」を提出し、「単式簿記」か「複式簿記」のいずれかの形式での帳簿作成が義務づけられる。**「帳簿作成なんて難しそう」と思うかもしれないが、P100で説明した〝三種の神器〟と会計ソフトを活用すれば、経理の知識がなくても簡単**にできる。

白色申告は、届け出の必要がなく、1年間の所得金額が300万円未満ならば、帳簿作成の義務もない。**ただし、2014年1月からは、すべての白色申告者に帳簿の作成が義務づけられる。**

つまり、フリーランスは誰でも確定申告が必要であり、確定申告をするには、帳簿をつけることが不可欠なのだ。**独立して個人事業主やフリーランスになったら、帳簿をつけることから始めるべし、といっても過言ではないだろう。**

さて、帳簿とは、仕事上のお金の出し入れを明記した、いわば事業の家計簿のようなものだ。では、その帳簿には何を書けばいいのだろうか。

この2つをつければ、お金の流れは把握できる

現金出納帳

¥100,000
パソコン代
¥4,000
打ち合わせ食事代
¥3,000
事務用品

現金の出入りを日付順に記入

現金の入金、出金を発生した日付の順に記録する帳簿。入金時は収入欄に、出金時は支出欄に記帳する。日々の残高、月間の残高、年間の残高がわかる。

預金出納帳

BANK
BANK

預金口座のお金の出入りを記入

銀行別にすべての預金の出し入れを日付順に記録する帳簿。いつ、何が振り込まれ、何が引き落とされたかを記入し、口座へのお金の出入りと残高を記録。

たとえば、200円のペンを現金で買う「取引」をしたとしよう。この取引で、ボールペンという資産が増え、現金が200円減ることになる。この取引を帳簿に記録することを「仕訳（しわけ）」と呼んでいる。**つまり、財産が増えたり減ったりすることが「取引」で、それを記録することが「仕訳」だ。**そのため、帳簿を見れば、仕事上のお金の流れを把握し、管理できるというわけだ。

お金の流れを把握するために必要な帳簿には、いくつかの種類がある。なかでも現金が増減した時に記帳する「現金出納帳」と、普通預金の出入りを記録する「預金出納帳」は、帳簿作成の基本ともいえるものだ。といっても、おこづかい帳や家計簿のようなものなので、気構えずに作成できるだろう。エクセルや市販の会計ソフトを使えば、数字を入力するだけなので、それほど経理の知識がなくても帳簿つけができるはずだ。

ちょっと今イチこの帳簿ってのが…
考えすぎよ 家計簿みたいに売上と買ったものとお金の出入りを付けてと…
ほ〜っ
ね〜 私にやらせてない？
ど〜も〜

単式簿記って何？

収入と支出を記帳することでお金の出入りをチェックする簡単な帳簿

入出金を日付順に記入するだけの簡単な帳簿

　青色申告をするメリットのひとつが、「青色申告特別控除」だ。控除額は、記帳の方法によって異なり、「単式簿記」で帳簿をつけた場合は10万円、「複式簿記」で帳簿をつけ、かつ貸借対照表の添付がある場合は65万円となっている。

　このうち「単式簿記」は、現金の出入りを基準にして、お金の動きをチェックするための帳簿。**現金の出入りがあった場合は「現金出納帳」、普通預金口座に出入りがあった場合は「預金出納帳」に出金や入金を記録**していく。

　たとえば、1月12日にＪＲの三鷹駅でスイカに３０００円、現金でチャージし、その後の残高が15万３９３８円だったとしよう（左上表）。この場合は、**現金出納帳**の1月12日の「出金」の欄に３０００円と記入し、「摘要」欄にＪＲ三鷹駅スイカチャージと記入。そして、「残高」の欄に15万３９３８円と記入すればＯＫ。

　では、1月15日にリース料2万６２５０円が口座から引き落とされ、口座の残高が１６０万２３４２円になった場合はどうなるのか。**預金出納帳**の1月15日の「出金」の欄に2万６２５０円と記入し、摘要の欄にリース料、残高の欄に１６０万２３４２円と記入すればいい（左中表）。

　つまり、単式簿記では、1つの取引に対して、記入する項目が1つ。そのため「単式」と呼ばれているのだ。

　日々の取引の記帳だけでなく、月末には集計を行い、入金と出金の差額から月末の現金と預金の残高のチェックも行う。その際、仕入高やリース料など経費を項目ごとに集計する「月別経費明細書」（左下表）も作成。その月の経費の内訳と合計額も書き出そう。確定申告書に必要な「損益計算書」の作成がぐっと楽になる。

　なお、単式簿記による記帳では、現金出納帳、預金出納帳のほか、経費帳や固定資産台帳、事業内容によっては売掛帳と買掛帳の記帳も必要だ。

現金出納帳の書き方例

現金出納帳

23年月日	相手科目	摘要	入金	出金	残高
		前期より繰越			128,763
1. 5	売上高	本日売上	31,500		
	旅費交通	○○交通　タクシー代		710	159,553
1. 8	売上高	本日売上げ	26,250		185,803
1.10	事務用品	○○文具　ノート代		315	
	普通預金	預け入れ		80,000	
	売上高	本日売上	9,450		114,938
	売上高	本日売上	26,250		141,188
1.11	売上高	本日売上	15,750		
1.12	旅費交通	JR三鷹駅 スイカチャージ		3,000	153,938

お金の出入りを日付順に記録

いつ、どんなお金が出入りしたかを日付順に記録する。勘定科目も記入すれば、確定申告時の作業も簡単に。

預金出納帳の書き方例

預金出納帳　　○○銀行 普通預金

23年月日	相手科目	摘要	入金	出金	残高
		前期より繰越			1,548,592
1.10	現金	預け入れ	80,000		1,628,592
1.15	リース料	△△ファイナンス リース料		26,250	1,602,342
1.25	現金	預け入れ	240,000		1,842,342
1.31	水道高熱費	電気代		7,945	
	通信費	電話代		5,670	
	仕入高	○○化粧品　仕入		367,500	
	地代家賃	△△不動産　店舗家賃		80,000	1,381,227
		1月計	320,000	487,365	1,381,227
2.10	現金	預け入れ	250,000		1,631,227
2.15	リース料	△△ファイナンス リース料		26,250	1,604,977
2.28	水道高熱費	電気代		8,316	

預金口座の入出金を記録

銀行口座への入金や経費などの引き落としを日付順に記録。複数の銀行口座がある場合は、銀行ごとに記録を。

月別経費明細書の書き方例

科目	1月	2月		合計
仕入高	367,500	0		2,250,000
水道光熱費	13,000	13,000		180,000
旅費交通費	5,310	3,000		50,000
通信費	5,670	12,600		120,000
リース料	26,250	26,250		300,000
消耗品費	315	84,000		600,000
地代家賃	80,000	80,000		960,000
研修費	0	20,000		200,000
減価償却費				160,000
経費計	498,045	238,850		4,820,000

勘定科目ごとに経費を集計

１カ月間の経費を勘定科目ごとに集計し、経費の合計額も計算。どこにお金を使ったかが一目で把握できる。

複式簿記って何？

お金の流れを「原因と結果」両面からチェック 資産や負債の残高、損益が把握できる

「総勘定元帳」と「仕訳帳」「補助簿」を作成する

複式簿記は、正規の簿記の原則による記載方法だ。**すべての取引を記録する「総勘定元帳」と「仕訳（日記）帳」という主要簿と、これを作成するための「補助簿」が必要になる。**補助簿は事業の種類によって「現金出納帳」「預金出納帳」「売掛帳」「買掛帳」「固定資産台帳」など、必要なものを用意すればいい。

記入する際は、経費を「旅費交通費」「消耗品」などの「勘定科目」に分類し、それを「資産」「負債」「資本」「収益」「費用」に振り分けて記録しよう。

自分にとって必要な帳簿をつければOK!

どんな業種でも必要な主要簿

総勘定元帳	お金の流れを勘定科目（経費の分類）ごとにまとめたもの。仕訳帳をもとに作る。
仕訳日記帳	1年間のすべてのお金の流れを、発生した日付順に記入する。補助簿をもとに作る。

事業内容に合わせて作成する補助簿の例

現金出納帳	現金の出入りを日付順に記入し、現金の残高を把握するためのもの。家計簿とほぼ同じ。
預金出納帳	預金の出し入れを日付順に記録するもの。預金の残高を把握するために作る。
売掛帳	販売したものの、まだ代金を受け取っていない売掛金の残高を得意先ごとに記帳する。
買掛帳	購入したものの、まだ代金を払っていない買掛金の残高を仕入れ先、外注先ごとに記帳。
固定資産台帳	固定資産の取得価格や減価償却の方法、現在の残高などを記録するための帳簿。

PCが使えるなら会計ソフトを使って自動仕訳も

複式簿記では、たとえば「1月20日に現金で50円のペンを買ったため、現金が50円減った」というように、ペンを買うという1つのお金の流れに対して、「原因と結果」の2つの取引を記録する。そのため「複式」と呼ばれている。

取引を帳簿に記録することを「仕訳」と呼び、日々のお金の流れの原因と結果を記録したものが「仕訳（日記）帳」だ。仕訳日記帳では、**現金が増加した場合は左側の「借方（かりかた）」に、現金が減少した場合は右側の「貸方（かしかた）」に「現金」と記入**する。そしてそれぞれ反対側に理由（＝勘定科目）を記入し、摘要に詳細を記録すればOKだ。

前出の例だと、1月20日の摘要欄に購入店名とペン代と記入し、ペンを買った結果、現金が減っているので、右側（貸方）に現金、左側（借方）に現金が減った理由である勘定科目（この場合は事務用品）と書き入れ、金額を50円と記入する。**ちなみに、あまり意味を考えず、「借方」「貸方」については、「借方は左側」「貸方は右側」とだけ覚えておこう。**

複式簿記で記帳すると、1年間の収益と費用を集計した「損益計算書」や、所有する資産や借り入れた資金（負債）といった財産の状況を表す「貸借対照表」も、簡単に作ることができる。また、事業の分析や経営状態の把握もできるので、今後の経営戦略も立てやすくなるといった利点もある。

なお、会計ソフトを使えば、現金や預金の出入りがあった時に現金出納帳や預金出納帳の記入をするだけで、自動的に仕訳を行い、仕訳日記帳や総勘定元帳の作成までしてくれる。さほど簿記の知識がなくても複式簿記の記帳ができるので、PCが使えるなら利用してみよう。

先輩フリーランスの ぶっちゃけ!

簿記の知識ゼロでも65万円の控除が受けられる

東京都・35歳・カメラマン・男性

数字が大の苦手で、簿記の知識なんてゼロ。でも、なんとか節税したかったので、ネットで「簿記がわからない人でも使いやすい」と評判だった会計ソフトを導入しました。勘定科目を設定したら、あとは現金出納帳と預金出納帳を記入するだけ。こまめな入力は必要だけど、確定申告はラクラク。こんなボクでも、ちゃんと65万円の控除を受けてます。

収支のすべてがわかる「**総勘定元帳**」は**貸借対照表**を作成するためには必須！

勘定科目ごとのお金の流れが把握できる

帳簿のなかでもっとも重要なものが、1年間のすべてのお金の流れを、勘定項目ごとにまとめた「総勘定元帳」だ。総勘定元帳を見れば、その1年間に、売上はいくらあり、交通費にはいくらかかったかというように、勘定科目ごとのお金の流れが一目でわかる。そのため、お金の流れの全体像はもちろん、事業の状況なども把握しやすくなるのだ。

それだけではない。1年間の収益と費用を集計して利益や損失を示す「損益計算書」や、資産や負債、資本など年末時点の財産の状況を表す「貸借対照表」などの決算書では、勘定科目ごとに金額を表示する。つまり、青色申告に必要な**「青色申告決算書」を作成するには、総勘定元帳を作成することが不可欠**なのだ。

その総勘定元帳を作成するには、発生した日付順にすべてのお金の流れを記録した「仕訳（日記）帳」の内容を、売上、交通費、水道光熱費、消耗品など勘定科目ごとに転記する必要が。**その際、現金が減った（＝支出）場合は左側（借方）に、現金が増えた（＝収入）場合は右側（貸方）に金額を記入しよう**。また、月間の合計を出すとともに、累計金額も計算して、残高の欄に記入する。

会計ソフトを使うと、総勘定元帳はもちろん、損益計算書や貸借対照表まで、簡単に作成することができる。なお、帳簿は7年間保管することが必要だ。

総勘定元帳の書き方例：売上高の場合

総勘定元帳　　売上高

23年月日	相手科目	摘 要	借 方	貸 方	残 高
1. 5	現金	本日売上		31,500	
1. 8	現金	本日売上		26,250	
1.10	現金	本日売上		9,450	
1.11	現金	本日売上		26,250	
1.12	現金	本日売上		15,750	
1.14	現金	本日売上		42,000	
1.15	現金	本日売上		15,750	
1.16	現金	本日売上		21,000	
1.17	現金	本日売上		8,400	
1.18	現金	本日売上		26,250	

現金が増えたら右側に金額を記入

いつ売上があり、その結果、現金がいくら増えたかを記録。現金が増えた場合は、右側（貸方）に金額を記入。

総勘定元帳の書き方例：旅費交通費の場合

総勘定元帳　　旅費交通費

23年月日	相手科目	摘 要	借 方	貸 方	残 高
1. 5	現金	○○交通 タクシー代	710		
1.12	現金	JR三鷹駅 スイカチャージ	3,000		
1.15	現金	××交通 タクシー代	890		
1.31	現金	○○交通 タクシー代	710		
		1月計	5,310	0	5,310
2. 4	現金	JR三鷹駅 スイカチャージ	3,000		
		2月計	3,000	0	8,310
11.30	現金	○○交通 タクシー代	39,280	0	47,590
		11月計			
12.25	現金	○○交通 タクシー代	1,250		

現金が減った時は左側に数字を記入

交通費の支出を日付順に記録。現金で支払い、現金が減っているので、左側（借方）に金額を記入しよう。

補助簿の作成にルールはない！
自分の事業に合わせて使いやすいものを！

補助簿を作成すれば仕訳日記帳の記入が楽に

重要な帳簿である「主要簿」には、総勘定元帳のほか、「仕訳（日記）帳」がある。この仕訳（日記）帳は、108ページでも触れたとおり、すべての取引の原因と結果を日付順に記録したもの。**収入や物を購入して資産が増えた場合は左側の借方に、支出したり、負債が増えた場合は右側の貸方に勘定科目を記入し、金額の欄に額を記入すればOK**だ。

仕訳帳で日々のお金の動きを管理することも可能だが、まずは現金出納帳や預金出納帳など、簿記のビギナーでもとっつきやすい補助簿を作成し、それをもとに仕訳帳を作成するほうが簡単だろう。

お金の流れの原因と結果を記入

残高がいくらあり、それがどんな取引でお金が増減した結果なのかがわかるよう、取引を日付順に記録する。

仕訳日記帳の書き方例

仕訳日記帳　自 平成23年1月1日　至 平成23年1月31日

月／日	摘　要	借方科目名	貸方科目名	金　額
1. 5	本日売上	現金	売上高	31,500
1. 8	○○交通 タクシー代	旅費交通	現金	710
1.10	本日売上	現金	売上高	26,250
	○○文具 ノート代	消耗品費	現金	315
	預け入れ	普通預金	現金	80,000
	本日売上	現金	売上高	9,450
1.11	本日売上	現金	売上高	26,250
1.12	本日売上	現金	売上高	15,750
	JR三鷹駅 スイカチャージ	旅費交通	現金	3,000
1.14	本日売上	現金	売上高	42,000
1.15	△△ファイナンス リース料	リース料	現金	26,250
	本日売上	現金	売上高	15,750
	××交通 タクシー代	旅費交通	現金	890
1.16	本日売上	現金	売上高	21,000
1.17	本日売上	現金	売上高	8,400
1.18	本日売上	現金	売上高	26,250
1.21	本日売上	現金	売上高	42,000
1.22	本日売上	現金	売上高	31,500
1.24	本日売上	現金	売上高	26,250
1.25	預け入れ	普通預金	現金	240,000
1.26	本日売上	現金	売上高	10,500
1.27	本日売上	現金	売上高	31,500
1.28	本日売上	現金	売上高	15,750
1.29	本日売上	現金	売上高	26,250
1.30	本日売上	現金	売上高	52,500
1.31	電気代	水道光熱	普通預金	7,945

事業に必要なもの あると便利なものを作成

補助簿は、主要簿（総勘定元帳と仕訳日記帳）には書ききれない、個々の取引の明細や、特定の勘定項目の記録をつける帳簿だ。たとえば、売掛金が発生する事業の場合、売掛帳を作成することで、主要簿ではわからない得意先ごとの売掛金の残高を把握することができる。

補助簿の代表的なものとしては、現金出納帳や預金出納帳、売掛帳、買掛帳、月別経費明細書、売上帳、固定資産台帳などがある。とはいえ、必ずこれを作成するという決まりはない。

たとえば現金商売で、売掛や買掛もなく、日々のお金の動きを記録すればいいだけなら、現金出納帳と預金出納帳があれば十分だろう。だが得意先が非常に多く、売上の頻度も高い場合は、**売上帳を作ることで、管理がしやすくなる可能性もある。**また、固定資産があり、減価償却をする場合は、固定資産台帳を用意しておけば、確定申告書を作成する作業が少し楽になるはずだ。

このように、**補助簿の場合は自分の事業に必要なものや、それがあると仕訳日記帳や総勘定元帳の作成がしやすくなるものを用意**し、記帳すればOKだ。

複数の補助簿が必要な場合、手書きで記帳すると、時間も手間もかかる。その点、会計ソフトを使えば、自分の事業に必要な補助簿を作成するだけで、自動的に主要簿まで作成できる。簿記ビギナーでも、会計ソフトの現金出納帳や預金出納帳などおこづかい帳感覚でつけられる補助簿から記帳を始めれば、〝簿記アレルギー〟を起こさずに済む可能性も……。

なお、主要簿や補助簿は、確定申告の時に提出する「申告書B」や「青色申告決算書」などとともに、7年間保存することが必要だ。

固定資産台帳の書き方例

固定資産台帳 兼 減価償却計算表

自 平成23年1月1日　至 平成23年1月31日

勘定科目	資産名	数量	併用年月	取得価額	償却方法 耐用年数	償却月数 償却率	期首・帳簿価額	当期 償却額	期末 帳簿価額	償却 累計額
器具備品	美容機器	1	H21.4	450,000	5年	12月	292,500	90,000	202,500	247,500
器具備品	美容機器	1	H22.1	350,000	5年	12月	280,000	70,000	210,000	140,000
合計								160,000		

減価償却が必要な資産は台帳を作成

事業で使う固定資産について、資産ごとに取得価格や減価償却の状況などを記録するもの。補助簿のひとつ。

column

脱・帳簿つけには会計ソフトを使いこなそう

帳簿付けというだけで、頭が痛くなる人も多いでしょう。

実際、帳簿付けには「貸し方」「借り方」など独特の用語が多いもの。毎日のお金の出し入れを記入するだけ、といわれても、最初はどの欄に何を記入したらよいかさえもわからないものです。

そこで導入を考えたいのが、会計ソフト。最初の設定時に、業種を選べば、日々の売上のほか、材料仕入、家賃・光熱費の支払といった日々の業務に沿った勘定科目・簡単取引入力、仕分辞書などがテンプレートで用意されていることが多いです。

日々の入力でも、現金取引、預金取引、など取引種類を選択していけば、ナビゲーションに沿って、入力していくだけで、自動的に仕分もされるようになっています。こうして入力していけば、計算が必要なところはソフトが自動計算してくれて、集計までしてくれます。

集計メニューのようなものがあり、売上や経費はもちろん、預金残高を試算するといったことも自動的にしてくれます。

いよいよ、確定申告が近づくと、決算書に自動集計されたデータが転記されて、集計ミスや転記ミスなしに、申告書を作成することができます。

会計ソフトは、申告をミスなくこなす大事なツールになること間違いなし。まずは触って、覚えてみましょう。

人気の会計ソフト一覧

商品名	価格	どんなソフト?
ソリマチ 会計王13 解説本付き	3万1500円	会計業務に必要な機能を備えた会計ソフト。決算書の作成から青色申告まで出来る。製品操作に不安な方にも安心なガイドブック付き。法人・個人の方におすすめ。
弥生 弥生会計12 スタンダード	4万2000円	パソコン会計の初心者でもすぐ使え、実務に精通した人からも高評価の会計ソフト。仕訳がわからない時に便利な辞書機能付き。年末調整業務サポート機能あり。
ピクシス わくわく財務会計2 スタンダード	1万4280円	親しみやすいWeb感覚の画面とWindowsの操作性を兼ね備えた会計ソフト。入力支援機能付きのラクラク取引入力で、元帳や財務諸表や会計資料がリアルタイムで作成できる。

第7章

確定申告❶

青色申告と白色申告 どちらを選ぶ?

複式簿記は思うほど難しくはない。
ぜひとも青色申告で
特別控除の65万円を受けよう!
数字にも強くなろう!

とにかくわからないことだらけですが
還付金がいっぱい戻ってくるようがんばりましょう
フリーにとってのボーナス!!

申告には青色と白色がある

面倒な帳簿つけが不要な「白色」メリットいろいろでオトクな「青色」

所得が300万円を超えると白色申告でも帳簿作成義務が

確定申告には、「青色申告」と「白色申告」と呼ばれる、2種類の申告の方法がある。

このうち青色申告は、事前に税務署に「青色申告承認申請書」を提出することが必要だ。また、帳簿を作成することも義務づけられている。支出が必要経費であることを証明する領収書などの書類を保存することも必要となる。**手間はかかるがそのぶん、さまざまな特典が認められるので、節税効果も期待できる。面倒な半面、それに見合うメリットがあるのが青色申告だといえるだろう。**

一方、白色申告は、税務署に事前の届け出をする必要がない。また、面倒な帳簿類を作成する義務もない。とはいえ、**帳簿をつけていないので、税務調査が入った場合、反論することができない。**追加で税金を納めることになる可能性もあるのだ。

つまり、白色申告の最大のメリットは、面倒な帳簿付けがないことといえる。ただし、年間の課税所得金額が300万円以上ある場合には、白色申告でも帳簿を作成する義務がある。**また、2014年からは、白色申告であっても帳簿作成が義務づけられることも覚えておこう。**

白色申告をするのは、こんな人

- **青色申告の届け出をしていない人**
  (個人の場合、青色申告の届け出は開業2カ月以内、または事業年度の3月15日まで)
- **事業の規模がそれほど大きくない人**
- **「課税所得」が年300万円未満の人**
- **給与所得しかない人で、医療費控除や住宅ローン控除の申告をする人**
- **給料以外の所得(副業)が事業レベルではない人**
  (雑所得で確定申告をする場合)
- **ワンルームマンションに投資をしていて、部屋数が1、2室程度の人**

ビジネスの規模が小さい人は白色申告

では、どのような人が白色申告に向いているのだろうか。まず、帳簿つけが面倒な人が該当する。**事業の規模がそれほど大きくなく、課税所得が３００万円以下の場合も、白色申告で構わないだろう。**ただし、２０１４年からは帳簿作成が義務づけられる。また、「青色申告承認申請書」を提出していない人や、届け出をし忘れた人は、白色申告しかできない。

そのほかにも、所得が給与所得のみで、確定申告で医療費控除や住宅借入金等特別控除を申告するだけの人はもちろん、給料以外に副業の所得はあるものの、金額が小さく、事業というレベルではない人なども、白色申告に向いている。また、不動産を持っていて家賃収入があっても、部屋数が１、２室程度ならば白色申告で構わない。

「青色申告」と「白色申告」の違いは？

	青色申告	白色申告
申請手続	「所得税の青色申告承認申請書」を申請期限までに税務署へ提出	なし
記帳義務	原則は複式簿記による帳簿記帳。貸借対照表、損益計算書の作成	なし ※所得が300万円を超える場合は記帳が必要
青色申告特別控除	10万円または65万円の特別控除	なし
帳簿書類の保存	7年間(一部5年間)保存	なし ※所得が300万円を超える場合などは7年間(一部5年間)保存
専従者給与の控除	一定の要件により、実際に支払った給与額が必要経費となる	1人50万円 (事業主の配偶者は86万円) ※一定の所得限度額あり
減価償却	30万円未満まで一括経費にできる ※年間300万円が上限	耐用年数により毎年一定額を償却(基本的に定額法)
赤字損失分の繰越控除	事業所得が赤字になり純損失が生じたときは、翌年以降3年間控除できる	災害損失など一定の損失のみ控除

青色申告のメリットは

節税効果がグンとアップ！節税になる特典をいろいろ受けられる

最大65万円の控除や赤字の繰越しなどの優遇が！

青色申告を選択した場合には、きちんと帳簿をつけることが義務づけられる。しかし、その一方で、白色申告とは比較にならないほど、高い節税効果が期待できるさまざまなメリットも用意されている。帳簿をつけるという手間はかかるものの、税金の優遇という恩恵にあずかれるのが青色申告なのだ。

青色申告の最大のメリットは、なんといっても、**年間10万円または年間65万円の「青色申告特別控除」が受けられること**だろう（詳細はＰ１２０参照）。

従業員として働く**家族に支払う給料が事業に必要な経費として認められる「青色事業専従者給与」**も、青色申告ならではのメリットだ。ちなみに、白色申告でも「事業専従者」は認められるものの、控除額の上限が、配偶者は年間86万円、その他の家族は50万円と決められている。

事業で赤字が出た場合には、その赤字を翌年以降に繰越して、**翌年以降の黒字と相殺できる「純損失の繰越し控除」**も認められる。しかも、赤字は3年間繰越すことができる。赤字を出した年はもちろん、翌年が黒字であっても前年の損失を補えなければ、翌年も税金を支払う必要がないのだ。

ちなみに、前年が黒字で、今年が赤字になった場合は、**今年の赤字を前年の黒字と相殺する「純損失の繰戻し還付」**を受けることもできる。これは、今年の確定申告をする際に「所得税の還付申告書」を提出することで、前年に払った税金が戻るというもの。ただし、確認のための税務調査が入ることもあるので、慎重に行ったほうがいいだろう。

年末の時点で回収できていない売掛金がある場合には、その一部をその年の経費にすることができる。これは取引先の倒産などで売掛金が回収できなくなることに備えるもので、**「貸倒引当金」**と呼ばれる。これも白色申告にはない特典だ。

青色申告なら帳簿があるから推計課税されない

青色申告ならではのメリットは、まだまだある。白色申告の場合、税務調査が入った際に、業種や事業規模などから税率や税金の額を税務署が推計する「推計課税」で追徴課税されることがある。その場合、白色申告は、正式な帳簿をつけていないので、反論することができない。**一方、青色申告の場合には、きちんと正式な帳簿をつけているので、推計課税されることがない**のだ。

また、事務所の机やパソコンなどの固定資産は、一般的に数年間にわたって使うことになる。そのため、取得価格が10万円以上の固定資産は、「減価償却」という方法で数年に分けて経費にする。青色申告の場合は、この通常の減価償却だけでなく、**30万円未満の固定資産については、取得価格全額を購入した年の経費にすることも認められていてこれを「特別償却」と呼ぶ**。要するに、収入が多い年に30万円未満の資産を購入すると、経費を増やすことができるのだ。

青色申告には、節税効果が期待できるさまざまなメリットがあるのだ。

青色申告の主な特典

青色申告特別控除

帳簿をつけると10万円、または65万円が控除される

青色事業専従者給与

家族を「青色事業専従者」にして給料を出せば、給料分が経費になる

純損失の繰越しと繰戻し

赤字が出たら、個人の場合、3年間繰越せる。「繰戻し」というのは、前年が黒字で今年が赤字だった場合、今年の赤字分を前年の課税所得と合算して、税金を計算し直すことで税金が戻る。確認のため、税務調査が入ることがある

貸倒引当金

年末時点でまだ回収できていない売掛金に対して、一部をその年の経費にできる

税務署から推計課税されることがない

白色申告だと、税務調査が入った場合に、「おたくの事業規模なら、だいたいこれくらい税金を払うはずだから、あといくら税金を納めて」と税務署が「推計」して追徴することがある。青色申告では推計課税されることはない

減価償却費で特別償却などが使える

特別償却とは、普通の減価償却に加えて上乗せしてできる償却のこと。青色申告だと「30万円未満」の資産を1年で償却できるが、白色申告ではできない

青色申告特別控除額「10万円」「65万円」の違いは？

複式簿記で帳簿をつければ「65万円」簡易式の帳簿だと「10万円」

65万円の控除を受けるには一定の要件を満たす必要も

青色申告には、帳簿つけ、決算書の作成、帳簿等の保管という３つの義務がある。これらの義務を果たすことで初めて、Ｐ１１８で説明したさまざまな特典を受けることができるのだ。

青色申告の最大のメリットは、「青色申告特別控除」だろう。**最高65万円の控除もしくは10万円の控除**を受けることができるからだ。

たとえば、年間の収入が５００万円、経費が２８４万７５００円、社会保険料などの控除額が84万円だったとしよう。

青色申告特別控除が10万円だった場合には、所得税額は６万６００円になる。ところが、**青色申告特別控除が65万円だと、所得税額はなんと３万３１００円で済む**（下図参照）ことになるのだ。多少の手間がかかっても節税効果を考えたら、65万円の控除を受けたほうが、はるかにおトクだといえるだろう。

では、控除額の違いは、どこにあるのだろうか。年間10万円の青色申告特別控除を受ける場合は、比較的簡易な「単式簿記による帳簿」をつければ済む。これに対し、**65万円の控除を受けるには、正規の簿記の記帳方法である「複式簿記による帳簿」をつける必要があるのだ。**

控除額が違うと所得税もこんなに差が！

年間収入：500万円、経費：284万7500円、控除額：84万円の場合

青色申告特別控除額が65万円	青色申告特別控除額が10万円
課税所得 66万2000円	課税所得 121万2000円
↓	↓
所得税額 3万3100円	所得税額 6万600円

＜青色申告の控除額の違いはここ！＞

	10万円控除	65万円控除
対象となる所得	不動産所得、事業所得、山林所得	事業所得、事業的規模の不動産所得
記帳方法	簡易な記帳	原則として複式簿記
適用要件	特になし	①確定申告書に控除額の計算に関する事項を記載 ②貸借対照表、損益計算書の作成 ③確定申告書を申告期限内に提出

　ちなみに、単式簿記は、お金の出入りと残高を明らかにする、いわば家計簿のようなもの。1つの取引に対して、記入する項目が1つであることから「単式」と呼ばれている。一方、複式簿記では、お金の出入りを「原因と結果」の2つの取引で記録する。そのため「複式」と呼ばれているのだ（第6章参照）。

　65万円の控除を受けるための要件は、ほかにもある。大前提として、所得の種類が、事業所得か不動産所得であることが必要だ。事業所得の場合でも、実際に現金の受け取りや支払いがなされた際に計上する現金主義会計だと、65万円の青色申告特別控除は受けられない。不動産所得の場合には、賃料収入を得ている物件が、建物の場合にはおおむね5棟以上、マンションやアパートなどの部屋の場合には、おおむね10室以上あること（＝事業的規模であること）が必要。ちなみに、所得が山林所得のみの場合は、青色申告でも、青色申告特別控除額は10万円だ。

　確定申告の際には、確定申告書に控除額の計算に関する事項を記載することが不可欠だし、貸借対照表と損益計算書の添付も必要だ。申告期限内に、確定申告書を提出する必要もある。

　これらの条件を満たさない場合は、65万円の特別控除を受けることはできず、控除額は10万円となる。なお、10万円の控除は、貸借対照表や損益計算書の添付は義務ではないが、青色専従者給与や純損失の繰越控除、30万円未満の固定資産の一括償却などは認められる。

青色事業専従者給与はどう使う？

青色申告の大きなメリットのひとつ。家族への給料だって経費になる

家族に支払った給与は全額経費になる

青色申告では、従業員として働いた家族に支払う給与を必要経費にすることができる。これを「青色事業専従者給与」と呼んでいる。

白色申告でも、事業専従者は認められるが、配偶者は86万円、それ以外の家族は50万円と上限が決められている。**これに対し、青色事業専従者給与では、給与額の上限がない。しかも、月々の給与はもちろん、ボーナスもすべて必要経費として認められる**のだ。

とはいえ、支払う金額が仕事の対価として妥当と思われる金額でなければ、給与として認められない。また、給与を支払う際には、源泉所得税を天引きし、税務署に納めることも必要になる。ただし、**収入が給与所得だけで、かつ年間１０３万円（住民税は98万円）までであれば非課税なので、源泉徴収の必要はない。**そのため、給与額は月額8万円以内に収めるケースが多いようだ。

なお、青色事業専従者になった家族は、配偶者控除や扶養控除を受けることができなくなる。たとえば、個人事業主である夫が妻を青色事業専従者にした場合、38万円の配偶者控除を受けられないことも覚えておこう。

先輩フリーランスの ぶっちゃけ！

母を青色事業専従者にして給与を経費に

東京都・38歳・イラストレーター・女性

一人暮らしをしていた母が体調を崩したことを機に同居を始め、母を青色事業専従者に。給料を経費にできるから節税につながるし、いつも母の様子を見られるので安心もできる。雑用も手伝ってもらえて一石二鳥。

青色事業専従者にするには3月15日までに届け出を

家族を「青色事業専従者」にするには、所轄の税務署に「青色事業専従者給与に関する届出書」を提出することが必要だ。届け出の期限は、確定申告の対象となる年の3月15日まで。それ以降に働き始めた人の場合は、働き始めた日から2カ月以内に手続きを済ませることが必要だ。

　青色事業専従者として認められるには、事業主（青色申告者）と生計が同一の15歳以上の家族や親族であること、1年のうち6カ月以上その事業に従事していること、他の会社に勤務していないこと、確定申告をする人の配偶者控除や扶養控除の対象でないこと、という条件をすべて満たす必要がある。

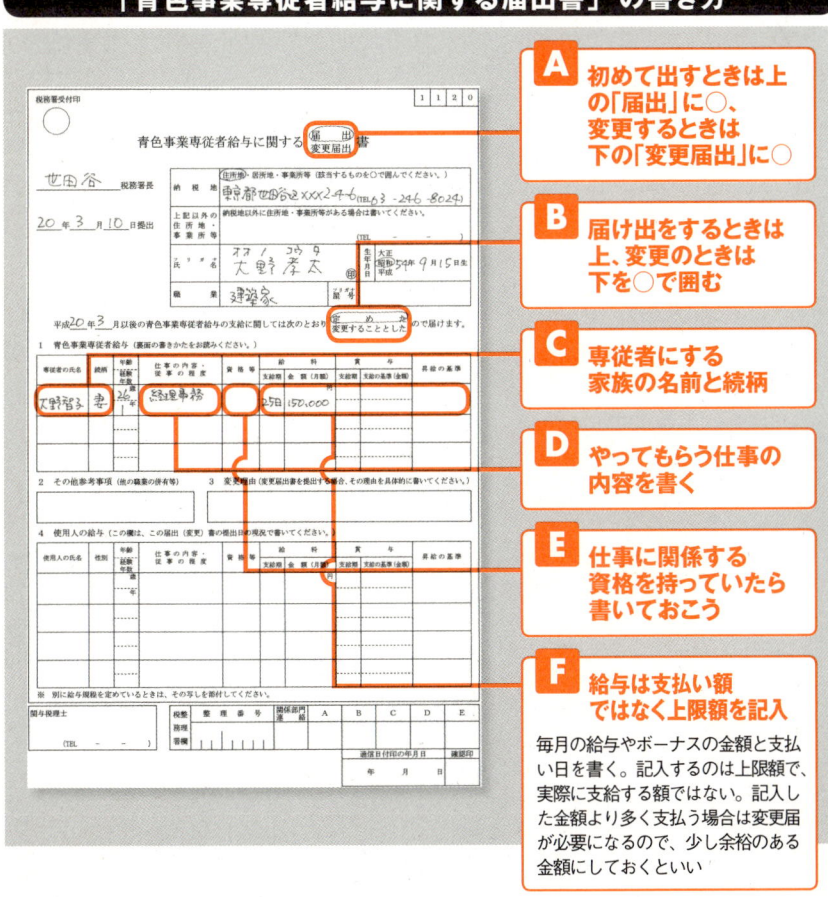

　なお、家族が同居していない場合でも、常に生活費や学費、療養費などが送金されていれば、生計が同一と認められる。

「青色事業専従者給与に関する届出書」の書き方

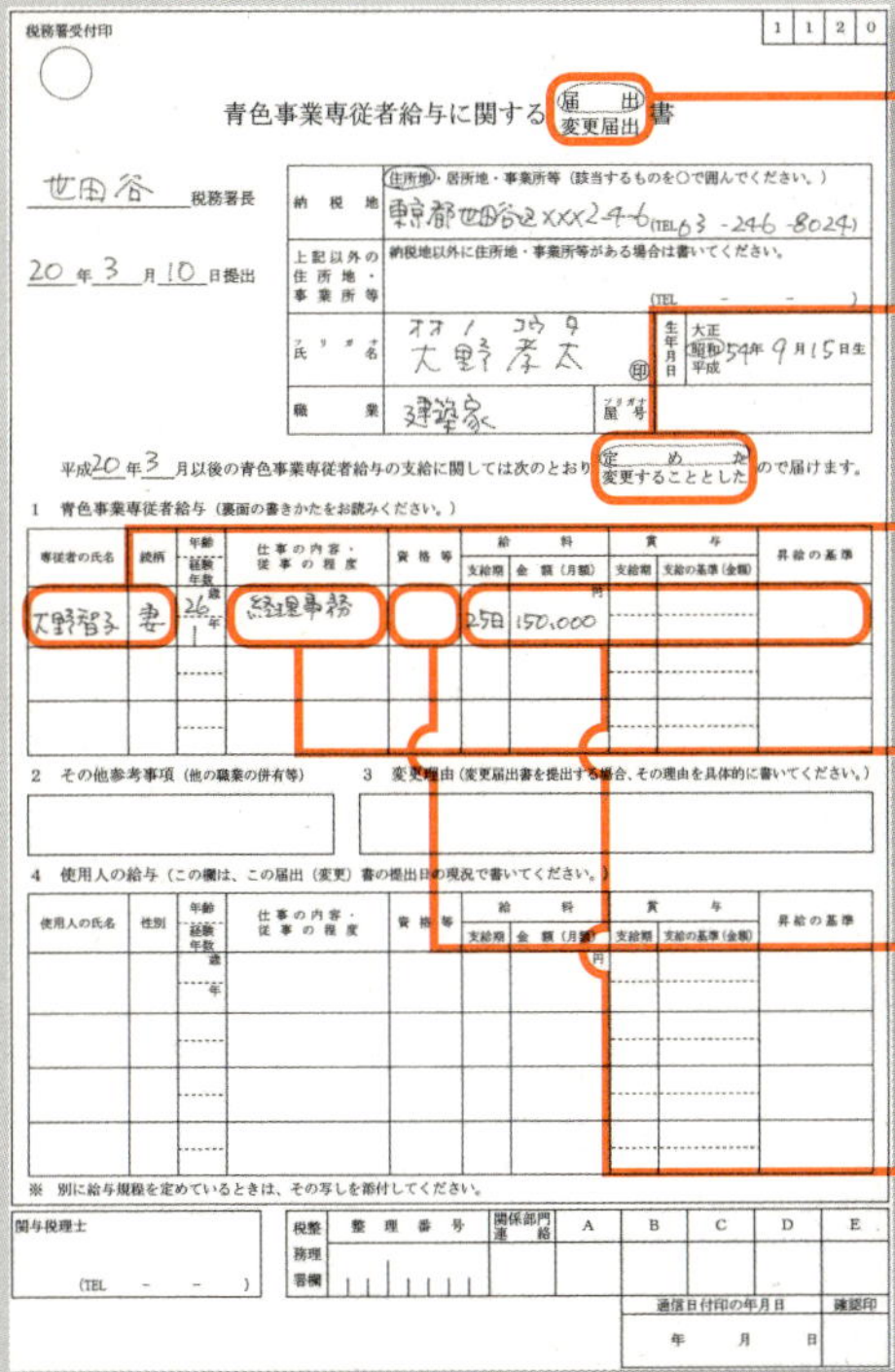

税務署受付印

1120

青色事業専従者給与に関する 届出 / 変更届出 書

世田谷 税務署長

20年3月10日提出

納税地	住所地・居所地・事業所等（該当するものを○で囲んでください。） 東京都世田谷区XXX2-4-6（TEL 03-246-8024）
上記以外の住所地・事業所等	納税地以外に住所地・事業所等がある場合は書いてください。 （TEL　-　-　）
フリガナ 氏名	オオノ コウタ 大野孝太 印
生年月日	大正 昭和 平成 54年9月15日生
職業	建築家
フリガナ 屋号	

平成20年3月以後の青色事業専従者給与の支給に関しては次のとおり 定めた / 変更することとした ので届けます。

1　青色事業専従者給与（裏面の書きかたをお読みください。）

専従者の氏名	続柄	年齢 / 経験年数	仕事の内容・従事の程度	資格等	給料 支給期	給料 金額（月額）	賞与 支給期	賞与 支給の基準（金額）	昇給の基準
大野智子	妻	26歳 / 1年	経理事務		25日	150,000円			

2　その他参考事項（他の職業の併有等）

3　変更理由（変更届出書を提出する場合、その理由を具体的に書いてください。）

4　使用人の給与（この欄は、この届出（変更）書の提出日の現況で書いてください。）

使用人の氏名	性別	年齢 / 経験年数	仕事の内容・従事の程度	資格等	給料 支給期	給料 金額（月額）	賞与 支給期	賞与 支給の基準（金額）	昇給の基準
		歳 / 年				円			

※　別に給与規程を定めているときは、その写しを添付してください。

関与税理士（TEL　-　-　）

税務署整理欄	整理番号	関係部門連絡	A	B	C	D	E

通信日付印の年月日	確認印
年　月　日	

A 初めて出すときは上の「届出」に○、変更するときは下の「変更届出」に○

B 届け出をするときは上、変更のときは下を○で囲む

C 専従者にする家族の名前と続柄

D やってもらう仕事の内容を書く

E 仕事に関係する資格を持っていたら書いておこう

F 給与は支払い額ではなく上限額を記入

毎月の給与やボーナスの金額と支払い日を書く。記入するのは上限額で、実際に支給する額ではない。記入した金額より多く支払う場合は変更届が必要になるので、少し余裕のある金額にしておくといい

ほかにもこんなメリットが！

赤字の繰越し、資産の一括償却、貸倒引当金が効果の大きい特典

赤字になった場合、翌年以降3年間繰越せる

青色申告のメリットは、「青色申告特別控除」や「青色事業専従者給与」だけではない。ほかにも**「純損失の繰越控除」や「少額減価償却資産の一括償却」、「貸倒引当金」などの、節税効果が期待できる特典を受けることもできる**のだ。

白色申告でも事業が赤字になった場合、その年の所得はマイナスなので、所得税を払う必要はない。しかし、事業用資産が被災した場合などを除き、損益通算しきれなかった赤字を、翌年以降に持ち越すことはできない。

その点、青色申告は、**3年間にわたって赤字を繰越すことができる。**翌年が黒字でも、前年の赤字と相殺しきれなければその翌年に、その翌年も相殺しきれなければ、さらにその翌年まで持ち越せる。仮に、昨年から繰越された赤字が150万円あり、今年は100万円の黒字だったとしよう。損益通算すると、今年も50万円の赤字なので、今年が黒字であっても、税金を払わずに済む。

つまり、大きな赤字を出すと、場合によってはその後3年間、税金を支払わずに済む可能性もあるのだ。ただし、3年間で損益通算しきれなかった場合には、それ以降に持ち越すことはできない。

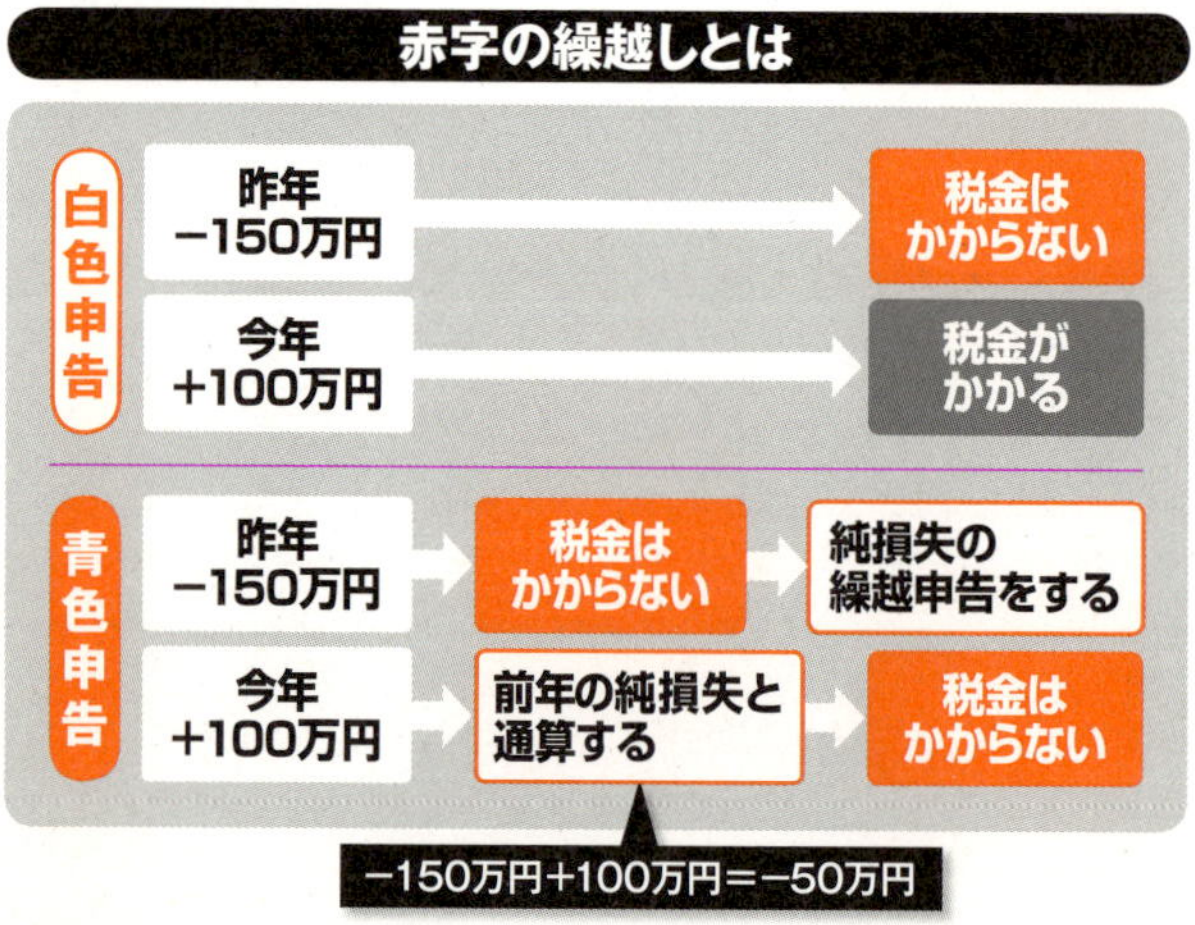

30万円未満の固定資産は全額をその年の経費にできる

購入後、何年間にもわたって使用する机やパソコン、事業に必要な機器などで、購入時の価格が10万円以上のものを「固定資産」と呼んでいる。この固定資産は、購入した年以降も使うことから、取得した金額の全額を、その年の経費にすることはできない。固定資産ごとに定められた年数に応じ、該当する分だけを必要経費にするのだ。このような経費の処理方法を「減価償却」という。

青色申告の場合、**30万円未満の固定資産（少額減価償却資産）については、取得金額の全額をその年の経費に**することもできる。その際、少額減価償却資産の取得価格の合計を、年間300万円までに収めることが必要となる。ただし、10万円未満の固定資産については、合算する必要はない。

取引先の倒産に備え代金の一部を経費にできる

「現金主義会計（121ページ参照）」以外のビジネスでは、商品などを納入し、請求書を出した時点で、売上を売掛金として計上する必要がある。つまり、入金が翌年になるような場合でも、今年中に商品や請求書を渡していれば、今年の売上になってしまうのだ。

そのため、代金を回収できないまま、取引先が倒産した場合でも、今年の売上として計上しているので、税金を支払わなくてはならない。このような場合白色申告の場合は、泣き寝入りするしかない。だが青色申告の場合には、年末の時点で回収できていない売掛金を「貸倒引当金」として計上できる。一定の方法で計算した**「回収不能額（回収見込額）」をその年の経費にできる**ので、取引先が倒産しても、損失を抑えることができるのだ。

先輩フリーランスの

ぶっちゃけ!

取引先が倒産！　でも貸倒引当金で損失は最小限に

東京都・40歳・ライター・女性

年末に編集プロダクションから請け負った原稿を納品し、請求書も送ったものの、年明け早々プロダクションが倒産。もちろん、原稿料の支払いは見込めません。幸い、青色申告をしているので、原稿料の一部を貸倒引当金として経費に計上できました。青色申告じゃなかったら、お金も入ってこないのに課税されたんだと思うと、ゾーっとしますね。

青色申告のメリットを受けるためには事前に届け出をしなくちゃダメ

「個人事業の開業・廃業等届出書」の書き方

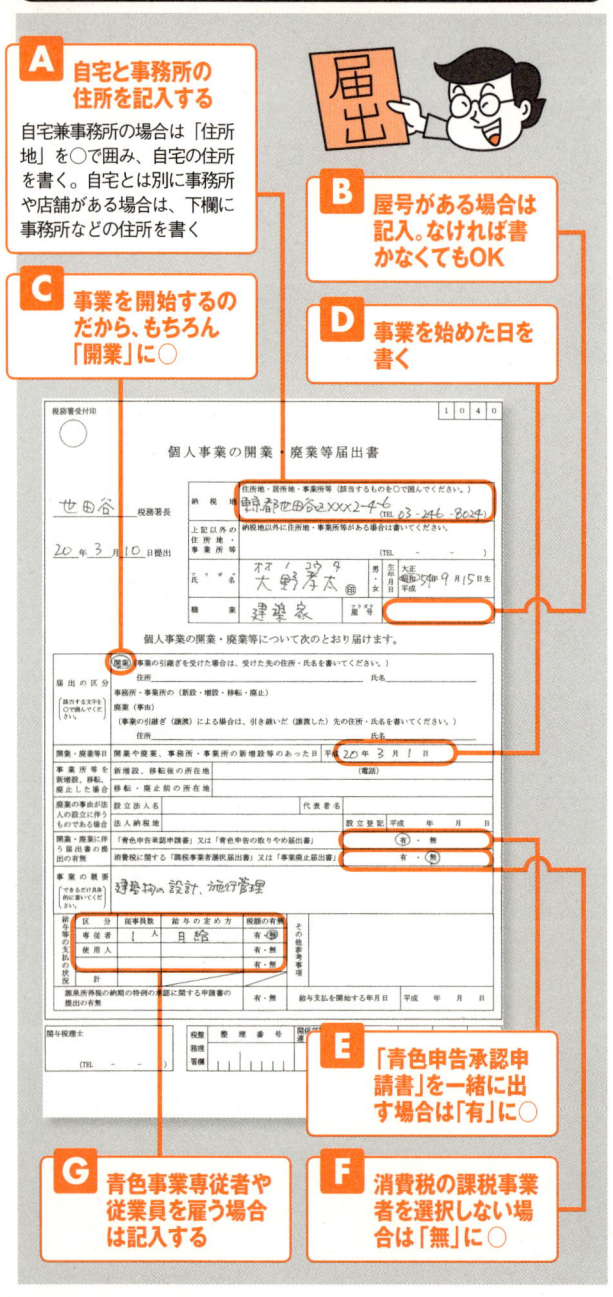

A 自宅と事務所の住所を記入する

自宅兼事務所の場合は「住所地」を○で囲み、自宅の住所を書く。自宅とは別に事務所や店舗がある場合は、下欄に事務所などの住所を書く

B 屋号がある場合は記入。なければ書かなくてもOK

C 事業を開始するのだから、もちろん「開業」に○

D 事業を始めた日を書く

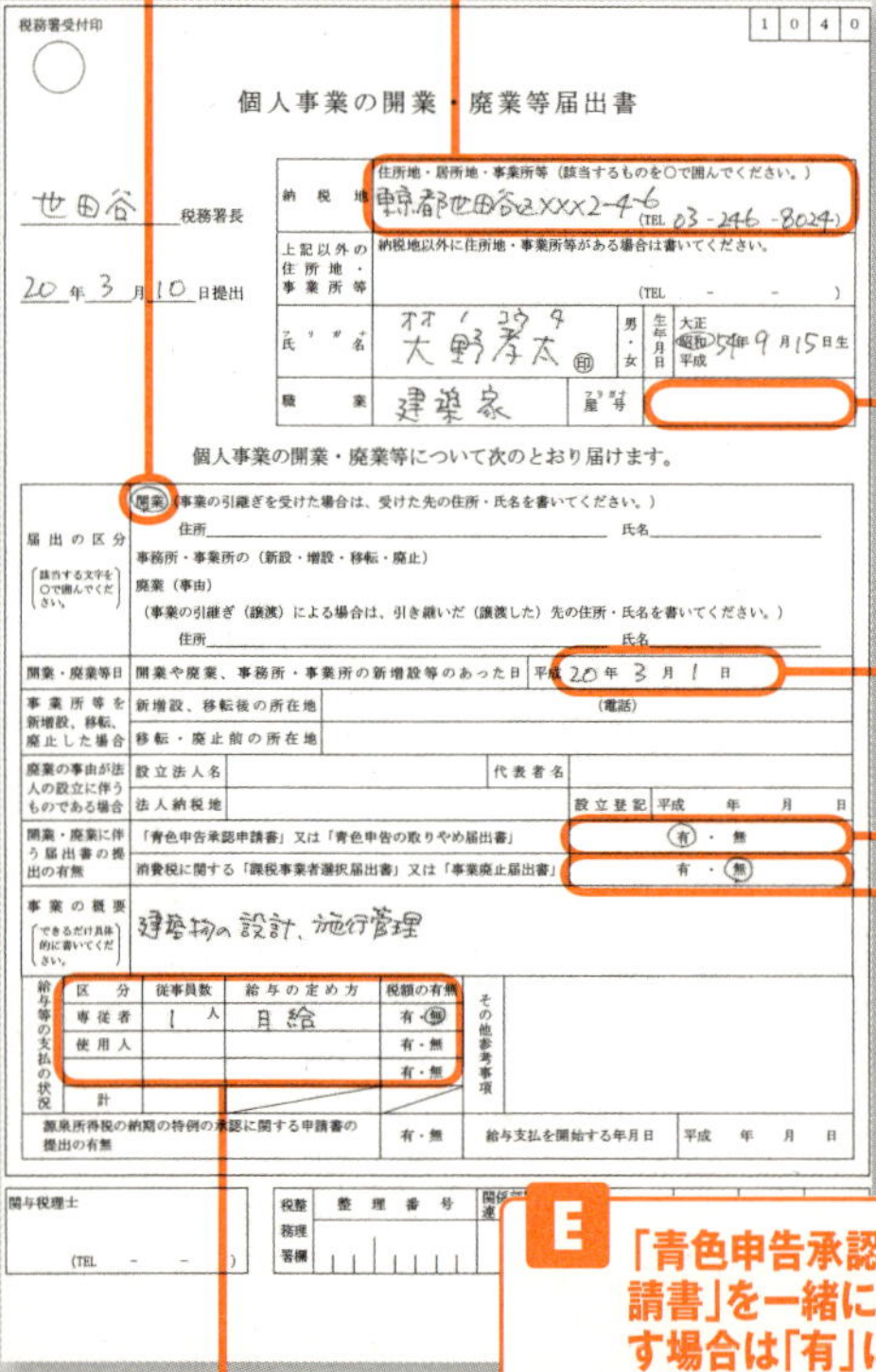

税務署受付印

1040

個人事業の開業・廃業等届出書

世田谷 税務署長

20年3月10日提出

納税地	住所地・居所地・事業所等（該当するものを○で囲んでください。） 東京都世田谷区XXX2-4-6 （TEL 03-246-8024）
上記以外の住所地・事業所等	納税地以外に住所地・事業所等がある場合は書いてください。 （TEL - - ）
フリガナ 氏名	オオノ コウタ 大野孝太 ㊞
男・女	
生年月日	大正・昭和・平成 54年9月15日生
職業	建築家
フリガナ 屋号	

個人事業の開業・廃業等について次のとおり届けます。

届出の区分（該当する文字を○で囲んでください。）	開業（事業の引継ぎを受けた場合は、受けた先の住所・氏名を書いてください。） 住所 氏名 事務所・事業所の（新設・増設・移転・廃止） 廃業（事由） （事業の引継ぎ（譲渡）による場合は、引き継いだ（譲渡した）先の住所・氏名を書いてください。） 住所 氏名
開業・廃業等日	開業や廃業、事務所・事業所の新増設等のあった日 平成20年3月1日
事業所等を新増設、移転、廃止した場合	新増設、移転後の所在地 （電話） 移転・廃止前の所在地
廃業の事由が法人の設立に伴うものである場合	設立法人名 代表者名 法人納税地 設立登記 平成 年 月 日
開業・廃業に伴う届出書の提出の有無	「青色申告承認申請書」又は「青色申告の取りやめ届出書」 有・無 消費税に関する「課税事業者選択届出書」又は「事業廃止届出書」 有・無
事業の概要（できるだけ具体的に書いてください。）	建築物の設計、施行管理

給与等の支払の状況 区分	従事員数	給与の定め方	税額の有無
専従者	1人	月給	有・無
使用人			有・無
			有・無
計			

その他参考事項

源泉所得税の納期の特例の承認に関する申請書の提出の有無	有・無	給与支払を開始する年月日	平成 年 月 日

関与税理士 （TEL - - ）

税務整理欄 整理番号 関係部門連絡

E 「青色申告承認申請書」を一緒に出す場合は「有」に○

G 青色事業専従者や従業員を雇う場合は記入する

F 消費税の課税事業者を選択しない場合は「無」に○

所轄の税務署に届け出をする必要がある

青色申告で確定申告を行うには、事前に手続きをする必要がある。

これから個人で事業をスタートさせ、フリーランスになるのであれば、税務署に**「個人事業の開廃業等届出書」を提出**することが必要だ。ちなみに、自宅を事務所や店舗にする場合は、自宅が「納税地」になるので、その住所を管轄する税務署に届け出をする。自宅と事務所や店舗が別で、事務所や店舗を納税地にするのであれば、「個人事業の開廃業等届出書」と一緒に「所得税の納税地の変更届出書」も提出しよう。

青色申告で確定申告を行うための手続きも必要だ。この場合は、納税地を管轄する税務署に**「所得税の青色申告承認申請書」を提出**する。申請書は下図を参考にミスのないよう、記入しよう。

「所得税の青色申告承認申請書」の書き方

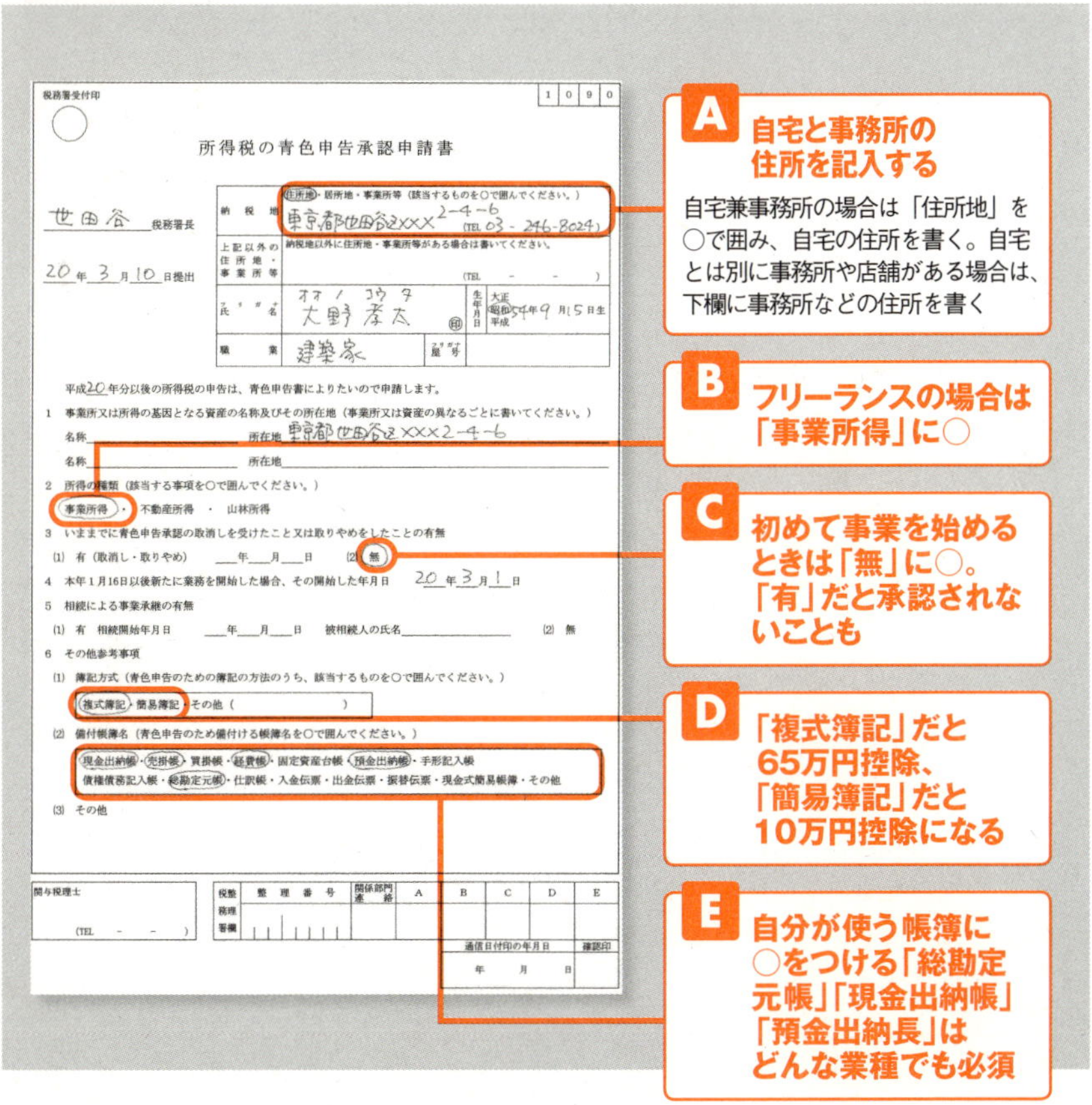

所得税の青色申告承認申請書
A 自宅と事務所の住所を記入する
自宅兼事務所の場合は「住所地」を○で囲み、自宅の住所を書く。自宅とは別に事務所や店舗がある場合は、下欄に事務所などの住所を書く
B フリーランスの場合は「事業所得」に○
C 初めて事業を始めるときは「無」に○。「有」だと承認されないことも
D 「複式簿記」だと65万円控除、「簡易簿記」だと10万円控除になる
E 自分が使う帳簿に○をつける「総勘定元帳」「現金出納帳」「預金出納長」はどんな業種でも必須

「青色」「白色」あなたはどっち？

青色申告には準備が必要。来年から希望する人は今すぐ届け出を

これから開業するなら開業から2カ月以内に届け出を

青色申告は、思い立ってすぐに始められるものではない。平成23年分の確定申告を青色申告で行うには、**開業日を起点に2カ月以内に、所轄の税務署に「所得税の青色申告承認申請書」を提出**することが必要になる。

たとえば、平成23年1月1日から1月15日の間に開業したとしよう。この場合は、平成23年の3月15日までに「所得税の青色申告承認申請書」を提出すれば、平成23年分の確定申告を青色申告で行うことができる。平成23年1月16日以降に開業した場合には、開業した日から2カ月以内に申請書を提出し手続きを済ませれば、平成23年分の確定申告を青色申告で行うことができる。

平成22年分の確定申告は、白色申告で行っていた人の場合には、平成23年3月15日までに手続きをすれば、平成23年分から青色申告で確定申告を行うことができるようになる。

期限内に「所得税の青色申告承認申請書」を提出していない場合には、平成23年分の確定申告は白色で行うことになる。平成24年分からは青色申告で行いたいのであれば、平成24年3月15日までに手続きを済ませておこう。

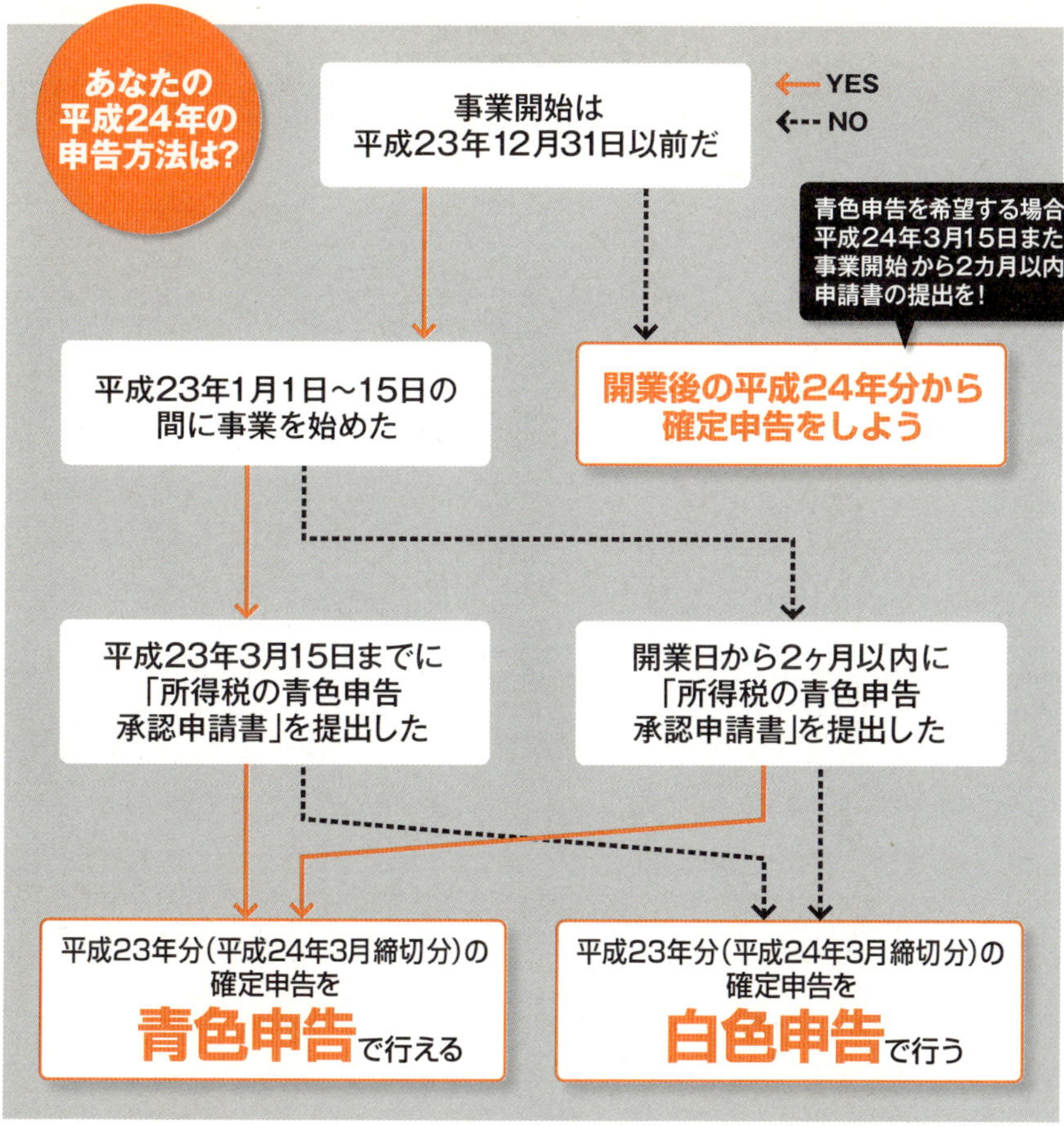

あなたの平成24年の申告方法は?
YES
NO
事業開始は平成23年12月31日以前だ
青色申告を希望する場合は平成24年3月15日または事業開始から2カ月以内に申請書の提出を!
平成23年1月1日〜15日の間に事業を始めた
開業後の平成24年分から確定申告をしよう
平成23年3月15日までに「所得税の青色申告承認申請書」を提出した
開業日から2ヶ月以内に「所得税の青色申告承認申請書」を提出した
平成23年分(平成24年3月締切分)の確定申告を青色申告で行える
平成23年分(平成24年3月締切分)の確定申告を白色申告で行う

青色申告だと控除額も大きいしメリットも色々とあるぞ
でも事前に届け出がいるんだ
えっ。
わ〜っ
ん〜〜今年は無理だな

フリーランスの知っ得コラム

column

意外な節税制度発見！「ふるさと納税」を活用

自分が応援したい自治体に寄附をする「ふるさと納税」。税制優遇を受けるには、確定申告をして還付を受ける手続きをする必要があります。

寄付金を振り込むと自治体から領収書が送られてきます。税務署から確定申告書Aを取り寄せ、源泉徴収票と先ほどの領収書を添付して提出します。

下は年収700万円の人が３万円のふるさと納税をした例。所得税については、寄付金から2000円を差し引いた残額の２割（所得税率による）が控除され、5600円が還付されます。

ふるさと納税のすごいところは、所得税だけでなく、住民税もダブルで税金が軽減されるところ。住民税には、基本控除と特別控除があり、基本控除は、寄付金から2000円を差し引いた１割、2800円が住民税から減額されます。さらに、特別控除として、寄付金から2000円を差し引き、９割から所得税率を引いた率を乗じた金額、１万9600円も減額されます。

結局、下例の場合、３万円の寄付金で2万8000円が還付されることになります。

確定申告の「寄付金控除」に必要な書類

税務署でもらうもの

- **確定申告書A（第一表、第二表）**

自分で用意するもの

- **源泉徴収票**
- **印鑑**
- **寄付金控除の領収書、証明書**

［ふるさと納税還付のケーススタディー］

★年収**700**万円の給与所得者、配偶者を扶養。所得税率**20%**、住民税率**10%**、**3**万円をふるさと納税。

所得税控除

①寄付金控除

(3万円－2000円)×20%（所得税率）＝5600円

所得税からの控除額

住民税控除

②基本控除※1

(3万円－2000円)×10%（住民税率）＝2800円

翌年の住民税から軽減

③特別控除※2

(3万円－2000円)×(90%－20%（所得税率）)＝1万9600円

翌年の住民税から軽減

3万円の寄付金で計2万8000円が還付される

※1＝寄付金は1月から12月の合計寄付金額。
※2＝寄付金の控除対象額は住民税所得割額の1割が限度。2011年度分からは住民税における寄付金控除の適用下限額2000円になる。

第8章

確定申告❷

「確定申告書」の記入ナビ

確定申告は3月15日まで。
ほとんどのフリーランスが当てはまる
4パターンで申告の仕方を紹介。
これで確定申告はらくらくクリア!

フリーランスにとって決戦ともいうべき確定申告!!!

確定申告のダンドリ

申告書提出までのスケジュールをきちんと把握しておこう！

2月16日から3月15日までに申告書を提出する

確定申告とは、毎年1月1日から12月31日までの1年間に得た所得を計算して、所得税の額を計算して申告すること。「平成○年分の確定申告書」などの書類に必要事項を記入し、住民票の住所を管轄する税務署に提出する。

提出期間は、原則として対象年の翌年の2月16日から3月15日まで。この日が土曜日・日曜日の場合は、週明けの月曜日に変更される。

確定申告の準備は、10月から始まっている。生命保険や火災保険に加入している人は、10月に保険会社から所得控除証明書が届く。11月には「社会保険料（国民年金保険料）控除証明書」、1月ころには「国民健康保険納付確認書」も郵送されてくる。平成23年1月1日から12月31日までに支払いを受けた会社からは、報酬や源泉徴収額を証明する支払調書が送付される。いずれも確定申告に必要なので、きちんと保管しておこう。

申告書は持参でも郵送でも可 事前準備をすれば電子申告も

「個人事業の開廃業等届出書」を提出した人には、1月中に税務署から確定申告書が送られてくる。確定申告書は、期間内に管轄の税務署に持参、もしくは郵送で提出。郵送の場合は、3月15日の消印までが有効となる。

国税庁のサイトにある「確定申告書等作成コーナー」を使うと、必要事項を記入するだけで確定申告書の作成ができる。「国税電子申告・納税システム（e-Tax）」を利用すれば、ウェブ上で申告書の作成から納税までできるが、事前の準備が必要になる。なお、所得税の納付期限は3月15日、消費税の納付期限は3月31日だ。遅れると延滞税が発生するので気をつけたい。所得税の還付がある場合には、4月頃から指定口座に還付金が振込まれるので確認しよう。

確定申告のスケジュール例（平成24年提出の場合）

	時期	ダンドリ	ポイント
平成23年	10月	生命保険料控除などの証明書が届く	生命保険や火災保険などに加入している場合は、所得控除証明書が、加入している会社から送付される。確定申告書を作成するまで、なくさないように保管しておく
平成24年	1月	税務署から確定申告書が届く	「個人事業の開廃業等届出書」を提出しておくと、確定申告に必要な書類が税務署から送られてくる
		支払い元から源泉徴収票が届く	平成23年に支払いを受けた会社から源泉徴収票が送付される。請求書などと照合し届かない場合は問い合わせを
	2月16日	確定申告書の受付開始	基本的には、住民票の住所を管轄している税務署に提出。提出期間後半になると混雑するので、早めの提出がスムーズ。提出書類に不備がなければ郵送でも構わない（郵送の場合は3月15日の消印まで有効）
	3月15日	確定申告書提出、所得税納付期限	確定申告書の提出と所得税の納付期限は同じ日。所得税の納付が遅れると延滞金がかかるので要注意
	3月31日	消費税納付期限	消費税の納付期限は3月31日。納税義務が発生した場合は、忘れずに納付を
	4月～6月	還付金が入金される	一般的には提出が早い人から順次、還付金が指定口座へ入金される。申告期限直前に提出すると5月以降になる場合もある

国税庁HP「確定申告作成コーナー」を使えば簡単サクサク申告書が作れる！

http://www.nta.go.jp/

パソコンで入力でき面倒な計算も不要

国税庁のウェブサイトにある「確定申告書等作成コーナー」では、**画面の案内に従って金額などを入力するだけで、所得税や消費税、贈与税の申告書や青色申告決算書などを作成することができる。**面倒な計算の必要がないうえ、印刷すればそのまま税務署に提出可能だ。また、過去2年分のデータを保存することもできる。

確定申告はこの用紙を使う

個人事業主は必ず「申告書B」を使用する

申告書Bの第一表と第二表を作成する

確定申告書の用紙には、確定申告書Aと確定申告書Bがある。このうち確定申告書Aは、申告する所得が「給与所得」や「雑所得」「配当所得」「一時所得」だけで、予定納税額のない人が使うもの。

個人事業主やフリーランスなど「事業所得」のある人や、「不動産所得」のある不動産オーナーが申告するときは、確定申告書Bを使う。

確定申告書Bには、第一表と第二表がある。第一表は所得金額や所得控除、税額計算の金額を記入するもの、第二表は第一表に記入する金額の内訳明細を記入するものだ。どちらも複写式の2枚組になっていて、1枚目は「所得税用」、2枚目は「控用」となっている。このうち「所得税用」は税務署に提出するもの、「控用」は自分の控えにするもの。

「控用」のほうは、税務署に提出する際、受け取りの確認印を押してもらい、7年間保管する義務がある。

提出する際は、「添付書類台紙」に支払調書や社会保険の納付確認書、生命保険の控除証明書などを貼ったものも必要なので忘れずに。郵送する場合には、確認印を押した「控用」を返送してもらうことが必要になる。提出する書類と一緒に、所定金額の切手を貼った返信用封筒を同封しておこう。

青色申告者の場合は、今年の事業損失を翌年以降に繰越す「純損失の繰越し控除」や、今年の赤字を前年の黒字と相殺して所得税を還付してもらう「純損失の繰戻し還付」を受けることができる（詳細はＰ１１８参照）。「繰越し控除」を受ける場合には、確定申告書Bの第四表の一と二も作成する。「繰戻し還付」を受ける場合は「純損失の金額の繰戻しによる所得税の還付請求書」も作成しよう。

なお、繰戻し還付を受けた場合、税務調査が入ることもあるので、慎重に判断したほうがいいだろう。

申告書B

個人事業主やフリーランスは「確定申告書B」の第一表、第二表を使い、必要書類を貼った「添付書類台紙」と一緒に提出。「控え用」は確認印を押してもらい、自分で保管しておく。

申告書B 第一表

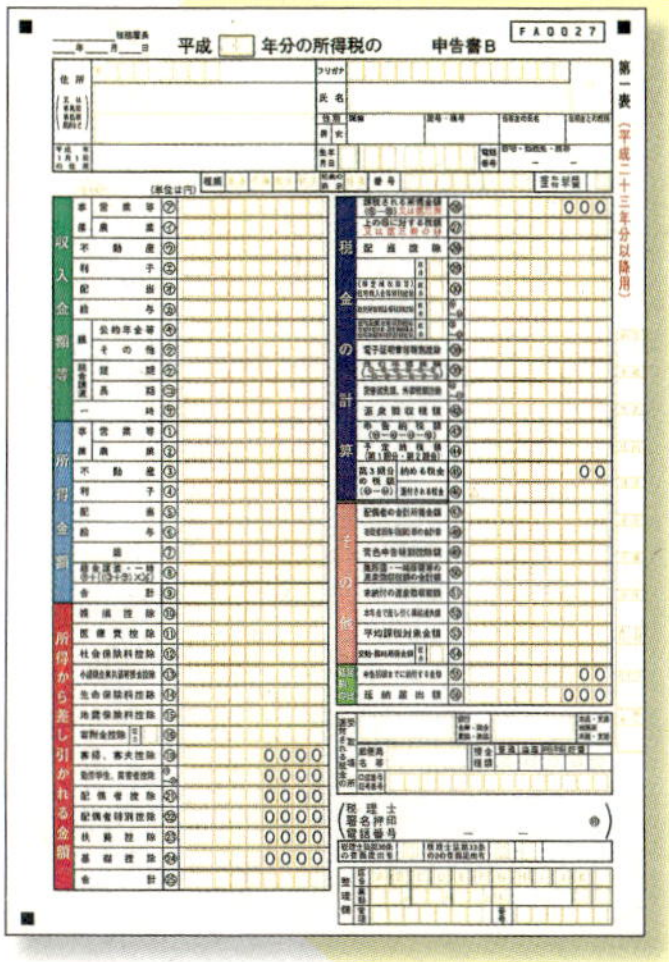

申告書B 第二表

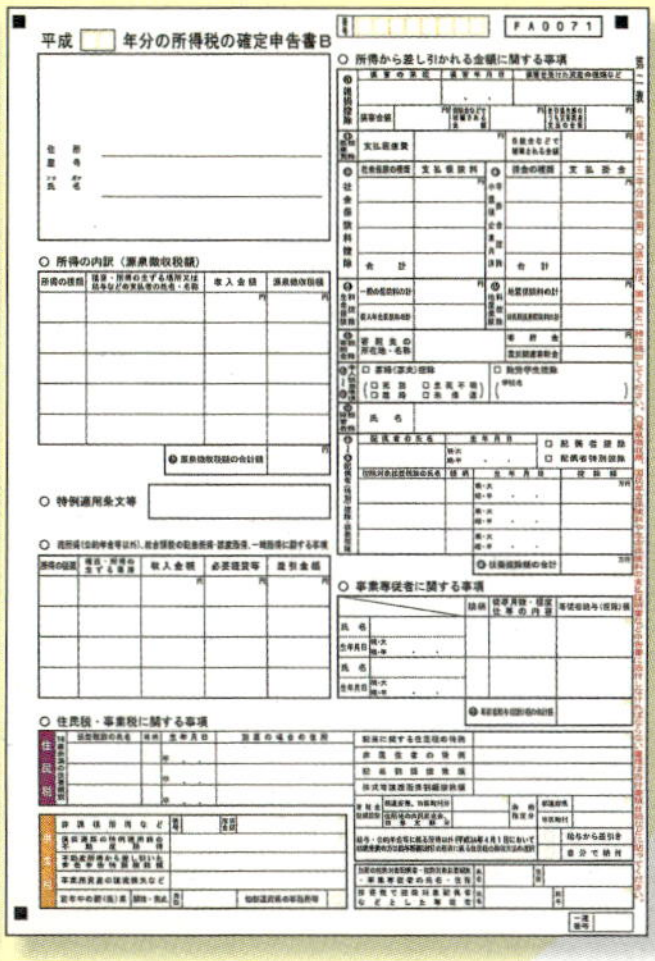

添付書類台紙

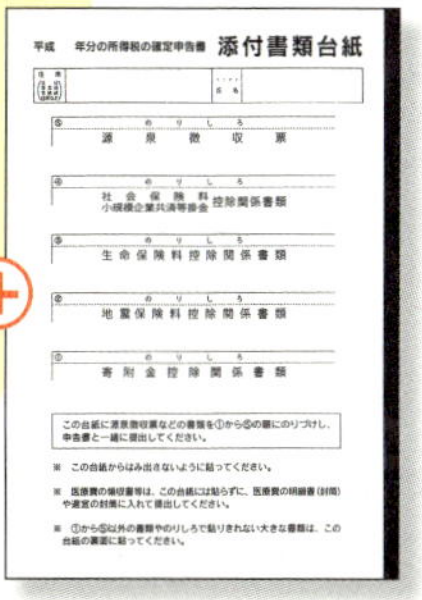

申告書 第四表

今年の赤字を繰越して、来年以降の黒字と相殺する場合には、第一表、第二表と一緒に、第四表の一と二も提出する。過去3年以内の赤字を繰越して相殺する場合も、第四表を作成しよう。

申告書 第四表(一)

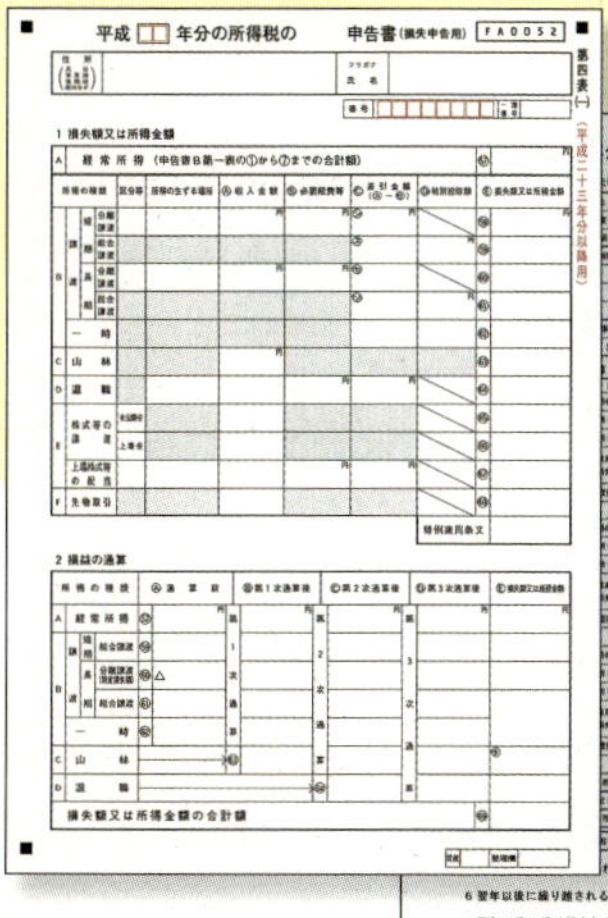

申告書 第四表(二)

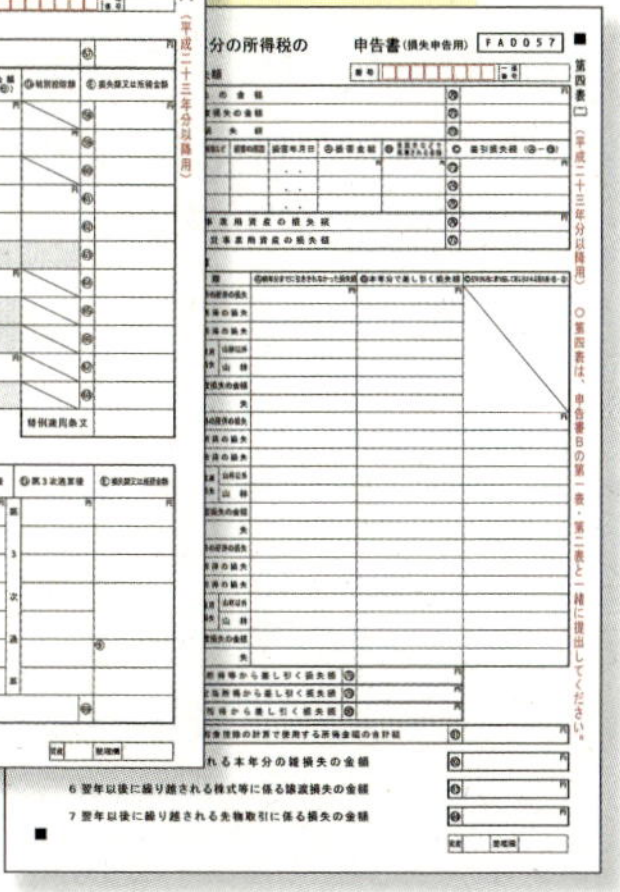

繰戻し

今年の赤字を前年の黒字と相殺する場合は「純損失の金額の繰戻しによる所得税の還付請求書」を提出する。書類は国税庁のサイトや管轄の税務署で入手できる。

純損失の金額の繰戻しによる所得税の還付請求書

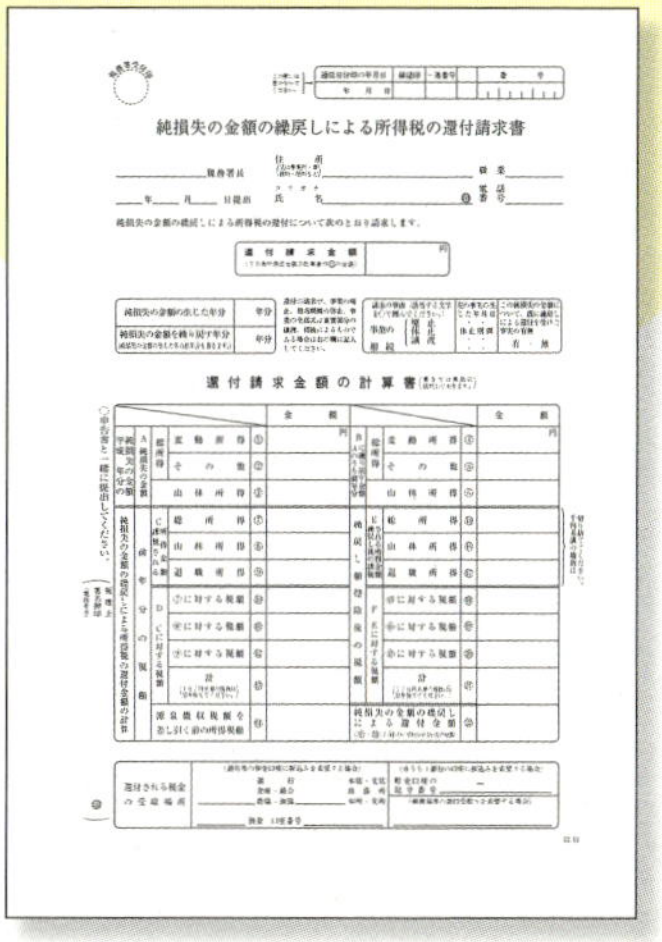

収支の内訳だけでなく青色申告は貸借対照表を作成

白色申告は収支内訳書を作成

確定申告では、**白色申告者は「収支内訳書」、青色申告者は「所得税青色申告決算書」も提出することが必要だ。**

「収支内訳書」は1枚の用紙で、表裏の2ページで構成されている。1ページ目は「損益計算書」で、1月1日から12月31日までの売上や必要経費などを集計し、所得金額を記入する。また、専従者に支払った給料や、税理士や弁護士などに支払った報酬の内訳も記入しよう。2ページ目は、1ページ目に記入した金額のうち、売上や仕入、減価償却費、地代家賃、利子割引料の内訳を記入する。

青色申告は損益計算書と貸借対照表を作成する

青色申告者が使う「所得税青色申告決算書」は、表裏の用紙2枚からなる4ページで構成されている。

1ページ目（1枚目の表）は「損益計算書」で、収入から、必要経費、控除額などを差し引いて、所得金額を計算するためのものだ。これを作ることで1年間のお金の流れを把握することができる。

2ページ目（1枚目の裏）は、「損益計算書」に記入した項目のうち、売上や仕入、給与賃金、専従者給与、貸倒引当金、青色申告特別控除について、内容と金額を詳しく記入する。

3ページ目（2枚目の表）には、1ページの「損益計算書」の減価償却費や利子割引率、地代家賃、税理士・弁護士報酬について、その内容と金額を詳しく書き入れる。4ページ目（2枚目の裏）は「貸借対照表」だ。これは、預貯金などの資産や借金などの負債、利益といった財務状況を一覧でわかるようにしたもの。期首（1月1日もしくは事業開始日）と期末（12月31日もしくは廃業日）の財産の内訳を記入しよう。なお、「青色申告決算書」には、「不動産所得用」「農業所得用」「一般用」「現金主義用」があり、主な所得の種類に応じて使い分けることになっている。**一般的な業務の場合は「一般用」を使おう。**

収支内訳書

白色申告をする人が提出するもの。用紙１枚の裏表で構成される。その期間（１月１日から12月31日まで）のお金の流れを示す損益計算書と、各項目の詳しい内訳からなっている。

収支内訳書 1

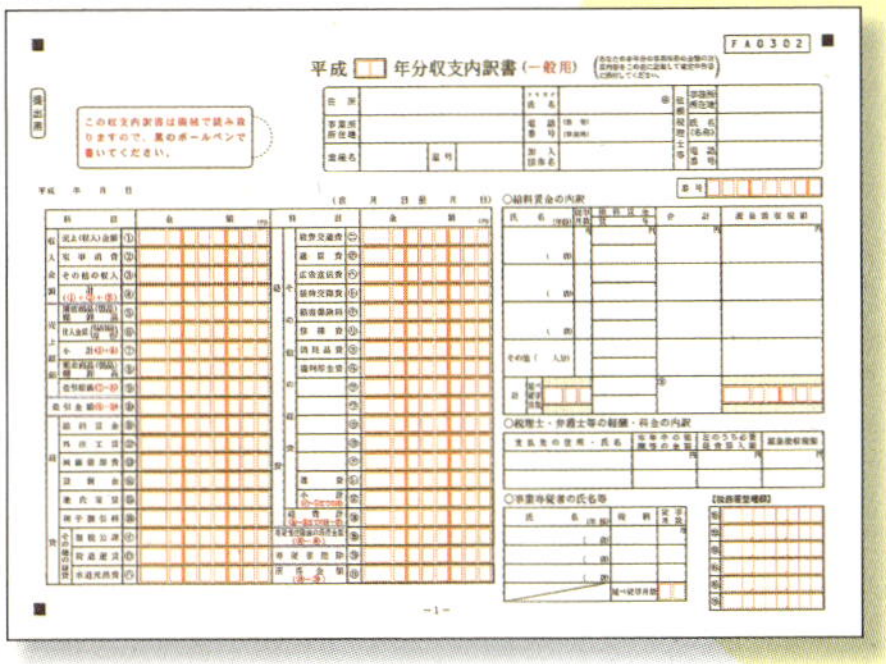

収支内訳書 2

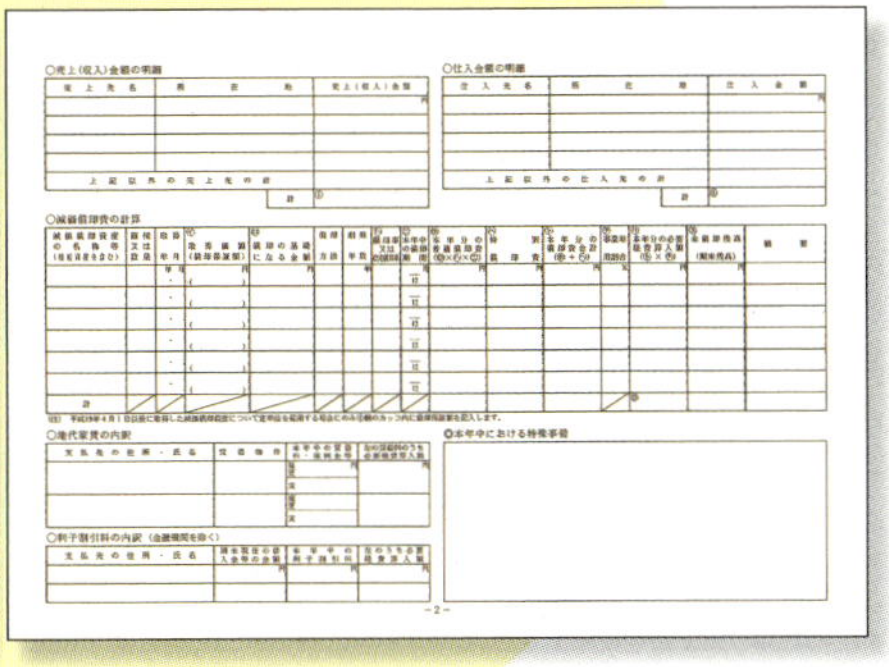

青色申告決算書

青色申告をする人が提出するもので、用紙２枚の表裏で構成される。その期間のお金の流れを表す損益計算書と各項目の内訳、同期間の財務状況を表す貸借対照表からなっている。

青色申告決算書 1

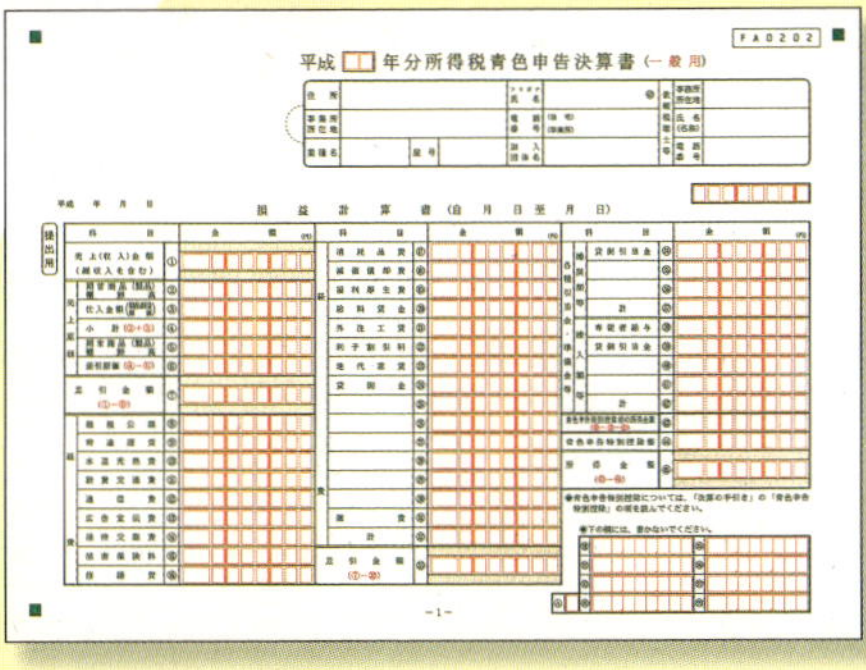

青色申告決算書 2

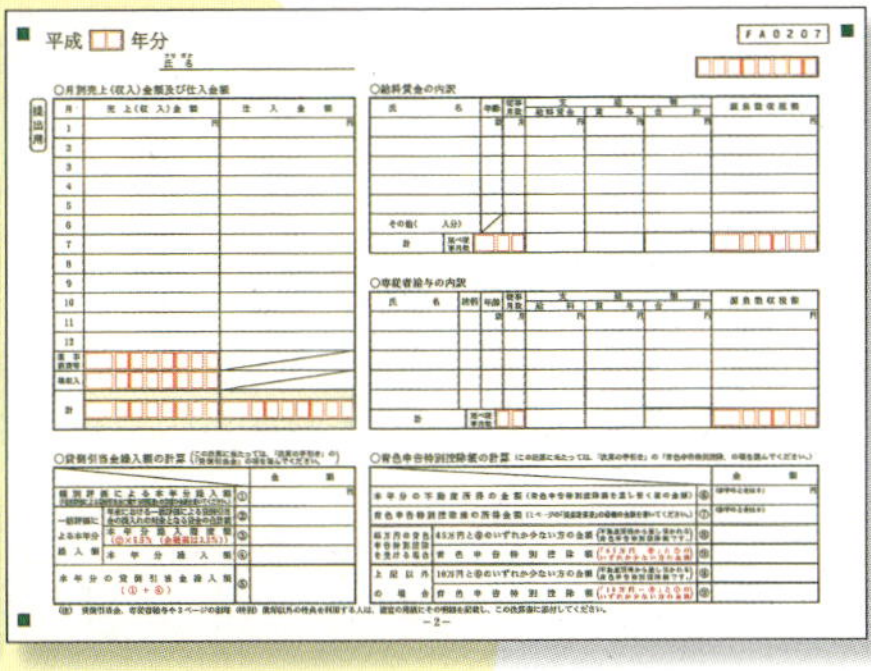

青色申告決算書 3

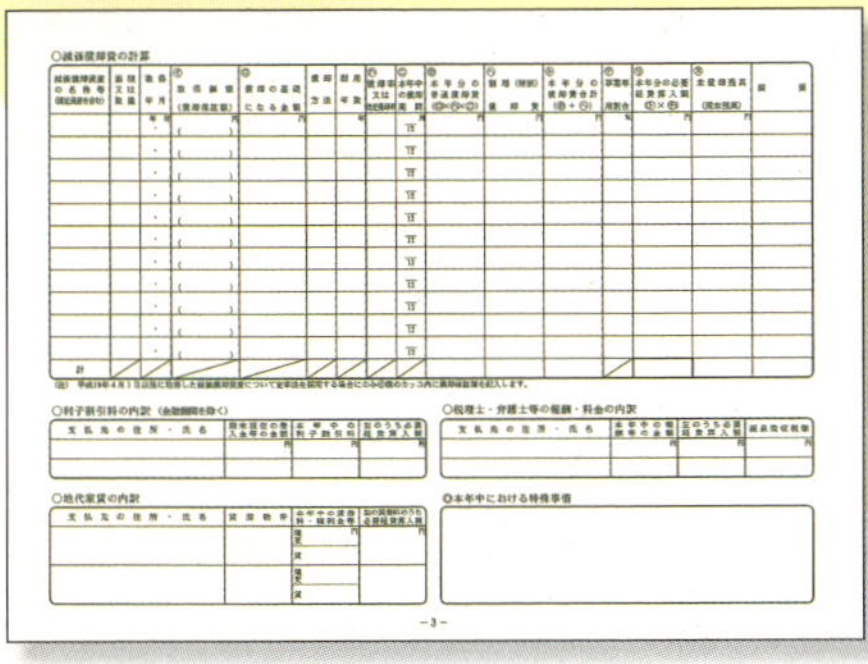

青色申告決算書 4

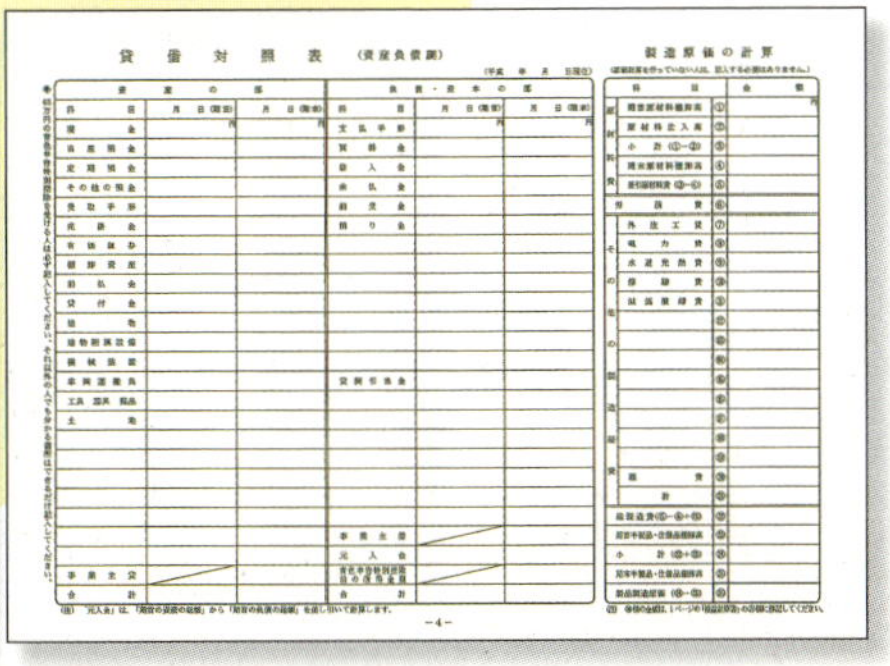

確定申告書を作成しよう

CASE 1

白色申告の場合

1年間の収入と経費がわかる「収支内訳書」を作成する

白色申告の場合は、申告書のほかに1年間の収入と経費がわかる「収支内訳書」を作成する必要がある。複式簿記など定められた形式の帳簿は不要だが、所得が300万円以上の人は白色でも記帳が必要となる。必要がない人も収支内訳書を作成するために、日頃から現金出納帳へ支出を記入したり領収書を保管して必要経費を明確にしておこう。**できれば、勘定科目ごとに分けておくと申告時期の作業が簡単になる。**送付された支払調書や保険料などの領収書をきちんと保管しておくことも忘れずに。

収支内訳書は2ページで構成されている。まず、2ページの収入、減価償却費、地代家賃などの明細を記入。1ページは2ページで計算したものを転記し、その他の勘定科目は現金出納帳や領収書をもとに、1年間の経費を勘定科目ごとに合計して記入しよう。

減価償却のルールをしっかり理解しよう

白色申告で気をつけたいのが減価償却費。10万円未満のものは全額をその年の経費、20万円未満は3分の1ずつを3年にわたって経費に、20万円以上は法律によって決められた耐用年数で均等割にして費用として計上。耐用年数は資産によって細かく決められているから、詳細は国税庁のHPなどで確認しよう。減価償却のルールは青色申告と異なるので、その点も注意が必要だ。

申告に必要な書類はこれ!

自分で用意するもの

●源泉徴収されている場合
→**支払調書**

●医療費控除、社会保険料控除、小規模企業共済等掛金控除、生命保険料控除、地震保険料控除、寄付金控除を受ける場合
→**支払証明書や領収書**

提出する書類

●確定申告書B 第一表、第二表

●収支内訳書(一般用)1、2

CASE 1

領収書をベースに収支を管理する白色申告の初心者

PERSONAL DATA

近藤健介さん（27歳）

［職業：グラフィックデザイナー］

扶養家族 なし

住所 自宅＝東京都国分寺市
事務所＝東京都渋谷区

プロフィール

最初は自宅を事務所にすることも考えたが、利便性を考え別にした。確定申告で全額経費にできるのは大きなメリット。経費は領収書を袋分けする原始的な方法で整理。そろそろ帳簿をつけなくてはいけないと思っている

今年の収支状況

ギャラの値下げや取引先の倒産などもあった波瀾万丈の1年。昨年に比べると、大きく収入はダウン。アルバイトや外注スタッフも使わず、ひたすら自分で作業をした。収入も少ないが経費も少ない1年だった

収入

支払元	収入金額	源泉徴収税額
株式会社A出版	150万円	15万円
B出版株式会社	100万円	10万円
C出版株式会社	100万円	10万円
D株式会社	80万円	8万円
株式会社E	70万円	7万円
合計	500万円	50万円

減価償却する資産

名称	取得年月	取得価額
パソコン	平成21年5月	45万円
パソコン	平成23年4月	40万円

経費

科目	金額
家賃	120万円
荷造運賃	15万円
水道光熱費	12万円
旅費交通費	18万円
通信費	18万円
接待交際費	12万円
消耗品費	40万円
新聞・図書費	25万円
会議費	6万円
合計	266万円

税金

申告納税額	6万5600円
還付される税金	43万4400円

自分に必要のない項目は空欄のままでOK

FA0302

書（一般用）

（あなたの本年分の事業所得の金額の計算内容をこの表に記載して確定申告書に添付してください。）

-2	フリガナ 氏名	近藤 健介 ㊞	依頼税理士等	事務所所在地	
-4	電話番号	（自宅）042-123-4567 （事業所）03-456-7890		氏名（名称）	
	加入団体名			電話番号	

番号

○給料賃金の内訳

氏名（年齢）	従事月数	給料賃金 賞与	合計	源泉徴収税額
（ 歳）	月	円	円	円
（ 歳）				
（ 歳）				
その他（ 人分）				
計 延べ従事月数			⑪	

○税理士・弁護士等の報酬・料金の内訳

支払先の住所・氏名	本年中の報酬等の金額	左のうち必要経費算入額	源泉徴収税額
	円	円	円

○事業専従者の氏名等

氏名（年齢）	続柄	従事月数
（ 歳）		月
（ 歳）		
（ 歳）		
	延べ従事月数	

【税務署整理欄】

(91)	
(92)	
(93)	
(94)	
(96)	
(99)	

7 押印を忘れずに

認め印でも構わないので必ず押印すること

6 1年間の所得を計算

収入⑩から経費の合計⑱を引いた金額を⑲へ記入。⑲から⑳（このCASEは0）を引いた金額が1年間の所得金額

START

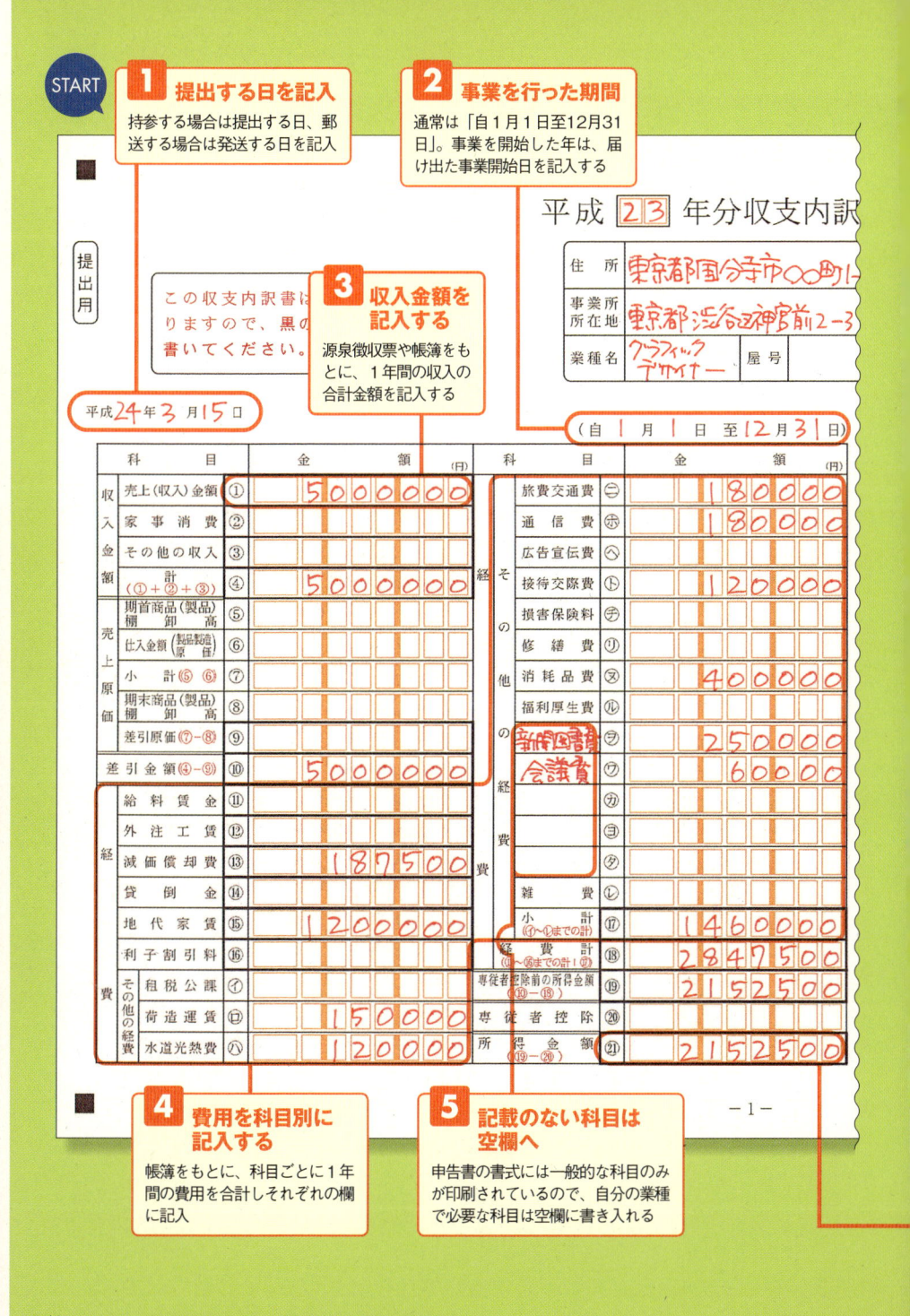

1 提出する日を記入

持参する場合は提出する日、郵送する場合は発送する日を記入

2 事業を行った期間

通常は「自1月1日至12月31日」。事業を開始した年は、届け出た事業開始日を記入する

提出用

平成 23 年分収支内訳

住所	東京都国分寺市○○町1-
事業所所在地	東京都渋谷区神宮前2-3
業種名	グラフィックデザイナー
屋号	

この収支内訳書は
りますので、黒の
書いてください。

3 収入金額を記入する

源泉徴収票や帳簿をもとに、1年間の収入の合計金額を記入する

平成24年3月15日

(自 1 月 1 日 至 12 月 31 日)

科目			金額(円)
収入金額	売上(収入)金額	①	5000000
	家事消費	②	
	その他の収入	③	
	計(①+②+③)	④	5000000
売上原価	期首商品(製品)棚卸高	⑤	
	仕入金額(製品製造原価)	⑥	
	小計(⑤+⑥)	⑦	
	期末商品(製品)棚卸高	⑧	
	差引原価(⑦−⑧)	⑨	
差引金額(④−⑨)		⑩	5000000
経費	給料賃金	⑪	
	外注工賃	⑫	
	減価償却費	⑬	187500
	貸倒金	⑭	
	地代家賃	⑮	1200000
	利子割引料	⑯	
	その他の経費 租税公課	㋑	
	その他の経費 荷造運賃	㋺	150000
	その他の経費 水道光熱費	㋩	120000

科目			金額(円)
経費 その他の経費	旅費交通費	㋥	180000
	通信費	㋭	180000
	広告宣伝費	㋬	
	接待交際費	㋣	120000
	損害保険料	㋠	
	修繕費	㋷	
	消耗品費	㋦	400000
	福利厚生費	㋸	
	新聞図書費	㋾	250000
	会議費	㋻	60000
		㋕	
		㋵	
		㋟	
	雑費	㋹	
	小計(㋑~㋹までの計)	⑰	1460000
経費計(⑪~⑯までの計+⑰)		⑱	2847500
専従者控除前の所得金額(⑩−⑱)		⑲	2152500
専従者控除		⑳	
所得金額(⑲−⑳)		㉑	2152500

−1−

4 費用を科目別に記入する

帳簿をもとに、科目ごとに1年間の費用を合計しそれぞれの欄に記入

5 記載のない科目は空欄へ

申告書の書式には一般的な科目のみが印刷されているので、自分の業種で必要な科目は空欄に書き入れる

例年と大きく異なることがあった場合は右下欄へ記入を

3 減価償却する資産を記入

減価償却の必要がある資産（10万円以上のもの）を書き出す。国税庁HPの申告書作成コーナーを利用すると、資産の名称、取得価額、取得年月を入力するだけで自動計算してくれる

…の明細

先名	所在地	仕入金額
		円
…記以外の仕入先の計		
	計	⑥

…特別償却費	㋣本年分の償却費合計（㋭－㋬）	㋠事業専用割合	㋷本年分の必要経費算入額（㋣×㋠）	㋦未償却残高（期末残高）	摘要
円	円 112.500	% 100	円 112.500	円 150.000	
	75.000	100	75.000	325.000	
	187.500		⑬187.500	475.000	

…す。

…おける特殊事情

4 減価償却費を合計する

すべての資産の減価償却費を合計し、1ページの⑬へ転記する

START

1 売上（収入）の明細を記入

源泉徴収票などを元に、収入の明細を支払い元ごとに記入する。収入金額とは、源泉徴収税を引いた入金額とは違うので注意を

2 収入の合計を計算

明細を合計し１年間の収入を計算する

○売上（収入）金額の明細

売上先名	所在地	売上（収入）金額
(株) A出版	東京都港区青山9-8-7	1,500,000円
B出版 (株)	東京都中央区銀座9-1-2	1,000,000
C出版 (株)	東京都千代田区神田8-3-4	1,000,000
D (株)	東京都港区新橋8-5-6	800,000
上記以外の売上先の計		700,000
	計	① 5,000,000

○仕入金額

仕入
上

○減価償却費の計算

減価償却資産の名称等（繰延資産を含む）	面積又は数量	取得年月	㋑ 取得価額（償却保証額）	㋺ 償却の基礎になる金額	償却方法	耐用年数	㋩ 償却率又は改定償却率	㋥ 本年中の償却期間	㋭ 本年分の普通償却費（㋺×㋩×㋥）	㋬ 特 償
パソコン	1	21年·5月	450,000円 ( )	450,000円	定額	4年	0.250	12/12月	112,500円	
パソコン	1	23·4	400,000 ( )	400,000	〃	〃	〃	9/12	75,000	
		·	( )					/12		
		·	( )					/12		
		·	( )					/12		
		·	( )					/12		
計									187,500	

（注） 平成19年４月１日以後に取得した減価償却資産について定率法を採用する場合にのみ㋑欄のカッコ内に償却保証額を記入しま

○地代家賃の内訳

支払先の住所・氏名	賃借物件	本年中の賃借料・権利金等	左の賃借料のうち必要経費算入額
東京都港区青山9-1-2 ××不動産	事務所	権更 円 / 賃 1,200,000	1,200,000円
		権更 / 賃	

○利子割引料の内訳（金融機関を除く）

支払先の住所・氏名	期末現在の借入金等の金額	本年中の利子割引料	左のうち必要経費算入額
	円	円	円

◎本年中に

－２－

5 家賃などの明細を記入

家賃や駐車場代などの明細を書き出す

6 経費への算入額を計算

自宅と事務所が同一の場合、経費算入額は50%が一般的な目安。使用面積などをもとに計算するといい

青色、白色に関係なく フリーランスは申告書B

START

1 源泉徴収された収入を記入

収支内訳書２ページの「売上（収入）金額の明細」をもとに、収入と源泉徴収された金額を書き出す

3 社会保険料を記入

国民健康保険、国民年金など１年に支払った社会保険料を、送付されたハガキをもとに記入

4 その他の控除を記入

生命保険控除、医療費控除、小規模企業共済等掛金控除など（詳しくはP50～55参照）の内容を記入し、第一表の同じ番号へ転記する

5 扶養控除を記入

配偶者控除や扶養控除に該当する家族がいる場合は、詳細を記入。第一表の同じ番号へ転記する

収支内訳書をもとに転記していけばカンタン

申告内容によってさまざまな書類が必要になるが、**すべての人が提出するのが「第一表」と「第二表」。さらに、これにも「申告書A」と「申告書B」がある。**フリーランスなど個人で仕事をする事業所得者は、納税額を決める「申告書Ｂ」を使うこと。

収支内訳書が完成していれば、その内容と保険料や控除額などを転記していくだけだから、申告書の作成そのものはそんなに難しいことではない。第二表は第一表の内訳明細だから、まずは第二表から記入していくと、スムーズに記入を進めることができる。

税務署などで配布している用紙は複写式で、２枚目が「控用」になっている。持参して提出する場合は、控用に受付印を押して返却してくれる。

番号 FA0071

平成23年分の所得税の確定申告書B

住所
屋号
フリガナ
氏名

東京都国分寺市○○町1-2

近藤《コントウ》 健介《ケンスケ》

○ 所得の内訳（源泉徴収税額）

所得の種類	種目・所得の生ずる場所又は給与などの支払者の氏名・名称	収入金額	源泉徴収税額
事業	(株)A出版	1,500,000円	150,000円
〃	B出版(株)	1,000,000	100,000
〃	C出版(株)	1,000,000	100,000
〃	D(株)	800,000	80,000
〃	E(株)	700,000	70,000

㊷ 源泉徴収税額の合計額 500,000円

○ 特例適用条文等

○ 雑所得（公的年金等以外）、総合課税の配当所得・譲渡所得、一時所得に関する事項

所得の種類	種目・所得の生ずる	収入金額	必要経費等	差引金額
				円

2 源泉徴収税額を合計

上記で書き出した金額を合計し、源泉徴収された金額を計算する

○ 所得から差し引かれる金額に関する事項

⑩雑損控除	損害の原因	損害年月日	損害を受けた資産の種類など
		. .	
	損害金額 円	保険金などで補填される金額 円	差引損失額のうち災害関連支出の金額 円

⑪医療費控除	支払医療費	円	保険金などで補填される金額	円

⑫社会保険料控除 社会保険の種類	支払保険料	⑬小規模企業共済等掛金控除 掛金の種類	支払掛金
国民健康保険	230,000円		円
国民年金	180,000		
合計	410,000	合計	

⑭生命保険料控除		⑮地震保険料控除	
一般の保険料の計	120,000円	地震保険料の計	円
個人年金保険料の計		旧長期損害保険料の計	

⑯寄附金控除	寄附先の所在地・名称		寄附金	円
			震災関連寄附金	

⑰〜⑲本人該当事項　□ 寡婦（寡夫）控除（□死別 □生死不明 □離婚 □未帰還）　□ 勤労学生控除（学校名　）

⑳障害者控除　氏名

㉑〜㉓配偶者（特別）控除・扶養控除 配偶者の氏名		生年月日	□ 配偶者控除 □ 配偶者特別控除
		明・大 昭・平 . .	
控除対象扶養親族の氏名	続柄	生年月日	控除額
		明・大 昭・平 . .	万円
		明・大 昭・平 . .	
		明・大 昭・平 . .	

㉓ 扶養控除額の合計 万円

○ 事業専従者に関する事項

	続柄	従事月数・程度・仕事の内容	専従者給与（控除）額
氏名			円
生年月日 明・大 昭・平 . .			
氏名			
生年月日 明・大 昭・平 . .			

㊸ 専従者給与（控除）額の合計額 円

○ 住民税・事業税に関する事項

住民税 16歳未満の扶養親族 扶養親族の氏名	続柄	生年月日	別居の場合の住所
		平 . .	
		平 . .	
		平 . .	

配当に関する住民税の特例	円
非居住者の特例	
配当割額控除額	
株式等譲渡所得割額控除額	

寄附金税額控除　都道府県、市区町村分 円　住所地の共同募金会、日赤支部分　条例指定分　都道府県 円　市区町村

給与・公的年金等に係る所得以外（平成24年4月1日において65歳未満の方は給与所得以外）の所得に係る住民税の徴収方法の選択　○ 給与から差引き　○ 自分で納付

別居の控除対象配偶者・控除対象扶養親族・事業専従者の氏名・住所　氏名　住所

所得税で控除対象配偶者などとした専従者　氏名　給与 円

事業税		
非課税所得など	番号	所得金額 円
損益通算の特例適用前の不動産所得		円
不動産所得から差し引いた青色申告特別控除額		
事業用資産の譲渡損失など		
前年中の開（廃）業	開始・廃止 月日	他都道府県の事務所等 ○

一連番号

第二表（平成二十三年分以降用）○第二表は、第一表と一緒に提出してください。○源泉徴収票、国民年金保険料や生命保険料の支払証明書など申告書に添付しなければならない書類は添付書類台紙などに貼ってください。

収入、所得、控除額が計算され いよいよ税額が確定する

START

1 提出先の税務署を記入

確定申告書は住所地を管轄する税務署へ提出する。日付は収支内訳書と同様に、提出日を記入する

4 該当する控除を記入

申告書B第二表に記入した社会保険料控除⑫、生命保険料控除⑭（5万円が上限）を転記する

6 課税される所得を計算

所得金額の合計⑨から控除される金額㉕を引いて、課税される所得金額を計算する

7 支払うべき所得税額を計算

課税される所得金額が195万円以下の場合の税額は、所得金額×5%（詳しくはP25参照）。131万2000円×5%＝6万5600円となる

8 源泉徴収税額を記入

申告書B第二表㊷で計算した源泉徴収税額の合計を転記する

9 還付金の振込先を記入

還付される税金は金融機関へ振込まれる。振込みを希望する本人名義の口座を正しく記入する

立川 税務署長
24年3月15日

平成23年分の所得税の確定申告書B

FA0027

第一表（平成二十三年分以降用）

住所（又は事業所事務所居所など）	〒185-0000 東京都国分寺市○○町1-2
フリガナ	コンドウ ケンスケ
氏名	近藤 健介
性別	男・女
職業	グラフィックデザイナー
屋号・雅号	
世帯主の氏名	近藤栄作
世帯主との続柄	父
平成24年1月1日の住所	同上
生年月日	3 60.10.24
電話番号 自宅・勤務先・携帯	042-123-4567

種類 青色 分離 損失 修正　特農の表示 特農　番号　翌年以降送付不要

受付印　（単位は円）

区分	項目	番号	金額
収入金額等	事業 営業等	㋐	5000000
	事業 農業	㋑	
	不動産	㋒	
	利子	㋓	
	配当	㋔	
	給与	㋕	
	雑 公的年金等	㋖	
	雑 その他	㋗	
	総合譲渡 短期	㋘	
	総合譲渡 長期	㋙	
	一時	㋚	
所得金額	事業 営業等	①	2152500
	事業 農業	②	
	不動産	③	
	利子	④	
	配当	⑤	
	給与	⑥	
	雑	⑦	
	総合譲渡・一時 ㋘+{(㋙+㋚)×½}	⑧	
	合計	⑨	2152500
所得から差し引かれる金額	雑損控除	⑩	
	医療費控除	⑪	
	社会保険料控除	⑫	410000
	小規模企業共済等掛金控除	⑬	
	生命保険料控除	⑭	50000
	地震保険料控除	⑮	
	寄附金控除 区分	⑯	
	寡婦、寡夫控除	⑱	0000
	勤労学生、障害者控除	⑲～⑳	0000
	配偶者控除	㉑	0000
	配偶者特別控除	㉒	0000
	扶養控除	㉓	0000
	基礎控除	㉔	380000
	合計	㉕	840000

区分	項目	番号	金額
税金の計算	課税される所得金額（⑨－㉕）又は第三表	㉖	1312000
	上の㉖に対する税額 又は第三表の㊳	㉗	65600
	配当控除	㉘	
	区分	㉙	
	（特定増改築等）住宅借入金等特別控除 区分	㉚	
	政党等寄附金等特別控除 区分	㉛～㉞	
	住宅耐震改修特別控除 住宅特定改修・認定長期優良住宅新築等特別税額控除 区分	㉟～㊲	
	電子証明書等特別控除	㊳	
	差引所得税額	㊴	65600
	災害減免額、外国税額控除	㊵～㊶	
	源泉徴収税額	㊷	500000
	申告納税額（㊴－㊵－㊶－㊷）	㊸	△434400
	予定納税額（第1期分・第2期分）	㊹	
	第3期分の税額（㊸－㊹） 納める税金	㊺	00
	第3期分の税額（㊸－㊹） 還付される税金	㊻	△434400
その他	配偶者の合計所得金額	㊼	
	専従者給与（控除）額の合計額	㊽	
	青色申告特別控除額	㊾	
	雑所得・一時所得等の源泉徴収税額の合計額	㊿	
	未納付の源泉徴収税額	(51)	
	本年分で差し引く繰越損失額	(52)	
	平均課税対象金額	(53)	
	変動・臨時所得金額 区分	(54)	
延納の届出	申告期限までに納付する金額	(55)	00
	延納届出額	(56)	000

還付される税金の受取場所

銀行・金庫・組合・農協・漁協	○○○
本店・支店 出張所 本所・支所	×××
郵便局名等	
預金種類	普通（○）・当座・納税準備・貯蓄
口座番号 記号番号	1234567

税理士署名押印電話番号　㊞　－　－

税理士法第30条の書面提出有　税理士法第33条の2の書面提出有

整理　区分 A B C D E F G H I J K　異動 年 月 日 L　番号

納管 事績 申告 住民 資産 総合 分離 検算 通信日付印 年月日 確認 番号

2 1年間の収入を記入

収支内訳書で計算した1年間の収入（収支内訳書の①）を転記する

3 1年間の所得を記入

収支内訳書で計算した1年間の所得＝収入－経費（収支内訳書の㉑）を転記する

5 基礎控除額を記入

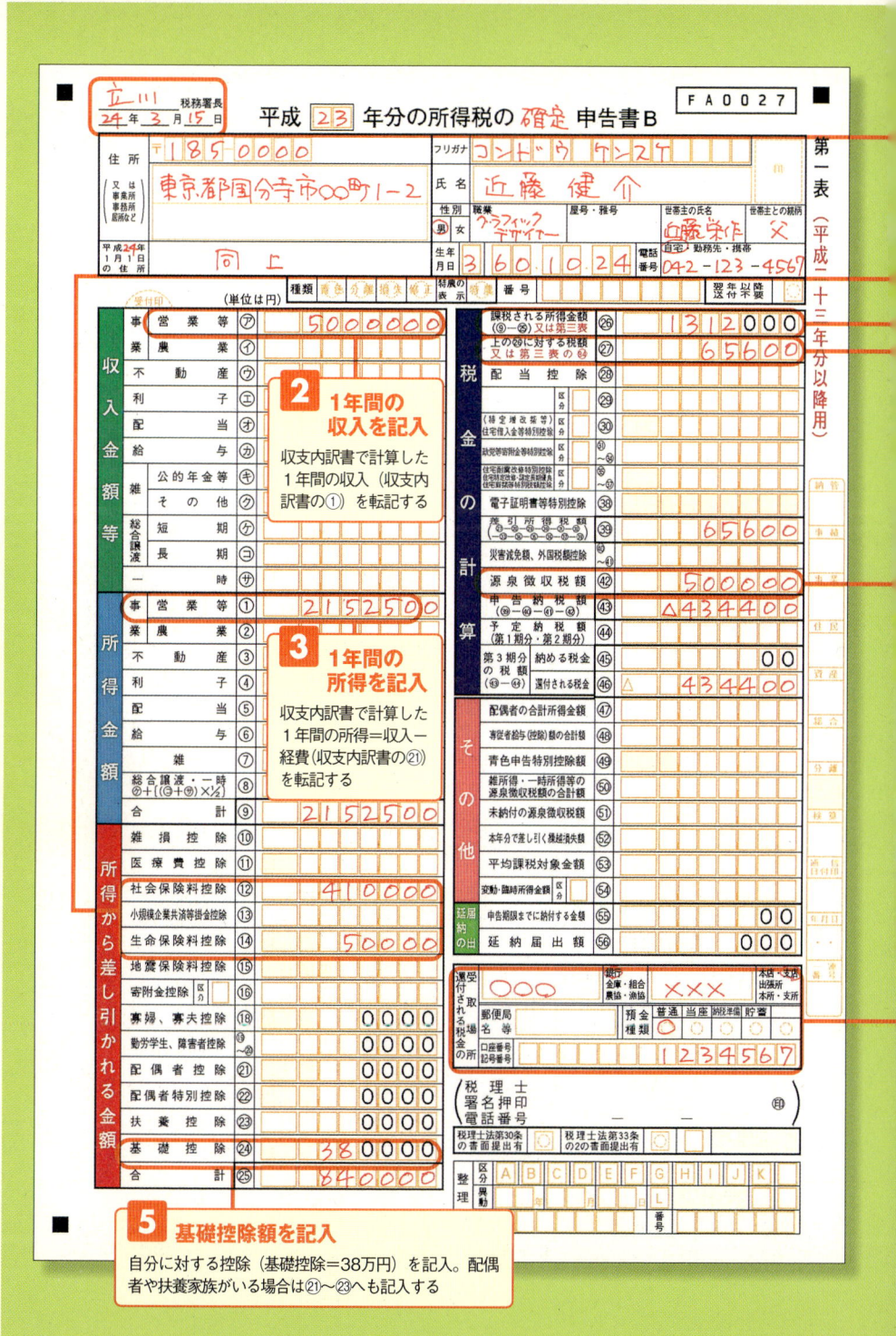

自分に対する控除（基礎控除＝38万円）を記入。配偶者や扶養家族がいる場合は㉑～㉓へも記入する

CASE 2

青色申告（支払調書あり）の場合

青色申告決算書はページ順に作成しない

青色申告をする人は、**損益計算書と貸借対照表で構成される「青色申告決算書」を作成しなくてはいけない。**青色申告決算書には4種類の用紙があるが、フリーランスなどの**個人事業者が使うのは「一般用」という用紙**。

用紙は4ページで構成され、1〜3ページは1年間の収入と必要経費の明細を記入し集計する損益計算書。4ページは貸借対照表で期首（1月1日または事業開始日）と期末（12月31日または事業廃業日）の財産内訳を書き入れる。2、3ページは1ページの内訳を書く形式になっているので、作成はページ順ではなく2→3→1ページの順番で作成するとスムーズに記入できる。

青色申告を自分でやるなら会計ソフトの活用が◯

青色申告に必要な書類を1から自分で作成するには、簿記や会計の知識がそれなりに必要。決算書の作成と聞いただけで、自分には無理とあきらめてしまう人も多いのでは。そこで便利なのが個人事業主向けの会計ソフトだ。

内容は手書きの帳簿と同じだが、すべてが連動しているので、一つの帳簿に入力するだけで他の帳簿に転記してくれる。だから簿記や会計を理解していなくても、日ごろの支出や収入を入力しておくだけで、自動的に複式簿記で帳簿を作成してくれるのだ。これを使えば、青色申告決算書の作成もラクラク。

申告に必要な書類はこれ!

自分で用意するもの	提出する書類
●源泉徴収されている場合 →支払調書 ●医療費控除、社会保険料控除、小規模企業共済等掛金控除、生命保険料控除、地震保険料控除、寄付金控除を受ける場合 →支払証明書や領収書	●確定申告書B 第一表、第二表 ●所得税青色申告決算書（一般用）1、2、3、4

CASE 2

青色申告のメリットを生かして しっかり節税、きちんと申告

PERSONAL DATA

大野孝太さん（33歳）

［職業：建築家］

扶養家族 妻→青色事業専従者

住所 東京都世田谷区（自宅・事務所）

プロフィール

独立当初から青色申告をしている。最初は自分で帳簿を作成していたので面倒だったが、現在は妻を青色事業専従者にして任せている。今となっては、申告の仕方を理解したのはいい経験だった。次は法人化か？

今年の収支状況

年間を通してコンスタントに仕事に恵まれた１年だった。妻もきちんと仕事をしてくれるので、思い切って給与を上げた。そのため、妻も確定申告が必要となる。メリットとデメリットを再検討しようと思っているところ

収入

支払元	収入金額	源泉徴収税額
A建設株式会社	300万円	30万円
B建設株式会社	150万円	15万円
株式会社C設計	200万円	20万円
株式会社D設計	200万円	20万円
株式会社E設計	150万円	15万円
F不動産株式会社	200万円	20万円
合計	1200万円	120万円

減価償却する資産

名称	取得年月	取得価額
パソコン	平成21年9月	30万円
パソコン	平成23年1月	30万円
PCソフト	平成21年9月	40万円
PCソフト	平成23年1月	40万円
車両	平成22年4月	300万円

経費

科目	金額
家賃	300万円
荷造運賃	6万円
水道光熱費	12万円
旅費交通費	120万円
通信費	24万円
接待交際費	20万円
消耗品費	30万円
新聞・図書費	40万円
会議費	40万円
研修費	10万円
専従者給与	144万円
個人事業税	10万円
消費税	30万円
合計	786万円

税金

申告納税額	22万9400円
還付される税金	97万600円

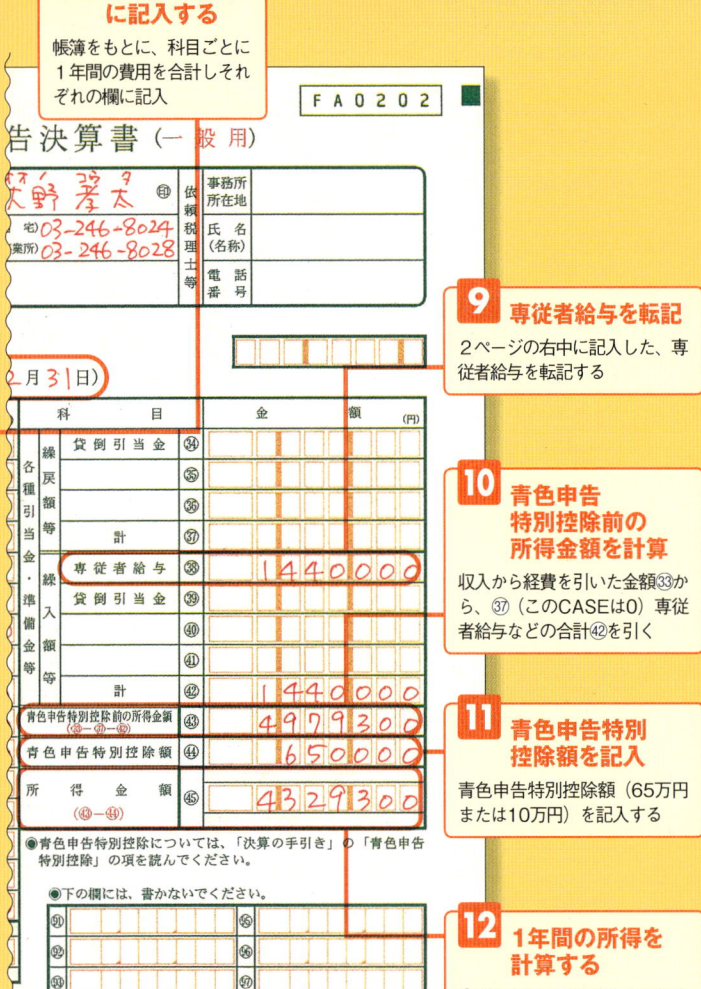

1年間の収益と費用を表にした いわば、フリーのお金の成績表

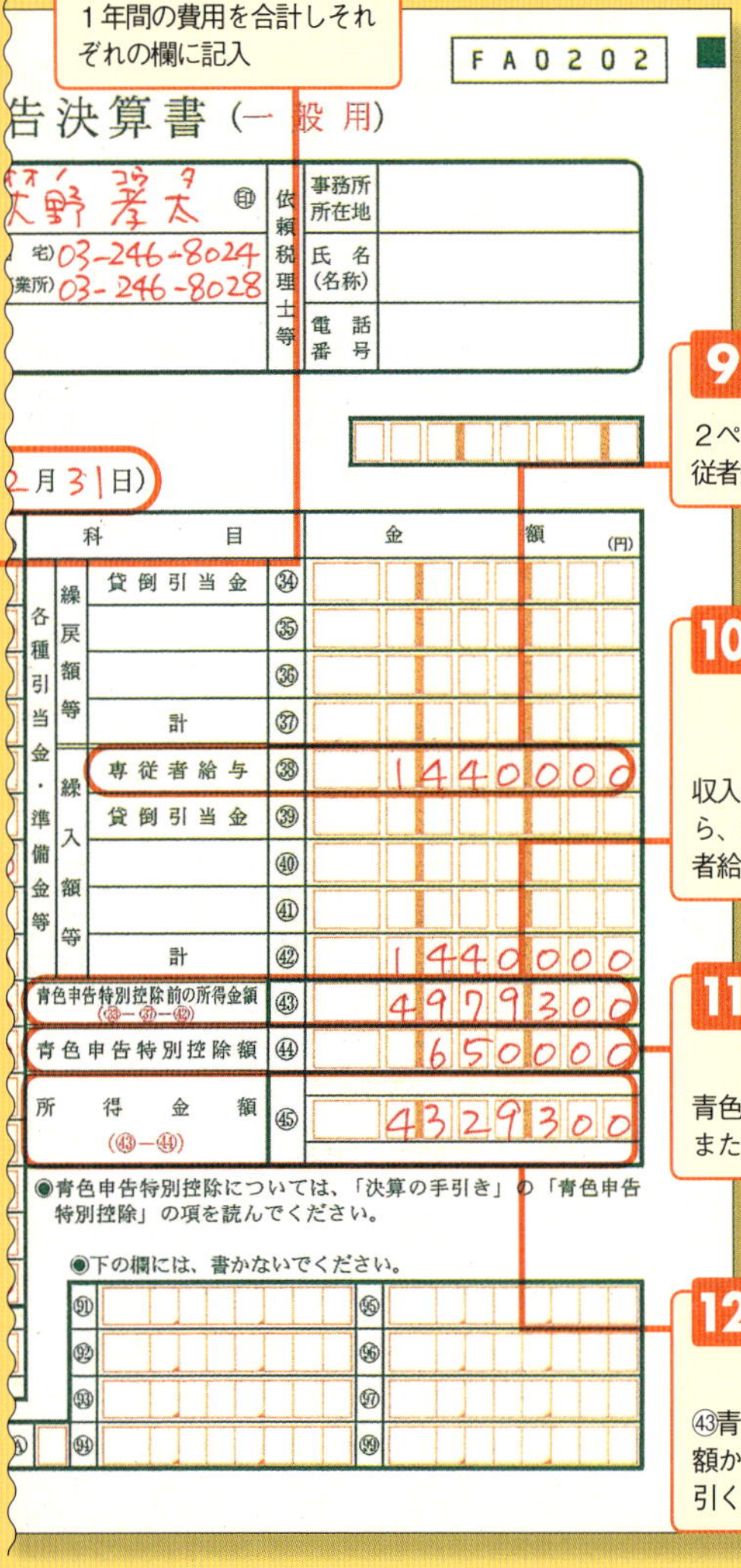

FA0202
告決算書（一般用）
大野《オオノ》孝太《コウタ》 ㊞
宅）03-246-8024
業所）03-246-8028
依頼税理士等
事務所所在地
氏名（名称）
電話番号
2月31日）
科目
金額（円）
各種引当金・準備金等
繰戻額等
貸倒引当金 ㉞
㉟
㊱
計 ㊲
繰入額等
専従者給与 ㊳ 1440000
貸倒引当金 ㊴
㊵
㊶
計 ㊷ 1440000
青色申告特別控除前の所得金額（㉝－㊲－㊷） ㊸ 4979300
青色申告特別控除額 ㊹ 650000
所得金額（㊸－㊹） ㊺ 4329300
●青色申告特別控除については、「決算の手引き」の「青色申告特別控除」の項を読んでください。
●下の欄には、書かないでください。

4 費用を科目別に記入する

帳簿をもとに、科目ごとに1年間の費用を合計しそれぞれの欄に記入

9 専従者給与を転記

2ページの右中に記入した、専従者給与を転記する

10 青色申告特別控除前の所得金額を計算

収入から経費を引いた金額㉝から、㊲（このCASEは0）専従者給与などの合計㊷を引く

11 青色申告特別控除額を記入

青色申告特別控除額（65万円または10万円）を記入する

12 1年間の所得を計算する

㊸青色申告特別控除前の所得金額から㊹青色申告特別控除額を引く。これが1年間の所得金額

8 収入から経費を引く

収入⑦から経費の合計㉜を引いた金額を計算し記入する

START

1 提出する日を記入

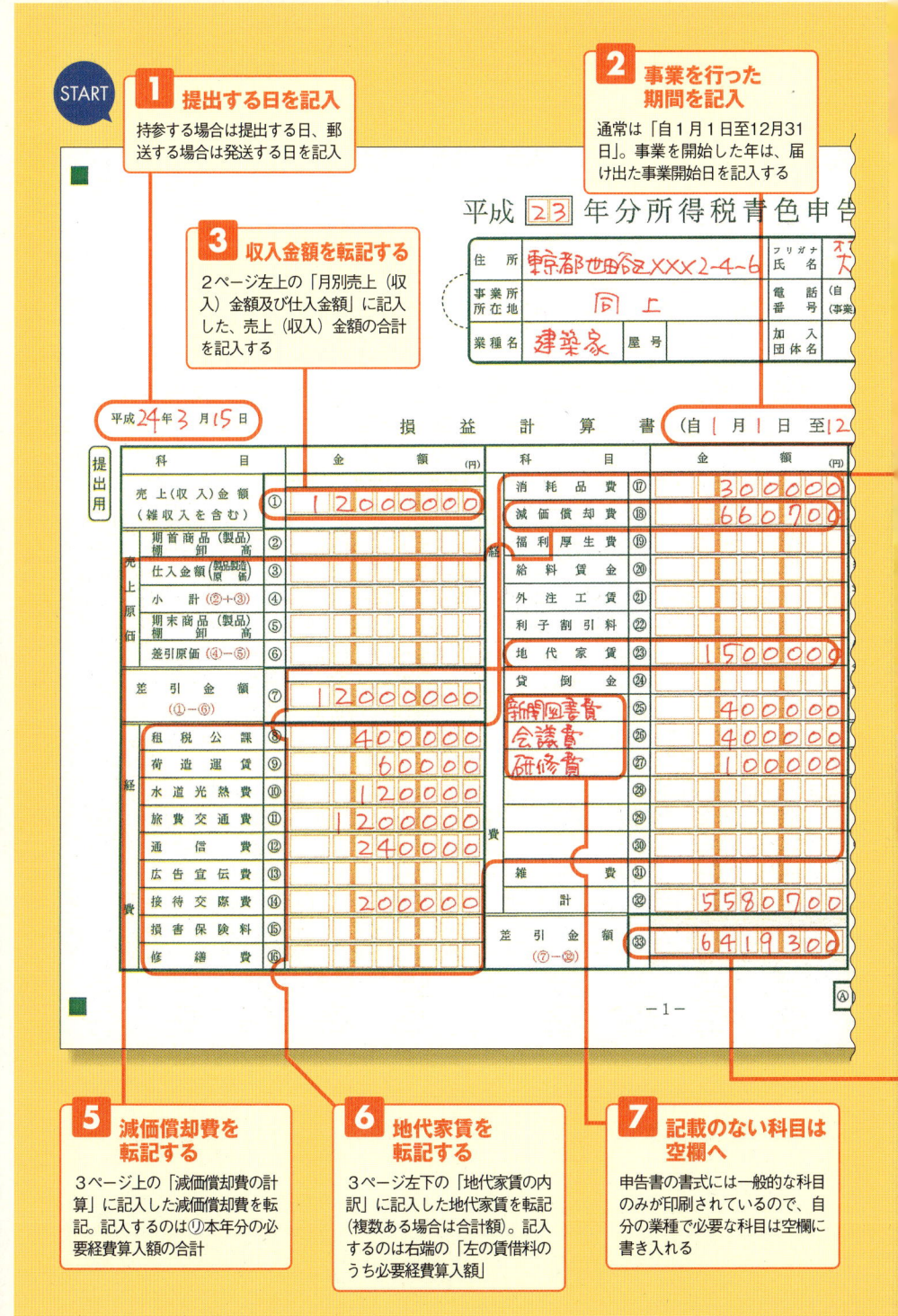

持参する場合は提出する日、郵送する場合は発送する日を記入

2 事業を行った期間を記入

通常は「自1月1日至12月31日」。事業を開始した年は、届け出た事業開始日を記入する

3 収入金額を転記する

2ページ左上の「月別売上（収入）金額及び仕入金額」に記入した、売上（収入）金額の合計を記入する

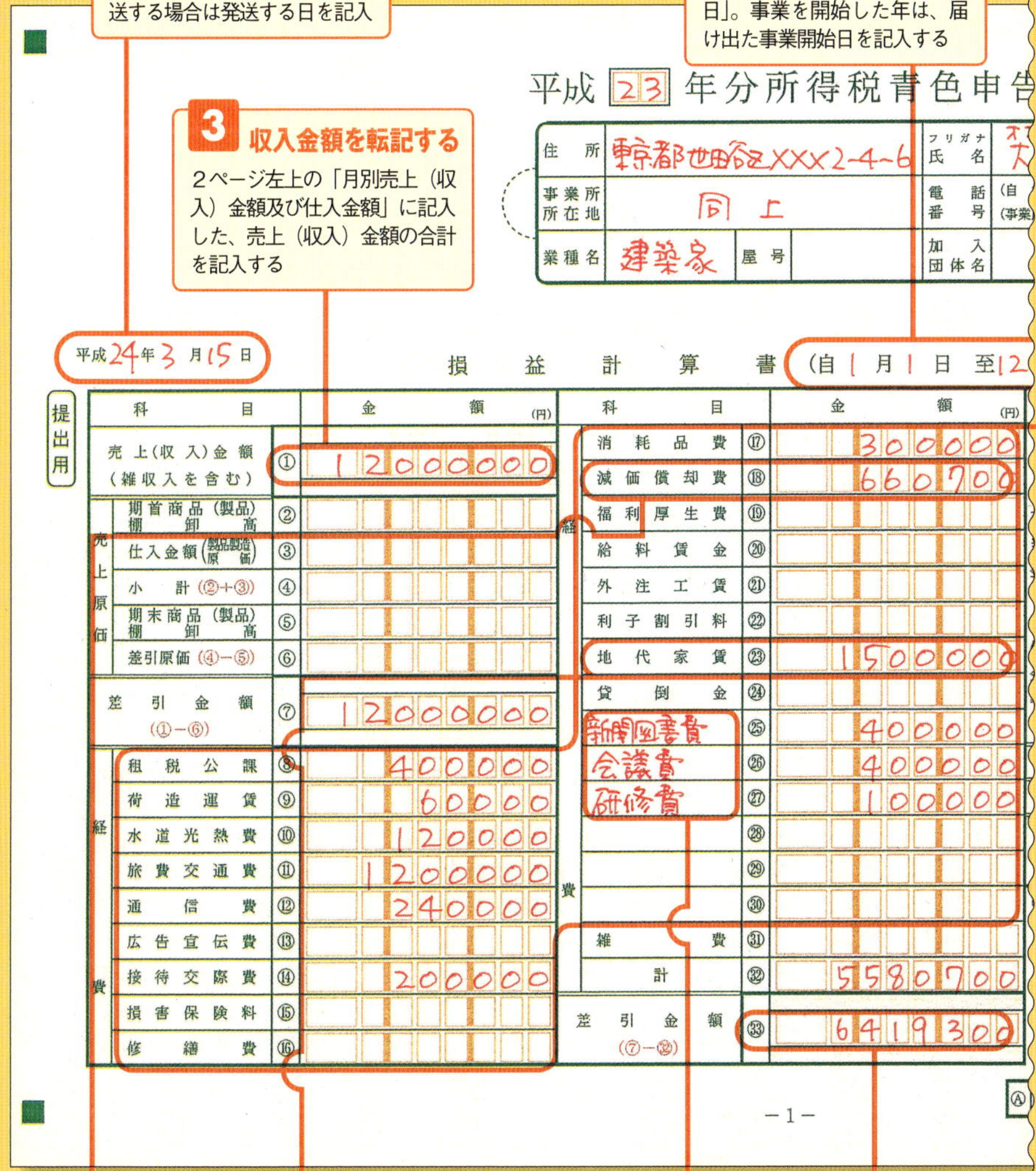

平成23年分所得税青色申告

住所	東京都世田谷区XXX2-4-6			フリガナ 氏名	
事業所所在地	同上			電話番号	(自 (事業
業種名	建築家	屋号		加入団体名	

平成24年3月15日

提出用

損益計算書（自1月1日至12

科目		金額（円）
売上（収入）金額（雑収入を含む）	①	12000000
売上原価 期首商品（製品）棚卸高	②	
仕入金額（製品製造原価）	③	
小計（②＋③）	④	
期末商品（製品）棚卸高	⑤	
差引原価（④−⑤）	⑥	
差引金額（①−⑥）	⑦	12000000
経費 租税公課	⑧	400000
荷造運賃	⑨	60000
水道光熱費	⑩	120000
旅費交通費	⑪	1200000
通信費	⑫	240000
広告宣伝費	⑬	
接待交際費	⑭	200000
損害保険料	⑮	
修繕費	⑯	

科目		金額（円）
経費 消耗品費	⑰	300000
減価償却費	⑱	660700
福利厚生費	⑲	
給料賃金	⑳	
外注工賃	㉑	
利子割引料	㉒	
地代家賃	㉓	1500000
貸倒金	㉔	
新聞図書費	㉕	400000
会議費	㉖	400000
研修費	㉗	100000
	㉘	
	㉙	
	㉚	
雑費	㉛	
計	㉜	5580700
差引金額（⑦−㉜）	㉝	6419300

−1−

5 減価償却費を転記する

3ページ上の「減価償却費の計算」に記入した減価償却費を転記。記入するのはⓇ本年分の必要経費算入額の合計

6 地代家賃を転記する

3ページ左下の「地代家賃の内訳」に記入した地代家賃を転記（複数ある場合は合計額）。記入するのは右端の「左の賃借料のうち必要経費算入額」

7 記載のない科目は空欄へ

申告書の書式には一般的な科目のみが印刷されているので、自分の業種で必要な科目は空欄に書き入れる

FA0207

○給料賃金の内訳

氏名	年齢	従事月数	支給額 給料賃金	賞与	合計	源泉徴収税額
	歳	月	円	円	円	円
その他（　　人分）						
計	延べ従事月数					

2 専従者の給与を記入

事前に届け出た内容に従って詳細を記入する。所得税が発生する103万円以上の場合は、専従者も確定申告が必要

○専従者給与の内訳

氏名	続柄	年齢	従事月数	支給額 給料	賞与	合計	源泉徴収税額
大野 智子	妻	31歳	12月	1,440,000円	円	1,440,000円	0円
計		延べ従事月数	12			1,440,000	0

○青色申告特別控除額の計算（この計算に当たっては、「決算の手引き」の「青色申告特別控除」の項を読んでください。）

			金額
本年分の不動産所得の金額（青色申告特別控除額を差し引く前の金額）		⑥	（赤字のときは0）円
青色申告特別控除前の所得金額（1ページの「損益計算書」の㊸欄の金額を書いてください。）		⑦	（赤字のときは0）4,979,300
65万円の青色申告特別控除を受ける場合	65万円と⑥のいずれか少ない方の金額（不動産所得から差し引かれる青色申告特別控除額です。）	⑧	
	青色申告特別控除額（「65万円　⑧」と⑦のいずれか少ない方の金額）	⑨	650,000
上記以外の場合	10万円と⑥のいずれか少ない方の金額（不動産所得から差し引かれる青色申告特別控除額です。）	⑧	
	青色申告特別控除額（「10万円－⑧」と⑦のいずれか少ない方の金額）	⑨	

人は、適宜の用紙にその明細を記載し、この決算書に添付してください。

－2－

3 所得金額を転記

1ページで計算した㊸青色申告特別控除前の所得金額を転記する

4 青色申告特別控除額を記入

65万円または10万円の青色申告特別控除額を記入する

このページでまとめた明細が損益計算書に反映される

■ 平成 23 年分　氏名《フリガナ》　大野《オオノ》孝太《コウタ》

○月別売上（収入）金額及び仕入金額　提出用

月	売上（収入）金額	仕入金額
1	1.000.000 円	円
2	1.000.000	
3	1.000.000	
4	1.000.000	
5	1.000.000	
6	1.000.000	
7	1.000.000	
8	1.000.000	
9	1.000.000	
10	1.000.000	
11	1.000.000	
12	1.000.000	
家事消費等		
雑収入		
計	12000000	

○貸倒引当金繰入額の計算（この計算に当たっては、「決算の手引き」の「貸倒引当金」の項を読んでください。）

			金額
個別評価による本年分繰入額（「個別評価による貸倒引当金に関する明細書」の⑤欄の金額を書いてください。）		①	円
一括評価による本年分繰入額	年末における一括評価による貸倒引当金の繰入れの対象となる貸金の合計額	②	
	本年分繰入限度額（②×5.5%（金融業は3.3%））	③	
	本年分繰入額	④	
本年分の貸倒引当金繰入額（①＋④）		⑤	

（注）貸倒引当金、専従者給与や3ページの割増（特別）償却以外の特典を利用する人は

START

1 月別の収入を記入する

帳簿をもとに、月ごとの収入を記入する

資産によって耐用年数が異なる減価償却費は要注意の科目

㋭ 本年分の 普通償却費 (㋺×㋩×㋥)	㋬ 割増(特別) 償却費	㋣ 本年分の 償却費合計 (㋭+㋬)	㋠ 事業専 用割合	㋷ 本年分の必要 経費算入額 (㋣×㋠)	㋦ 未償却残高 (期末残高)	摘要
円 75.000	円	円 75.000	% 100	円 75.000	円 125.000	
80.000		80.000	100	80.000	213.334	
501.000		501.000	70	350.700	2.123.250	
75.000		75.000	100	75.000	225.000	
80.000		80.000	100	80.000	320.000	
811.000		811.000		660.700	3.006.584	

2 経費となる金額はこれ

事業専用割合を加味した必要経費算入額の合計がここ。この金額を1ページの⑱へ転記する

に償却保証額を記入します。

○税理士・弁護士等の報酬・料金の内訳

支払先の住所・氏名	本年中の報酬等の金額	左のうち必要経費算入額	源泉徴収税額
	円	円	円

◎本年中における特殊事情

3 —

○減価償却費の計算

減価償却資産の名称等（繰延資産を含む）	面積又は数量	取得年月	㋑ 取得価額（償却保証額）	㋺ 償却の基礎になる金額	償却方法	耐用年数	㋩ 償却率又は改定償却率	㋥ 本年中の償却期間
パソコン	1	21・9 年 月	300,000 円 （　　）	300,000 円	定額	4 年	0.250	12/12 月
PCソフト	1	21・9	400,000 （　　）	400,000	〃	5	0.200	12/12
車両	1	22・4	3,000,000 （　　）	3,000,000	〃	6	0.167	12/12
パソコン	1	23・1	300,000 （　　）	300,000	〃	4	0.250	12/12
PCソフト	1	23・1	400,000 （　　）	400,000	〃	5	0.200	12/12
		・	（　　）					12
			（　　）					12
			（　　）					12
			（　　）					12
			（　　）					12
		・	（　　）					12
計								

（注）　平成19年4月1日以後に取得した減価償却資産について定率法を採用する場合にのみ㋑欄のカッコ内

1 減価償却する資産を記入

START

減価償却の必要がある資産（30万円以上のもの）を書き出す。国税庁HPの申告書作成コーナーを利用すると、資産の名称、取得価額、取得年月を入力するだけで自動計算してくれる

○利子割引料の内訳（金融機関を除く）

支払先の住所・氏名	期末現在の借入金等の金額	本年中の利子割引料	左のうち必要経費算入額
	円	円	円

○地代家賃の内訳

支払先の住所・氏名	賃借物件	本年中の賃借料・権利金等	左の賃借料のうち必要経費算入額
東京都世田谷区○○2-1-2 XXXホームズ	マンション	権更 円 賃 3,000,000	円 1,500,000
		権更 賃	

3 家賃などの明細を記入

家賃や駐車場代などの明細を書き出す。「賃借物件」の欄はマンション、店舗、駐車場など使用状況がわかる表記に

4 経費への算入額を計算

自宅と事務所が同一の場合、経費算入額は50%が一般的な目安。使用面積などをもとに計算するといい

これを見れば、年末時点での事業の財政状態がわかる

3 現金や預金の残高

現金出納帳や預金出納帳の期末残高をここに転記する

成23年12月31日現在)

の 部
12月31日(期末)
円
1,900,000
4,426,949
4,979,300
11,306,249

製造原価の計算

(原価計算を行っていない人は、記入する必要はありません。)

	科目		金額
原材料費	期首原材料棚卸高	①	円
	原材料仕入高	②	
	小計(①－②)	③	
	期末原材料棚卸高	④	
	差引原材料費(③－④)	⑤	
労務費		⑥	
その他の製造経費	外注工賃	⑦	
	電力費	⑧	
	水道光熱費	⑨	
	修繕費	⑩	
	減価償却費	⑪	
		⑫	
		⑬	
		⑭	
		⑮	
		⑯	
		⑰	
		⑱	
		⑲	
	雑費	⑳	
	計	㉑	
総製造費(⑤－⑥＋㉑)		㉒	
期首半製品・仕掛品棚卸高		㉓	
小計(㉒＋㉓)		㉔	
期末半製品・仕掛品棚卸高		㉕	
製品製造原価(㉔－㉕)		㉖	

(注) ㉖欄の金額は、1ページの「損益計算書」の③欄に移記してください。

START

1 貸借対照表を作成する

青色申告特別控除を受ける要件の一つが貸借対照表の作成。イチから自分で作成するには複式簿記の知識が必要になるが、会計ソフトを利用すると支出を科目別に入力するだけで自動的に作成してくれる

2 日付を記入する

期首は1月1日（または事業開始日）、期末は12月31日（または廃業日）。申告2年目以降は、期首欄は前年の期末欄から転記する

貸借対照表 （資産負債調）

（平成2

◉65万円の青色申告特別控除を受ける人は必ず記入してください。それ以外の人でも分かる箇所はできるだけ記入してください。

資産の部			負債・資本の部	
科目	1月1日（期首）	12月31日（期末）	科目	1月1日（期首）
現金	38,520 円	51,746 円	支払手形	円
当座預金			買掛金	
定期預金			借入金	
その他の預金	1,770,845	2,402,970	未払金	2,500,000
受取手形			前受金	
売掛金			預り金	
有価証券				
棚卸資産				
前払金				
貸付金				
建物				
建物附属設備				
機械装置				
車両運搬具	2,624,250	2,123,250	貸倒引当金	
工具 器具 備品	500,000	350,000		
土地				
ソフトウェア	693,334	533,334		
仮払源泉税	1,300,000	1,200,000		
			事業主借	
			元入金	4,426,949
事業主貸		4,644,949	青色申告特別控除前の所得金額	
合計	6,926,949	11,306,249	合計	6,926,949

（注）「元入金」は、「期首の資産の総額」から「期首の負債の総額」を差し引いて計算します。

−4−

4 固定資産の残高

減価償却をする必要がある固定資産の期末残高をここに表記する

5 必要経費外は事業主貸

必要経費にならない個人的な支出などは事業主貸という科目で整理する

6 1ページから転記

1ページの㊸青色申告特別控除前の所得金額を転記する

申告書B 第一表

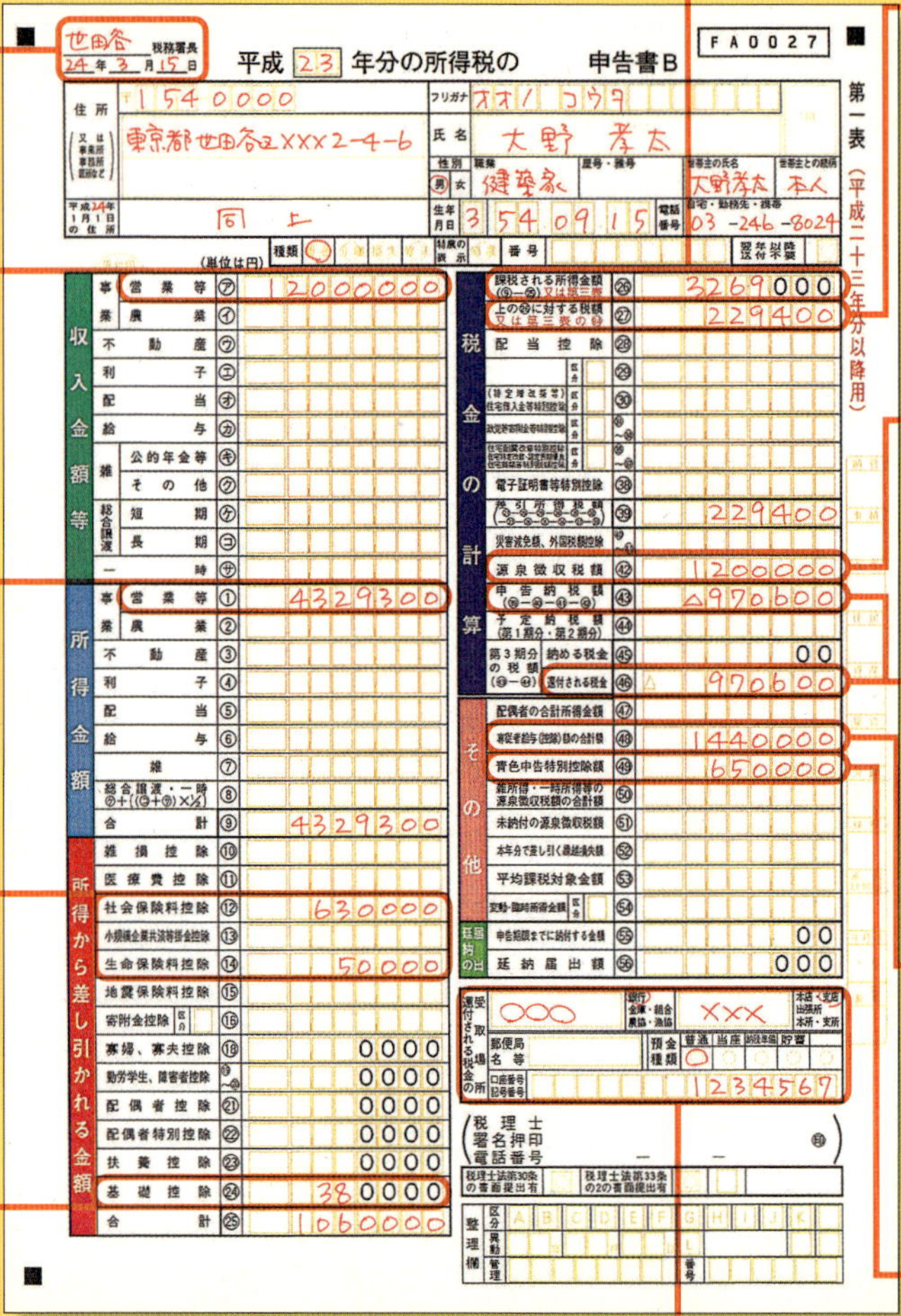
世田谷 税務署長 24年3月15日

平成23年分の所得税の 申告書B

FA0027

第一表（平成二十三年分以降用）

項目	記入内容
住所	〒154 0000 東京都世田谷区XXX2-4-6
平成24年1月1日の住所	同上
フリガナ	オオノ コウタ
氏名	大野 孝太
性別	男
職業	建築家
世帯主の氏名	大野孝太
世帯主との続柄	本人
生年月日	3 54 09 15
電話番号	03-246-8024

（単位は円）

区分	項目	番号	金額
収入金額等	事業 営業等	㋐	12000000
	事業 農業	㋑	
	不動産	㋒	
	利子	㋓	
	配当	㋔	
	給与	㋕	
	雑 公的年金等	㋖	
	雑 その他	㋗	
	総合譲渡 短期	㋘	
	総合譲渡 長期	㋙	
	一時	㋚	
所得金額	事業 営業等	①	4329300
	事業 農業	②	
	不動産	③	
	利子	④	
	配当	⑤	
	給与	⑥	
	雑	⑦	
	総合譲渡・一時 ㋚+((㋘+㋙)×½)	⑧	
	合計	⑨	4329300
所得から差し引かれる金額	雑損控除	⑩	
	医療費控除	⑪	
	社会保険料控除	⑫	630000
	小規模企業共済等掛金控除	⑬	
	生命保険料控除	⑭	50000
	地震保険料控除	⑮	
	寄附金控除 区分	⑯	
	寡婦、寡夫控除	⑱	0000
	勤労学生、障害者控除	⑲~⑳	0000
	配偶者控除	㉑	0000
	配偶者特別控除	㉒	0000
	扶養控除	㉓	0000
	基礎控除	㉔	380000
	合計	㉕	1060000

区分	項目	番号	金額
税金の計算	課税される所得金額（⑨−㉕）又は第三表	㉖	3269000
	上の㉖に対する税額又は第三表の㊽	㉗	229400
	配当控除	㉘	
	区分	㉙	
	（特定増改築等）住宅借入金等特別控除 区分	㉚	
	政党等寄附金等特別控除 区分	㉛~㉝	
	住宅耐震改修特別控除等 区分	㉞~㊲	
	電子証明書等特別控除	㊳	
	差引所得税額	㊴	229400
	災害減免額、外国税額控除	㊵~㊶	
	源泉徴収税額	㊷	1200000
	申告納税額（㊴−㊵−㊶−㊷）	㊸	△970600
	予定納税額（第1期分・第2期分）	㊹	
	第3期分の税額（㊸−㊹） 納める税金	㊺	00
	第3期分の税額（㊸−㊹） 還付される税金	㊻	△970600
その他	配偶者の合計所得金額	㊼	
	専従者給与（控除）額の合計額	㊽	1440000
	青色申告特別控除額	㊾	650000
	雑所得・一時所得等の源泉徴収税額の合計額	㊿	
	未納付の源泉徴収税額	51	
	本年分で差し引く繰越損失額	52	
	平均課税対象金額	53	
	変動・臨時所得金額 区分	54	
延納の届出	申告期限までに納付する金額	55	00
	延納届出額	56	000

還付される税金の受取場所：○○○ 銀行 XXX 支店　預金種類：普通　口座番号・記号番号：1234567

税理士署名押印 電話番号

税理士法第30条の書面提出有　税理士法第33条の2の書面提出有

整理欄

6 課税される所得を計算

所得⑨から控除される金額㉕を引いて、所得金額を計算（100円以下切り捨て）

7 支払うべき所得税額を計算

課税される所得金額が195万円超330万円以下の場合の税額は、所得金額×10%−9万7500円（詳しくはP25参照）。326万9000円×10%−9万7500円＝22万9400円となる

8 源泉徴収税額を記入

支払調書をもとに確定申告書B第二表㊷で計算した源泉徴収税額の合計を転記する

9 還付される税額を計算

源泉徴収税額㊷から税額㉗を引いて還付される税額を計算する

10 専従者給与を転記

確定申告書B第二表㊽の専従者給与の合計額を転記する

11 青色申告特別控除額を記入

65万円または10万円の青色申告特別控除額を記入する

12 還付金の振込先を記入

還付される税金は金融機関へ振込まれる。振込みを希望する、本人名義の口座を正しく記入する

START

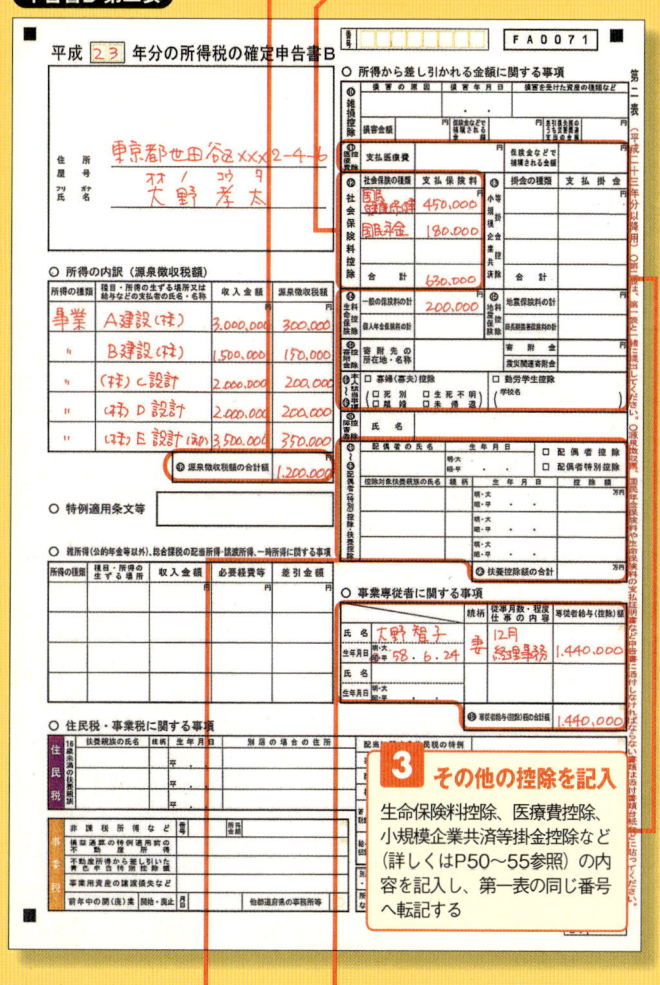

1 源泉徴収税額を記入

支払い元から送付された支払調書をもとに記入し、源泉徴収税額を合計する

2 社会保険料を記入

国民健康保険、国民年金など1年に支払った社会保険料を、送付されたハガキをもとに記入

申告書B 第二表

平成 23 年分の所得税の確定申告書B

住所 屋号	東京都世田谷区xxx2-4-6
フリガナ 氏名	オオノ コウタ 大野 孝太

○ 所得の内訳（源泉徴収税額）

所得の種類	種目・所得の生ずる場所又は給与などの支払者の氏名・名称	収入金額	源泉徴収税額
事業	A建設(株)	3,000,000	300,000
〃	B建設(株)	1,500,000	150,000
〃	(株) C設計	2,000,000	200,000
〃	(株) D設計	2,000,000	200,000
〃	(株) E設計(他)	3,500,000	350,000
	㊹ 源泉徴収税額の合計額		1,200,000

○ 特例適用条文等

○ 雑所得（公的年金等以外）、総合課税の配当所得・譲渡所得、一時所得に関する事項

所得の種類	種目・所得の生ずる場所	収入金額	必要経費等	差引金額

○ 住民税・事業税に関する事項

FA0071

第二表（平成二十三年分以降用）

○ 所得から差し引かれる金額に関する事項

⑩ 雑損控除	損害の原因	損害年月日	損害を受けた資産の種類など		
⑪ 医療費控除	支払医療費		保険金などで補填される金額		
⑫ 社会保険料控除	社会保険の種類	支払保険料	⑬ 小規模企業共済等掛金控除	掛金の種類	支払掛金
	国民健康保険	450,000			
	国民年金	180,000			
	合計	630,000		合計	
⑭ 生命保険料控除	一般の保険料の計	200,000	⑮ 地震保険料控除	地震保険料の計	
	個人年金保険料の計			旧長期損害保険料の計	
⑯ 寄附金控除	寄附先の所在地・名称			寄附金	
				震災関連寄附金	
⑰〜⑱ 本人該当事項	□ 寡婦(寡夫)控除（□ 死別 □ 生死不明 □ 離婚 □ 未帰還）		□ 勤労学生控除（学校名）		
⑲ 障害者控除	氏名				
㉑〜㉒ 配偶者(特別)控除・扶養控除	配偶者の氏名	生年月日	□ 配偶者控除 □ 配偶者特別控除		
	控除対象扶養親族の氏名	続柄	生年月日	控除額	
			㉓ 扶養控除額の合計		

○ 事業専従者に関する事項

	続柄	従事月数・程度 仕事の内容	専従者給与(控除)額
氏名 大野 智子 生年月日 昭 58.6.24	妻	12月 経理事務	1,440,000
氏名 生年月日			
㊽ 専従者給与(控除)額の合計額			1,440,000

3 その他の控除を記入

生命保険料控除、医療費控除、小規模企業共済等掛金控除など（詳しくはP50〜55参照）の内容を記入し、第一表の同じ番号へ転記する

4 扶養控除を記入

配偶者控除や扶養控除に該当する家族がいる場合は、氏名や生年月日などを記入。第一表の同じ番号へ転記する

5 事業専従者の詳細を記入

事業専従者の給与や仕事内容などの詳細を記入し、㊽に合計額を計算する

START

1 提出先の税務署を記入

確定申告書は住所地を管轄する税務署へ提出する。日付は収支内訳書と同様に、提出日を記入する

2 1年間の収入を記入

青色申告決算書で計算した1年間の収入（青色申告決算書の①）を転記する

3 1年間の所得を記入

青色申告決算書で計算した1年間の所得＝収入ー経費など（青色申告決算書の㊺）を転記する

4 該当する控除を記入

確定申告書B第二表の社会保険料控除⑫、生命保険料控除（5万円が上限）⑭を転記する

5 基礎控除額を記入

自分に対する控除（基礎控除＝38万円）を記入。配偶者や扶養家族がいる場合は㉑〜㉓へも記入する

CASE 3 青色申告（支払調書なし）の場合

支払調書がない分 帳簿を細かくつける必要あり

個人客に商品や技術を提供することで収入を得る事業の場合は、支払調書がなく源泉徴収もされていないから、確定申告をして所得税を納付しよう。

支払調書がない場合は、売上を記載する現金出納帳が収入を裏付ける基本になる。入金ごとに記帳するのが基本だが、少額な現金売上が中心の事業の場合は、**1日分を一括で記載してもかまわない。しかし、必ず帳簿上の残高と現金額を一致させておく**こと。

特に注意しなくてはいけないのが、申告書の提出期限＝税金の納付期限だということ。納付の可能性がある人は、申告書と一緒に納付書も入手しておこう。

PERSONAL DATA

太田尚美さん（30歳）

［職業：エステティシャン］

家族　夫

住所　自宅＝東京都三鷹市
店舗＝東京都練馬区

プロフィール

結婚を機に自分のサロンを持つ。営業時間やサービス内容を自分で決められるのが楽しい。職住接近が長続きの秘訣と考えている

今年の収支状況

口コミで評判が広がっているようで新規のお客さんも多く、順調な1年だった。一人でやれる範囲でマイペースで続けていきたい

収入

内容	収入金額
施術費	600万円
化粧品の売上	150万円
合計	750万円

減価償却する資産

名称	取得年月	取得価額
美容機器	平成21年4月	45万円
美容機器	平成22年1月	35万円

経費

科目	金額
家賃	96万円
水道光熱費	18万円
化粧品代	225万円
リース料	30万円
旅費交通費	5万円
通信費	12万円
研修費	20万円
消耗品費	60万円
合計	466万円

税金

申告納税額	5万8000円

CASE 3 「青色申告決算書 1」の書き方

START

1 収入金額を転記する

2ページ左上の「月別売上（収入）金額及び仕入金額」に記入した、売上（収入）金額の合計を記入する

4 費用を科目別に記入する

帳簿をもとに、科目ごとに1年間の費用を合計し、それぞれの欄に記入する

5 減価償却費を転記する

3ページ上の「減価償却費の計算」に記入した減価償却費を転記。記入するのは㋷本年分の必要経費算入額の合計

6 地代家賃を転記する

3ページ左下の「地代家賃の内訳」に記入した地代家賃を転記（複数ある場合は合計額）。記入するのは右端の「左の賃借料のうち必要経費算入額」

2 売上原価を記入する

2ページ左上の「月別売上(収入)金額及び仕入金額」に記入した、仕入金額の合計を③へ、②は期首、⑤は期末の棚卸額を記入する

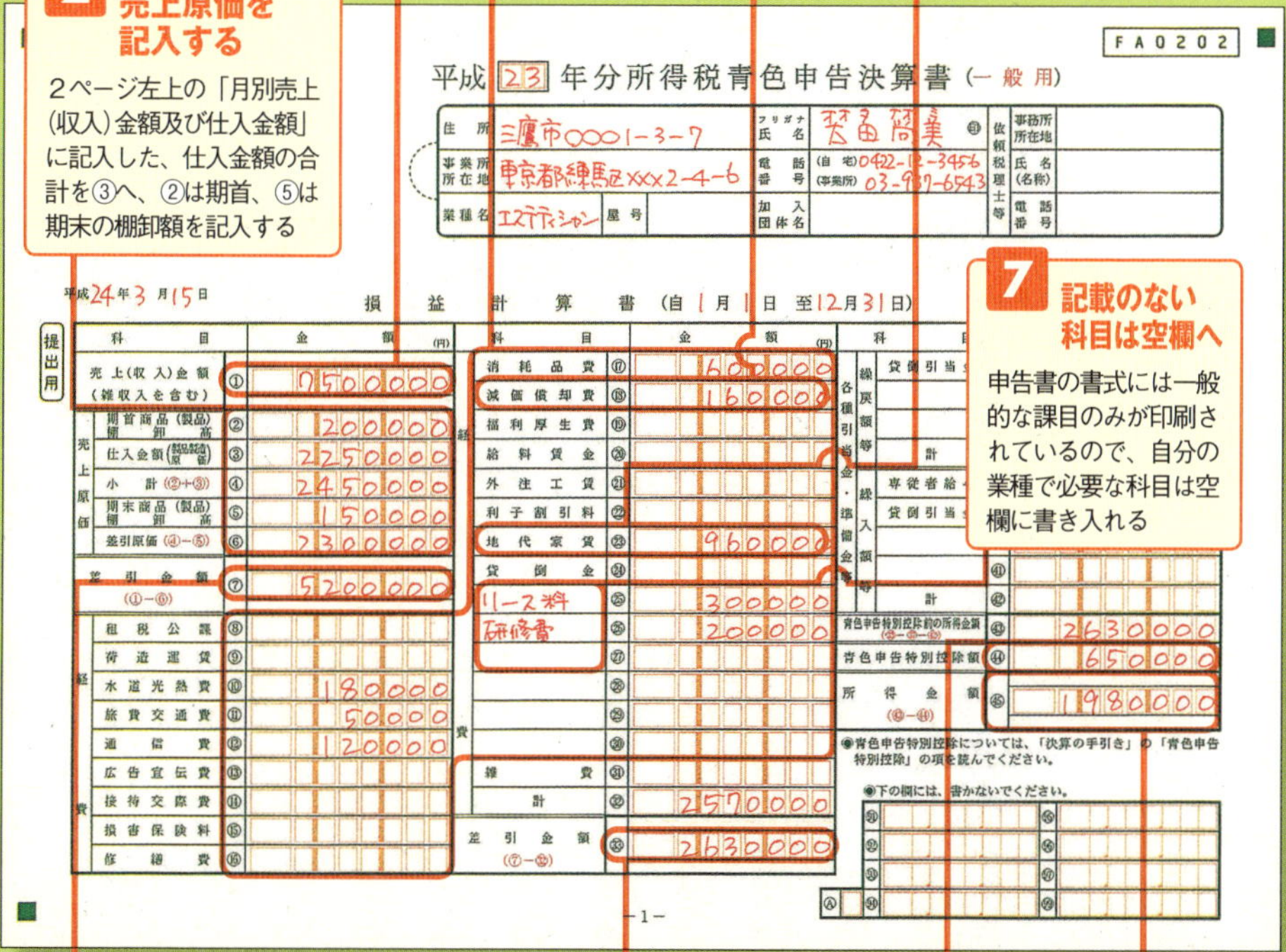

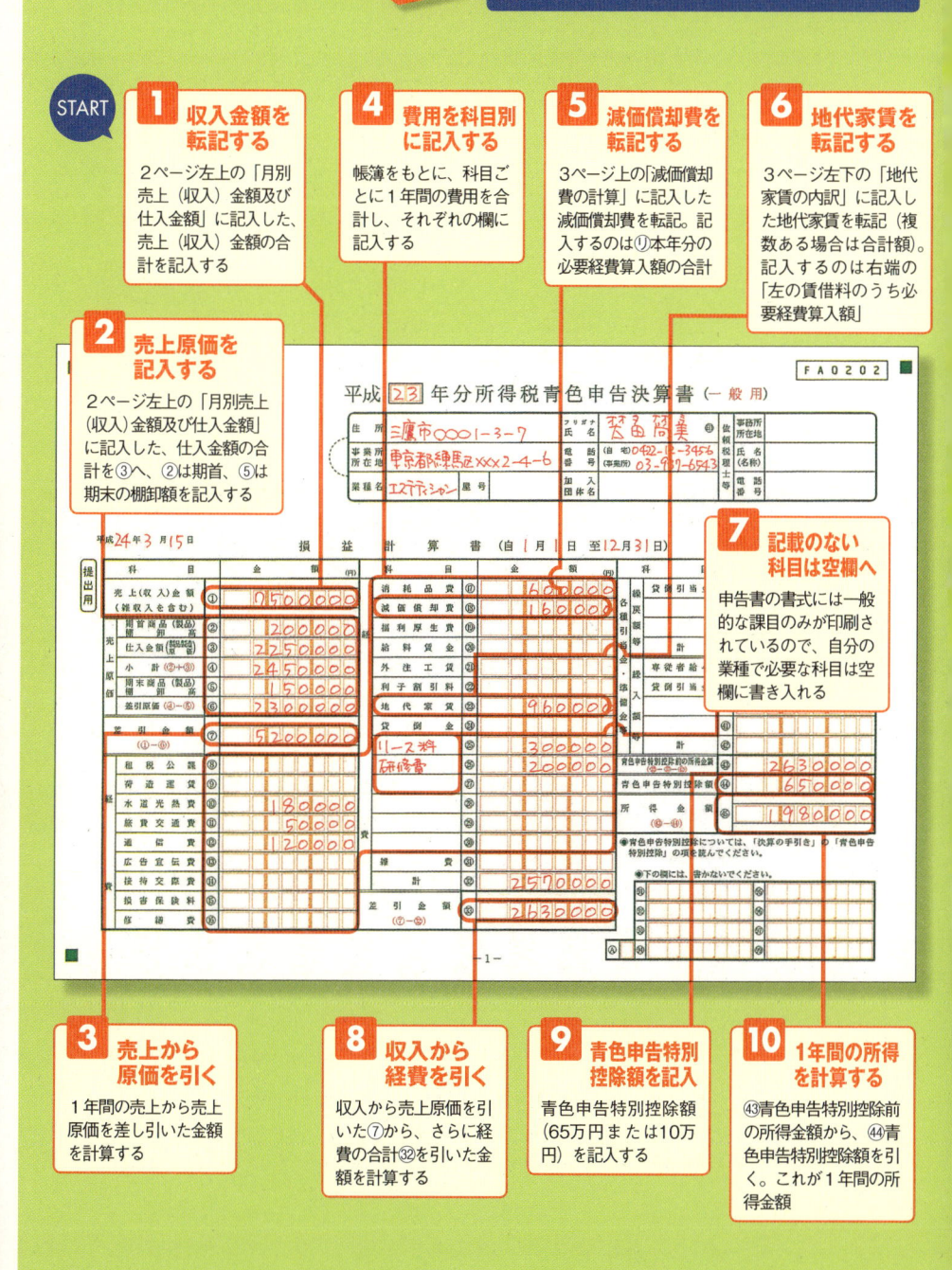

FA0202

平成23年分所得税青色申告決算書（一般用）

住所	三鷹市○○○1-3-7	フリガナ 氏名	[illegible] ㊞	依頼税理士等	事務所所在地
事業所所在地	東京都練馬区xxx2-4-6	電話番号	(自宅)0422-12-3456 (事業所)03-937-6543		氏名(名称)
業種名	エステティシャン 屋号	加入団体名			電話番号

平成24年3月15日

提出用

損益計算書（自1月1日 至12月31日）

科目		金額(円)
売上(収入)金額(雑収入を含む)	①	7500000
売上原価 期首商品(製品)棚卸高	②	200000
仕入金額(製品製造原価)	③	2250000
小計(②+③)	④	2450000
期末商品(製品)棚卸高	⑤	150000
差引原価(④−⑤)	⑥	2300000
差引金額(①−⑥)	⑦	5200000
経費 租税公課	⑧	
荷造運賃	⑨	
水道光熱費	⑩	180000
旅費交通費	⑪	50000
通信費	⑫	120000
広告宣伝費	⑬	
接待交際費	⑭	
損害保険料	⑮	
修繕費	⑯	

科目		金額(円)
消耗品費	⑰	600000
減価償却費	⑱	160000
福利厚生費	⑲	
給料賃金	⑳	
外注工賃	㉑	
利子割引料	㉒	
地代家賃	㉓	960000
貸倒金	㉔	
リース料	㉕	300000
研修費	㉖	200000
	㉗	
	㉘	
	㉙	
	㉚	
雑費	㉛	
計	㉜	2570000
差引金額(⑦−㉜)	㉝	2630000

科目		金額(円)
各種引当金・準備金等 繰戻額等 貸倒引当金		
計		
繰入額等 専従者給与		
貸倒引当金		
	㊶	
計	㊷	
青色申告特別控除前の所得金額	㊸	2630000
青色申告特別控除額	㊹	650000
所得金額(㊸−㊹)	㊺	1980000

●青色申告特別控除については、「決算の手引き」の「青色申告特別控除」の項を読んでください。

●下の欄には、書かないでください。

−1−

7 記載のない科目は空欄へ

申告書の書式には一般的な課目のみが印刷されているので、自分の業種で必要な科目は空欄に書き入れる

3 売上から原価を引く

1年間の売上から売上原価を差し引いた金額を計算する

8 収入から経費を引く

収入から売上原価を引いた⑦から、さらに経費の合計㉜を引いた金額を計算する

9 青色申告特別控除額を記入

青色申告特別控除額（65万円または10万円）を記入する

10 1年間の所得を計算する

㊸青色申告特別控除前の所得金額から、㊹青色申告特別控除額を引く。これが1年間の所得金額

CASE 3 「青色申告決算書 2〜4」の書き方

日常の売上や仕入の記帳が決算書作成の手間に直結

START

1 月別の収入を記入する

帳簿をもとに、月ごとの収入を記入する

青色申告決算書 2

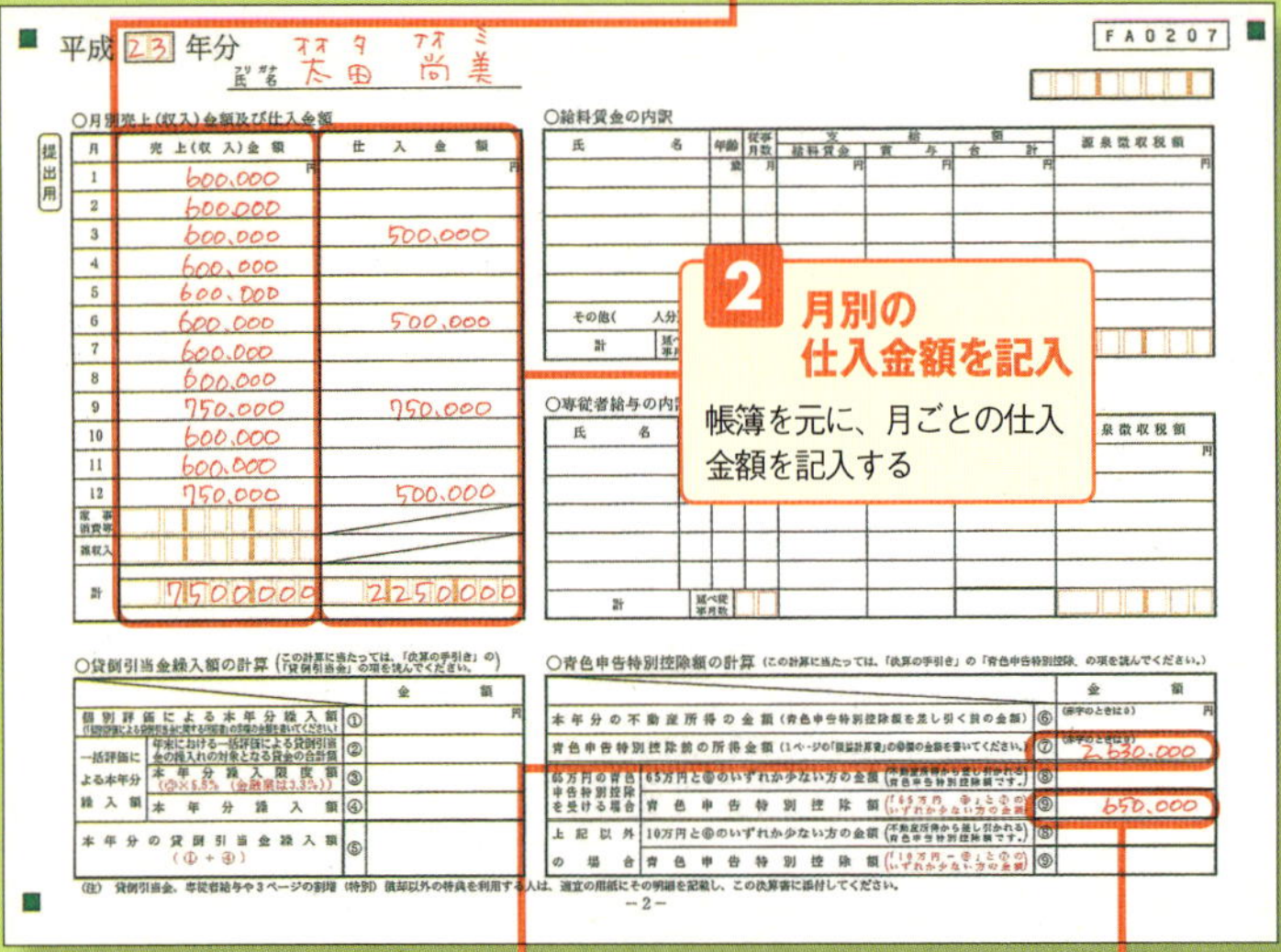

平成 23 年分　氏名《フリガナ》 太田《オオタ》 尚美《ナオミ》

○月別売上（収入）金額及び仕入金額

月	売上（収入）金額	仕入金額
1	600,000	
2	600,000	
3	600,000	500,000
4	600,000	
5	600,000	
6	600,000	500,000
7	600,000	
8	600,000	
9	750,000	750,000
10	600,000	
11	600,000	
12	750,000	500,000
家事消費等		
雑収入		
計	7500000	2250000

○青色申告特別控除額の計算

			金額
本年分の不動産所得の金額（青色申告特別控除額を差し引く前の金額）		⑥	
青色申告特別控除前の所得金額（1ページの「損益計算書」の㊸欄の金額を書いてください。）		⑦	2,630,000
65万円の青色申告特別控除を受ける場合	65万円と⑥のいずれか少ない方の金額（不動産所得から差し引かれる青色申告特別控除額です。）	⑧	
	青色申告特別控除額（「65万円－⑧」と⑦のいずれか少ない方の金額）	⑨	650,000
上記以外の場合	10万円と⑥のいずれか少ない方の金額（不動産所得から差し引かれる青色申告特別控除額です。）	⑧	
	青色申告特別控除額（「10万円－⑧」と⑦のいずれか少ない方の金額）	⑨	

2 月別の仕入金額を記入

帳簿を元に、月ごとの仕入金額を記入する

3 所得金額を転記

1ページで計算した㊸青色申告特別控除前の所得金額を転記する

4 青色申告特別控除額を記入

65万円または10万円の青色申告特別控除額を記入する

売上と仕入は月ごとに管理する

青色申告決算書2ページ目の左上には、月ごとの売上と仕入金額を記入して1年分を合計。開業日や支払い日の関係で、帳簿上は月の途中で締め切っている場合でも、月初から月末までを合計することを求められる。

仕入れた商品などは棚卸も必要。12月31日の決算日時点で棚卸をし、1ページの売上原価に反映させよう。

4 固定資産の残高

減価償却をする必要がある固定資産の期末残高をここに表記する

5 必要経費外は事業主貸

必要経費にならない個人的な支出などは事業主貸という科目で整理する

6 1ページから転記

1ページの㊸青色申告特別控除前の所得金額を転記する

青色申告決算書 3

START

○減価償却費の計算

減価償却資産の名称等(繰延資産を含む)	面積又は数量	取得年月	㋑取得価額(償却保証額)	㋺償却の基礎になる金額	償却方法	耐用年数	㋩償却率又は改定償却率	㋥本年中の償却期間	㋭本年分の普通償却費(㋺×㋩×㋥)	㋬割増(特別)償却費	㋣本年分の償却費合計(㋭+㋬)	㋠事業専用割合	㋷本年分の必要経費算入額(㋣×㋠)	㋦未償却残高(期末残高)	摘要
美容機器	1	21・4	450,000円 ( )	450,000円	定額	5年	0.200	12/12月	90,000円	円	90,000円	100%	90,000円	202,500円	
〃	1	22・1	350,000 ( )	350,000	〃	5	0.200	12/12	70,000		70,000	100	70,000	210,000	
		・	( )					/12							
		・	( )					/12							
		・	( )					/12							
		・	( )					/12							
		・	( )					/12							
		・	( )					/12							
		・	( )					/12							
		・	( )					/12							
		・	( )					/12							
計									160,000		160,000		160,000	412,500	

(注) 平成19年4月1日以後に取得した減価償却資産について定率法を採用する場合にのみ㋑欄のカッコ内に償却保証額を記入します。

○利子割引料の内訳(金融機関を除く)

支払先の住所・氏名	期末現在の借入金等の金額	本年中の利子割引料	左のうち必要経費算入額
	円	円	円

○税理士・弁護士等の報酬・料金の内訳

支払先の住所・氏名	本年中の報酬等の金額	左のうち必要経費算入額	源泉徴収税額
	円	円	円

○地代家賃の内訳

支払先の住所・氏名	賃借物件	本年中の賃借料・権利金等	左の賃借料のうち必要経費算入額
東京都練馬区○○2-4-6 XXX不動産	店舗	権更 円 賃 960,000	960,000円
		権更 賃	

◎本年中における特殊事情

－3－

1 減価償却する資産を記入

減価償却の必要がある資産(30万円以上のもの)を、すべて書き出す。国税庁HPの申告書作成コーナーを利用すると、資産の名称、取得価額、取得年月を入力するだけで自動計算してくれる

2 経費となる金額はこれ

事業専用割合を加味した必要経費算入額の合計がここ。この金額を1ページの⑱へ転記する

3 家賃などの明細を記入

家賃や駐車場代などの明細を書き出す。「賃借物件」の欄はマンション、店舗、駐車場など使用状況がわかる表記に

4 経費への算入額を計算

店舗や事務所を事業専用に賃借している場合は、経費として全額算入してかまわない。専用でない場合は使用する割合で計算する

START

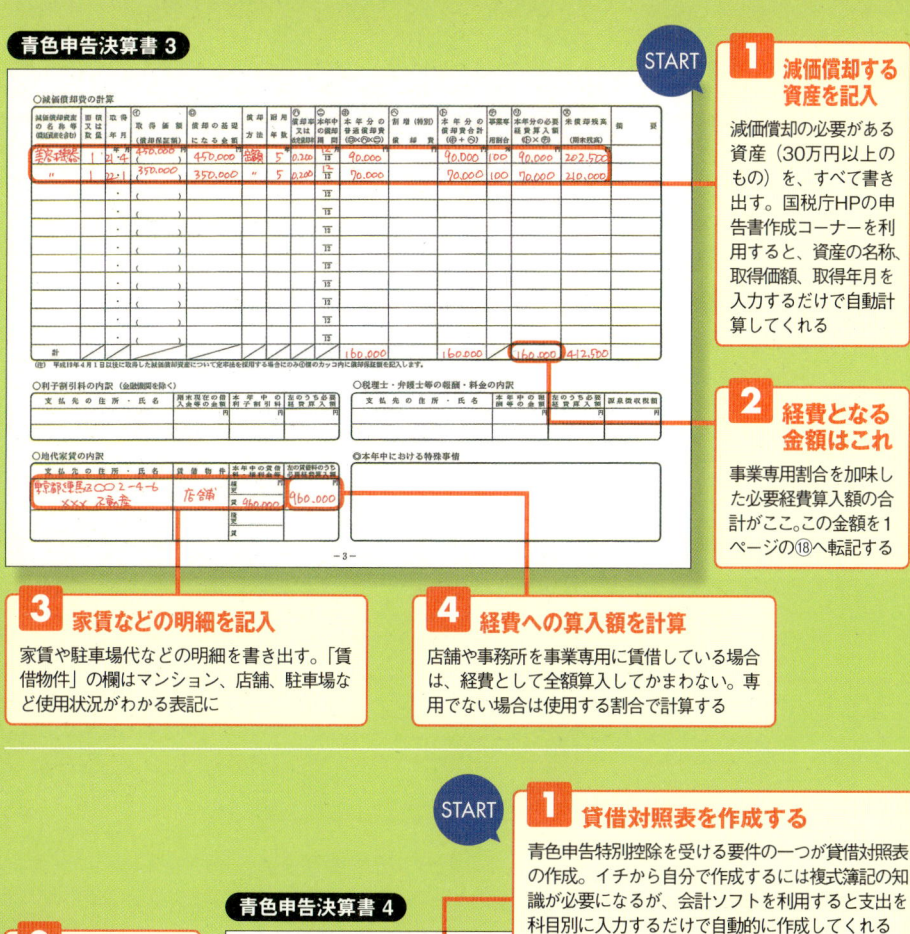

1 貸借対照表を作成する

青色申告特別控除を受ける要件の一つが貸借対照表の作成。イチから自分で作成するには複式簿記の知識が必要になるが、会計ソフトを利用すると支出を科目別に入力するだけで自動的に作成してくれる

青色申告決算書 4

2 日付を記入する

期首は1月1日(または事業開始日)、期末は12月31日(または廃業日)。申告2年目以降は、期首欄は前年の期末欄から転記する

3 現金や預金の残高

現金出納帳や預金出納帳の期末残高をここに転記する

貸借対照表 (資産負債調)

(平成23年12月31日現在)

◆65万円の青色申告特別控除を受ける人は必ず記入してください。それ以外の人でも分かる箇所はできるだけ記入してください。

資産の部 科目	1月1日(期首)	12月31日(期末)	負債・資本の部 科目	1月1日(期首)	12月31日(期末)
現金	128,763円	158,448円	支払手形	円	円
当座預金			買掛金		
定期預金			借入金		
その他の預金	1,548,592	1,861,737	未払金		
受取手形			前受金		
売掛金			預り金		
有価証券					
棚卸資産					
前払金					
貸付金					
建物					
建物附属設備					
機械装置					
車両運搬具			貸倒引当金		
工具 器具 備品	572,500	412,500			
土地					
			事業主借		
			元入金	2,249,855	2,249,855
事業主貸		2,447,170	青色申告特別控除前の所得金額		2,630,000
合計	2,249,855	4,879,855	合計	2,249,855	4,879,855

(注) 「元入金」は、「期首の資産の総額」から「期首の負債の総額」を差し引いて計算します。

製造原価の計算

(原価計算を行っていない人は、記入する必要はありません。)

科目		番号	金額
原材料費	期首原材料棚卸高	①	円
	原材料仕入高	②	
	小計(①+②)	③	
	期末原材料棚卸高	④	
	差引原材料費(③-④)	⑤	
労務費		⑥	
その他の製造経費	外注工賃	⑦	
	電力費	⑧	
	水道光熱費	⑨	
	修繕費	⑩	
	減価償却費	⑪	
		⑫	
		⑬	
		⑭	
		⑮	
		⑯	
		⑰	
		⑱	
		⑲	
	雑費	⑳	
	計	㉑	
総製造費(⑤+⑥+㉑)		㉒	
期首半製品・仕掛品棚卸高		㉓	
小計(㉒+㉓)		㉔	
期末半製品・仕掛品棚卸高		㉕	
製品製造原価(㉔-㉕)		㉖	

(注) ㉖欄の金額は、1ページの「損益計算書」の③欄に移記してください。

－4－

6 課税される所得を計算

所得⑨から控除される金額㉕を引いて、課税される所得金額を計算する

申告書B 第一表

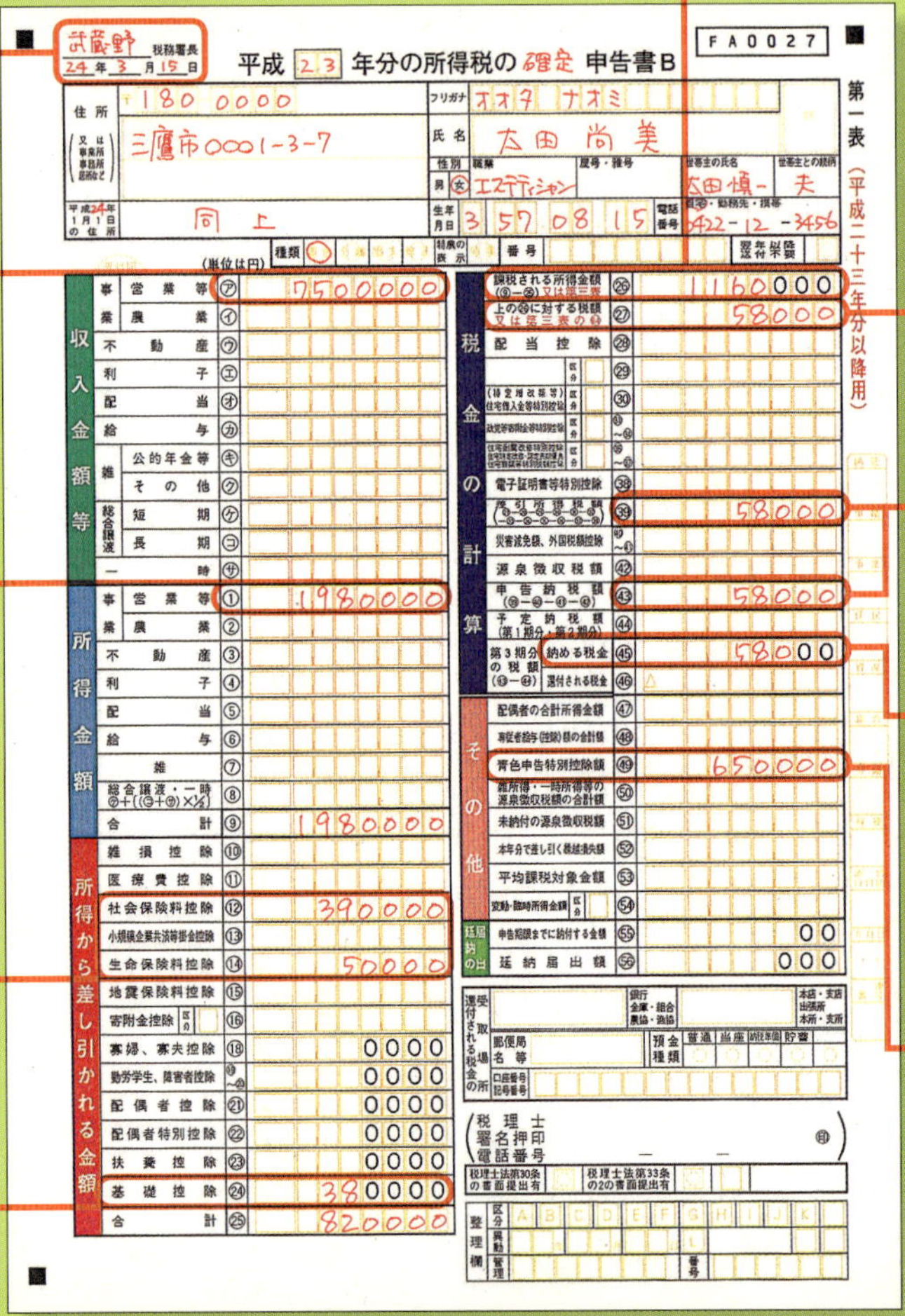
武蔵野 税務署長
24年 3月 15日

平成 23 年分の所得税の 確定 申告書B

FA0027

第一表 (平成二十三年分以降用)

住所(又は事業所 事務所 居所など) 〒180 0000 三鷹市○○○1-3-7

平成24年1月1日の住所 同上

フリガナ オオタ ナオミ

氏名 太田 尚美

性別 女　職業 エステティシャン　屋号・雅号　世帯主の氏名 太田慎一　世帯主との続柄 夫

生年月日 3 57 08 15　電話番号 自宅・勤務先・携帯 0422-12-3456

(単位は円)

収入金額等	事業 営業等	㋐	7500000
	事業 農業	㋑	
	不動産	㋒	
	利子	㋓	
	配当	㋔	
	給与	㋕	
	雑 公的年金等	㋖	
	雑 その他	㋗	
	総合譲渡 短期	㋘	
	総合譲渡 長期	㋙	
	一時	㋚	
所得金額	事業 営業等	①	1980000
	事業 農業	②	
	不動産	③	
	利子	④	
	配当	⑤	
	給与	⑥	
	雑	⑦	
	総合譲渡・一時 ㋘+{(㋙+㋚)×½}	⑧	
	合計	⑨	1980000
所得から差し引かれる金額	雑損控除	⑩	
	医療費控除	⑪	
	社会保険料控除	⑫	390000
	小規模企業共済等掛金控除	⑬	
	生命保険料控除	⑭	50000
	地震保険料控除	⑮	
	寄附金控除 区分	⑯	
	寡婦、寡夫控除	⑱	0000
	勤労学生、障害者控除	⑲～⑳	0000
	配偶者控除	㉑	0000
	配偶者特別控除	㉒	0000
	扶養控除	㉓	0000
	基礎控除	㉔	380000
	合計	㉕	820000

税金の計算	課税される所得金額 (⑨－㉕)又は第三表	㉖	1160000
	上の㉖に対する税額 又は第三表の㊆	㉗	58000
	配当控除	㉘	
	区分	㉙	
	(特定増改築等)住宅借入金等特別控除 区分	㉚	
	政党等寄附金等特別控除 区分	㉛～㉞	
	区分	㉟～㊲	
	電子証明書等特別控除	㊳	
	差引所得税額	㊴	58000
	災害減免額、外国税額控除	㊵～㊶	
	源泉徴収税額	㊷	
	申告納税額 (㊴－㊵－㊶－㊷)	㊸	58000
	予定納税額 (第1期分・第2期分)	㊹	
	第3期分の税額 (㊸－㊹) 納める税金	㊺	58000
	第3期分の税額 (㊸－㊹) 還付される税金	㊻	△
その他	配偶者の合計所得金額	㊼	
	専従者給与(控除)額の合計額	㊽	
	青色申告特別控除額	㊾	650000
	雑所得・一時所得等の源泉徴収税額の合計額	㊿	
	未納付の源泉徴収税額	51	
	本年分で差し引く繰越損失額	52	
	平均課税対象金額	53	
	変動・臨時所得金額 区分	54	
延納の届出	申告期限までに納付する金額	55	00
	延納届出額	56	000

還付される税金の受取場所　銀行 金庫・組合 農協・漁協　本店・支店 出張所 本所・支所　郵便局名等　預金種類 普通 当座 納税準備 貯蓄　口座番号 記号番号

(税理士 署名押印 電話番号 　㊞)

税理士法第30条の書面提出有　税理士法第33条の2の書面提出有

整理欄 区分 A B C D E F G H I J K　異動　管理　番号

7 支払うべき所得税額を計算

課税される所得金額が195万円以下の場合の税額は、所得金額×5%（詳しくはP25参照）。116万円 ×5%＝5万8000円 となる

8 申告納税額を記入

㉗で計算した申告する納税額を転記する

9 これが支払う所得税額

確定申告書の提出期限＝所得税の納付期限だから、支払いも忘れずに。忘れると延滞税を取られる

10 青色申告特別控除額を記入

65万円または10万円の、青色申告特別控除額を記入する

START

1 社会保険料を記入

国民健康保険、国民年金など1年に支払った社会保険料を、送付されたハガキをもとに記入

2 その他の控除を記入

生命保険控除、医療費控除、小規模企業共済等掛金控除など（詳しくはP50〜55参照）の内容を記入し、第一表の同じ番号へ転記する

申告書B 第二表

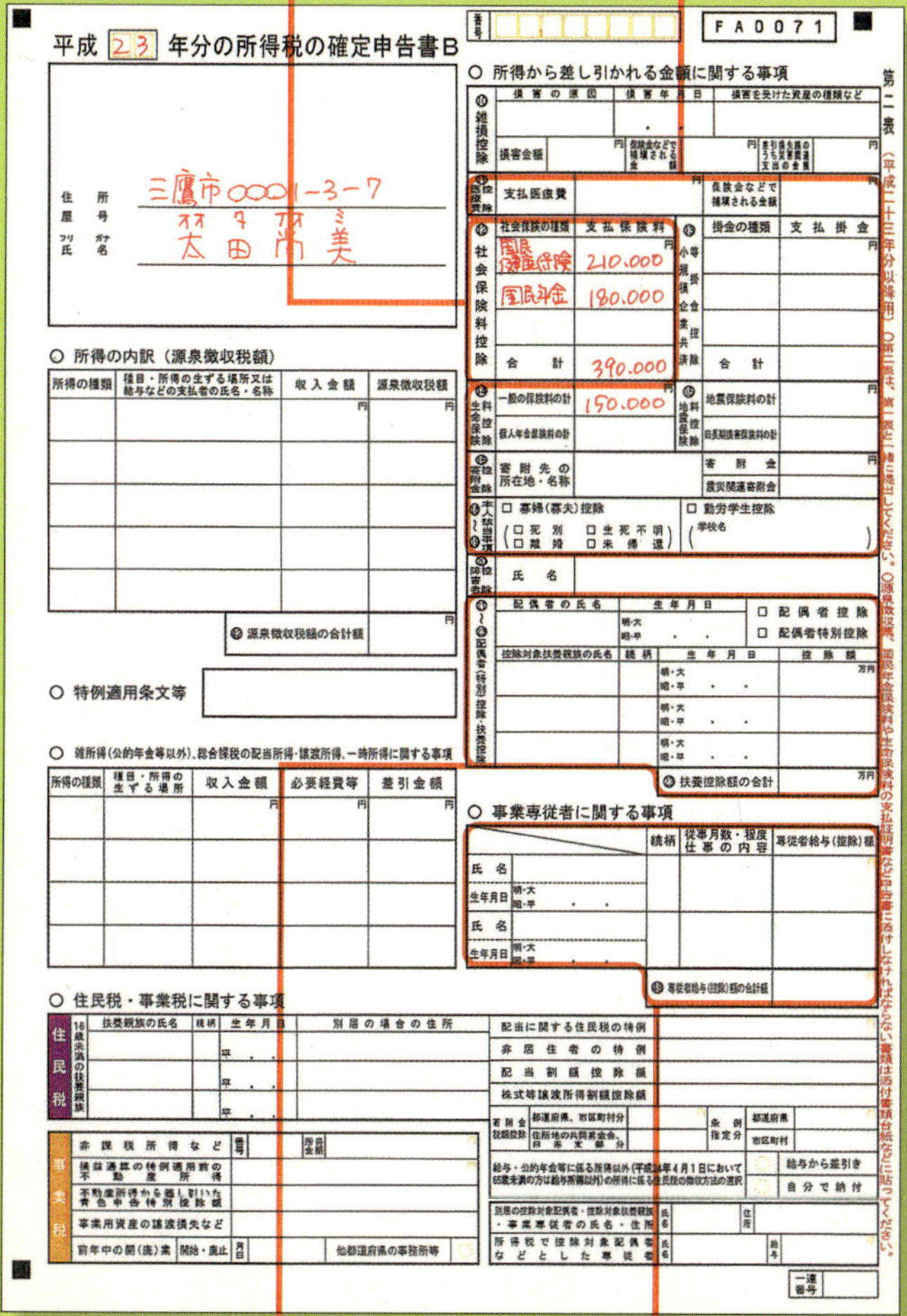
平成 23 年分の所得税の確定申告書B

FA0071

住所 三鷹市○○○1-3-7
屋号
フリガナ オオタ ナオミ
氏名 太田尚美

○ 所得の内訳（源泉徴収税額）

所得の種類	種目・所得の生ずる場所又は給与などの支払者の氏名・名称	収入金額	源泉徴収税額
		円	円
		㊾ 源泉徴収税額の合計額	円

○ 特例適用条文等

○ 雑所得（公的年金等以外）、総合課税の配当所得・譲渡所得、一時所得に関する事項

所得の種類	種目・所得の生ずる場所	収入金額	必要経費等	差引金額
		円	円	円

○ 所得から差し引かれる金額に関する事項

⑩ 雑損控除：損害の原因／損害年月日／損害を受けた資産の種類など／損害金額 円／保険金などで補塡される金額 円／差引損失額のうち災害関連支出の金額 円

⑪ 医療費控除：支払医療費 円／保険金などで補塡される金額 円

⑫ 社会保険料控除

社会保険の種類	支払保険料
国民健康保険	210,000 円
国民年金	180,000
合計	390,000

⑬ 小規模企業共済等掛金控除

掛金の種類	支払掛金
	円
合計	

⑭ 生命保険料控除：一般の保険料の計 150,000 円／個人年金保険料の計

⑮ 地震保険料控除：地震保険料の計 円／旧長期損害保険料の計

⑯ 寄附金控除：寄附先の所在地・名称／寄附金 円／震災関連寄附金

⑰〜⑲ 本人該当事項：□ 寡婦（寡夫）控除（□ 死別 □ 生死不明 □ 離婚 □ 未帰還）□ 勤労学生控除（学校名）

⑳ 障害者控除：氏名

㉑〜㉓ 配偶者（特別）控除・扶養控除

配偶者の氏名	生年月日	
	明・大 昭・平 . .	□ 配偶者控除 □ 配偶者特別控除

控除対象扶養親族の氏名	続柄	生年月日	控除額
		明・大 昭・平 . .	万円
		明・大 昭・平 . .	
		明・大 昭・平 . .	
		㉓ 扶養控除額の合計	万円

○ 事業専従者に関する事項

	続柄	従事月数・程度 仕事の内容	専従者給与（控除）額
氏名 / 生年月日 明・大 昭・平 . .			
氏名 / 生年月日 明・大 昭・平 . .			
		㊽ 専従者給与（控除）額の合計額	

○ 住民税・事業税に関する事項

住民税：16歳未満の扶養親族（扶養親族の氏名／続柄／生年月日 平 . .／別居の場合の住所）

配当に関する住民税の特例／非居住者の特例／配当割額控除額／株式等譲渡所得割額控除額／寄附金税額控除（都道府県、市区町村分／住所地の共同募金会、日赤支部分）／条例指定分（都道府県／市区町村）

給与・公的年金等に係る所得以外（平成24年4月1日において65歳未満の方は給与所得以外）の所得に係る住民税の徴収方法の選択：給与から差引き／自分で納付

別居の控除対象配偶者・控除対象扶養親族・事業専従者の氏名・住所（氏名／住所）

所得税で控除対象配偶者などとした専従者（氏名／給与）

事業税：非課税所得など（番号／所得金額）／損益通算の特例適用前の不動産所得／不動産所得から差し引いた青色申告特別控除額／事業用資産の譲渡損失など／前年中の開（廃）業（開始・廃止 月日）／他都道府県の事務所等

一連番号

第二表（平成二十三年分以降用）○第二表は、第一表と一緒に提出してください。○源泉徴収票、国民年金保険料や生命保険料の支払証明書など申告書に添付しなければならない書類は添付書類台紙などに貼ってください。

3 扶養控除を記入

配偶者控除や扶養控除に該当する家族がいる場合は、氏名や生年月日などを記入。第一表の同じ番号へ転記する

4 事業専従者の詳細を記入

事業専従者がいる場合は給与や仕事内容などの詳細を記入し、㊽に合計額を計算する

START

1 提出先の税務署を記入

確定申告書は住所地を管轄する税務署へ提出する。日付は収支内訳書と同様に、提出日を記入する

2 1年間の収入を記入

青色申告決算書で計算した1年間の収入（青色申告決算書の①）を転記する

3 1年間の所得を記入

青色申告決算書で計算した1年間の所得＝収入ー経費など（青色申告決算書の㊺）を転記する

4 該当する控除を記入

確定申告書B第二表の社会保険料控除⑫、生命保険料控除⑭（5万円が上限）を転記する

5 基礎控除額を記入

自分に対する控除（基礎控除＝38万円）を記入。配偶者や扶養家族がいる場合は㉑〜㉓へも記入する

CASE 4

青色申告（赤字）の場合

翌年以降への繰越しと前年との相殺の2種類がある

赤字の場合の申告方法には、翌年以降に損失を繰越す「繰越し控除」と、前年の黒字と今年の赤字を相殺して所得税の還付を受ける「繰戻し還付」がある。

繰越し控除が一般的だが、翌年以降も業績がよくなる見込みが低く、少しでも還付金を受け取りたい場合は、繰戻し還付の制度を活用しよう。

赤字申告に必要な書類はこれ!

●損失を繰越す場合
→確定申告書（損失申告用）第四表（一）、（二）

●損失を繰戻す場合
→確定申告書（損失申告用）第四表（一）
→純損失の金額の繰戻しによる所得税の還付請求書

PERSONAL DATA

清水一郎さん（35歳）

［職業：フリーライター］

家族 妻

住所 東京都新宿区（自宅・事務所）

プロフィール

家賃負担は大きいけれど、事務所と考えれば利便性は譲れない。せっかく青色申告をしているのに、今年はそのメリットも使えず

今年の収支状況

景気の悪化を見事に受け、フリーになって最低の収入。この歳になって赤字申告をすることになるとは考えてもいなかった

収入

支払元	収入金額	源泉徴収税額
F出版株式会社	100万円	10万円
G株式会社	100万円	10万円
株式会社H	80万円	8万円
株式会社I	70万円	7万円
J株式会社	50万円	5万円
合計	400万円	40万円

減価償却する資産

名称	取得年月	取得価額
車両	平成20年1月	250万円
パソコン	平成21年5月	35万円

経費

科目	金額
家賃	240万円
水道光熱費	12万円
旅費交通費	60万円
通信費	36万円
取材費	60万円
消耗品費	24万円
新聞・図書費	50万円
修繕費	10万円
雑費	35万8500円
合計	527万8500円

税金

支払い納税額	0万円
還付される税金	40万円

CASE 4 「青色申告決算書 1」の書き方

START

1 収入金額を転記する

２ページ左上の「月別売上（収入）金額及び仕入金額」に記入した、売上（収入）金額の合計を記入する

2 費用を科目別に記入する

帳簿をもとに、科目ごとに１年間の費用を合計し、それぞれの欄に記入する

3 減価償却費を転記する

3ページ上の「減価償却費の計算」に記入した減価償却費を転記。記入するのはⓇ本年分の必要経費算入額の合計

4 地代家賃を転記する

３ページ左下の「地代家賃の内訳」に記入した地代家賃を転記（複数ある場合は合計額）。記入するのは右端の「左の賃借料のうち必要経費算入額」

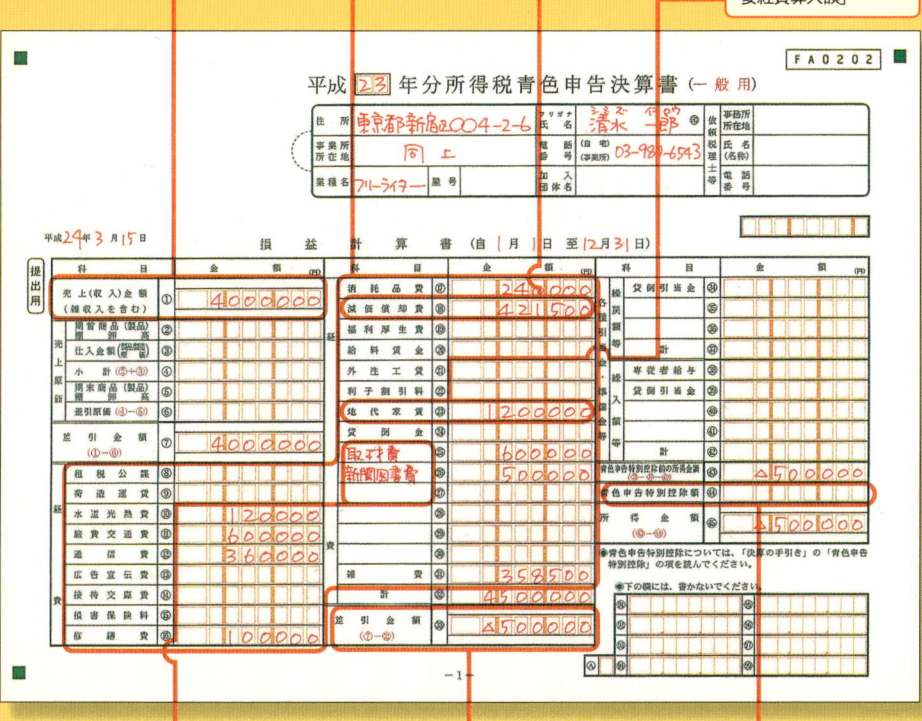

FA0202

平成23年分所得税青色申告決算書（一般用）

住所	東京都新宿区○○4-2-6	フリガナ 氏名	清水《シミズ》 一郎《イチロウ》 ㊞	依頼税理士等 事務所所在地	
事業所所在地	同上	電話番号	（自宅）（事業所） 03-98[illegible]-6543	氏名（名称）	
業種名	フリーライター　屋号	加入団体名		電話番号	

平成24年3月15日

損益計算書（自1月1日至12月31日）

提出用

科目		金額（円）
売上（収入）金額（雑収入を含む）	①	4000000
売上原価　期首商品（製品）棚卸高	②	
仕入金額（製品製造原価）	③	
小計（②+③）	④	
期末商品（製品）棚卸高	⑤	
差引原価（④−⑤）	⑥	
差引金額（①−⑥）	⑦	4000000
経費　租税公課	⑧	
荷造運賃	⑨	
水道光熱費	⑩	120000
旅費交通費	⑪	600000
通信費	⑫	360000
広告宣伝費	⑬	
接待交際費	⑭	
損害保険料	⑮	
修繕費	⑯	100000

科目		金額（円）
経費　消耗品費	⑰	240000
減価償却費	⑱	421500
福利厚生費	⑲	
給料賃金	⑳	
外注工賃	㉑	
利子割引料	㉒	
地代家賃	㉓	1200000
貸倒金	㉔	
取材費	㉕	600000
新聞図書費	㉖	500000
	㉗	
	㉘	
	㉙	
	㉚	
雑費	㉛	358500
計	㉜	4500000
差引金額（⑦−㉜）	㉝	△500000

科目		金額（円）
各種引当金・準備金等　繰戻額等　貸倒引当金	㉞	
	㉟	
	㊱	
計	㊲	
繰入額等　専従者給与	㊳	
貸倒引当金	㊴	
	㊵	
	㊶	
計	㊷	
青色申告特別控除前の所得金額（㉝＋㊲−㊷）	㊸	△500000
青色申告特別控除額	㊹	
所得金額（㊸−㊹）	㊺	△500000

●青色申告特別控除については、「決算の手引き」の「青色申告特別控除」の項を読んでください。

●下の欄には、書かないでください。

㊾		㊺	
㊾		㊻	
㊾		㊼	
Ⓐ ㊾		㊽	

−1−

5 記載のない科目は空欄へ

申告書の書式には一般的な課目のみが印刷されているので、自分の業種で必要な科目は空欄に書き入れる

6 収入から経費を引く

収入⑦から経費の合計㉜を引いた金額を計算し記入する

7 赤字の場合は空欄のまま

青色申告承認申請書を提出していても、赤字の場合は控除されないので空欄のまま

赤字の原因はどこにある？ 確定申告で事業内容の反省を

START

1 月別の収入を記入する

帳簿をもとに、月ごとの収入を記入する

青色申告決算書 2

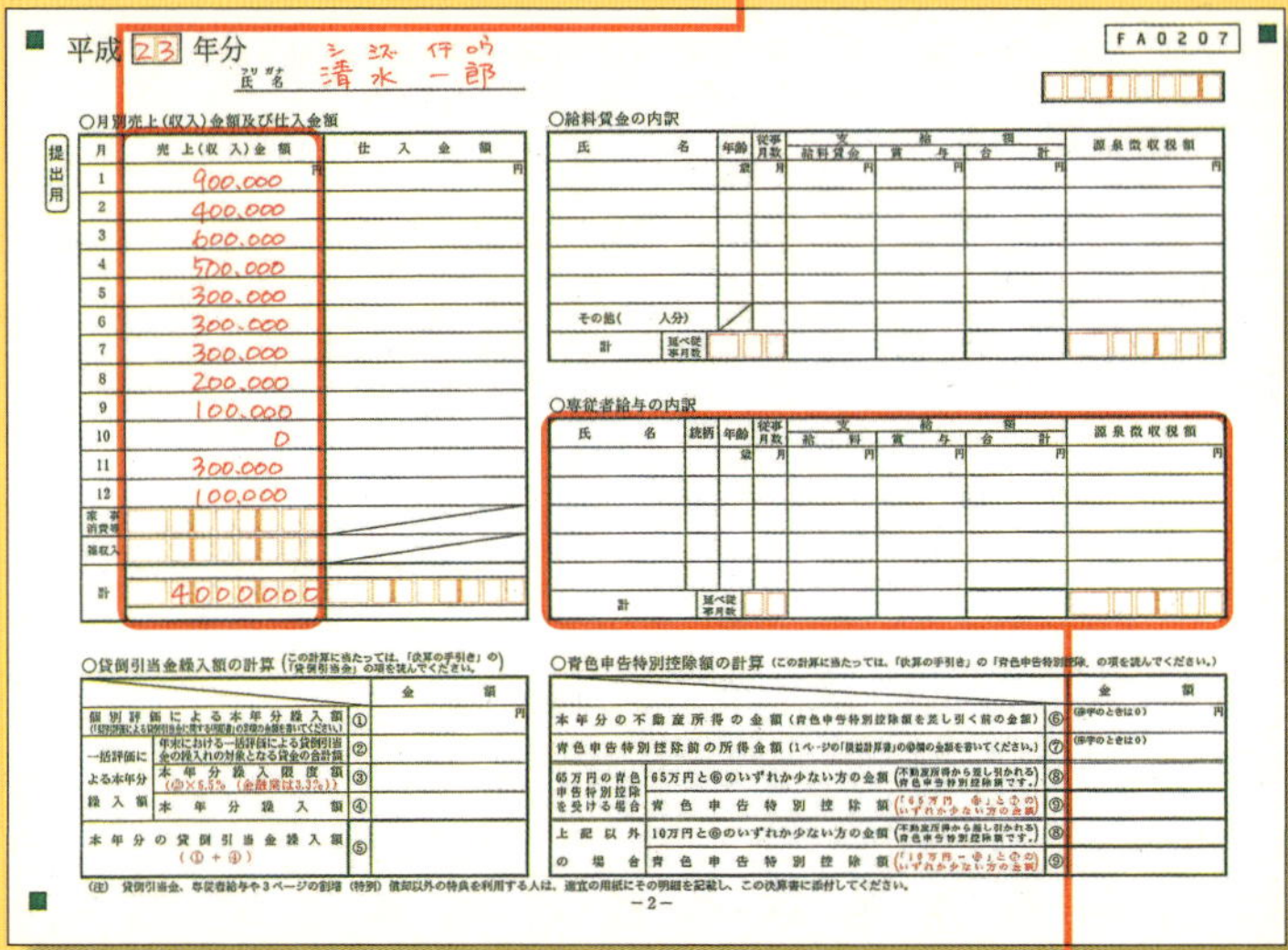
平成 23 年分　FA0207

氏名《フリガナ》　清水《シミズ》 一郎《イチロウ》

○月別売上（収入）金額及び仕入金額

月	売上（収入）金額	仕入金額
1	900,000 円	円
2	400,000	
3	600,000	
4	500,000	
5	300,000	
6	300,000	
7	300,000	
8	200,000	
9	100,000	
10	0	
11	300,000	
12	100,000	
家事消費等		
雑収入		
計	4000000	

○給料賃金の内訳

氏名	年齢	従事月数	給料賃金	賞与	合計	源泉徴収税額
	歳	月	円	円	円	円
その他（　人分）						
計	延べ従事月数					

○専従者給与の内訳

氏名	続柄	年齢	従事月数	給料	賞与	合計	源泉徴収税額
		歳	月	円	円	円	円
計		延べ従事月数					

○貸倒引当金繰入額の計算（この計算に当たっては、「決算の手引き」の「貸倒引当金」の項を読んでください。）

		金額
個別評価による本年分繰入額（「個別評価による貸倒引当金に関する明細書」の③欄の金額を書いてください。）	①	円
一括評価による本年分繰入額　年末における一括評価による貸倒引当金の繰入れの対象となる貸金の合計額	②	
本年分繰入限度額（②×5.5%（金融業は3.3%））	③	
本年分繰入額	④	
本年分の貸倒引当金繰入額（①＋④）	⑤	

○青色申告特別控除額の計算（この計算に当たっては、「決算の手引き」の「青色申告特別控除」の項を読んでください。）

		金額
本年分の不動産所得の金額（青色申告特別控除額を差し引く前の金額）	⑥	（赤字のときは0）円
青色申告特別控除前の所得金額（1ページの「損益計算書」の㊸欄の金額を書いてください。）	⑦	（赤字のときは0）
65万円の青色申告特別控除を受ける場合　65万円と⑥のいずれか少ない方の金額（不動産所得から差し引かれる青色申告特別控除額です。）	⑧	
青色申告特別控除額（「65万円－⑧」と⑦のいずれか少ない方の金額）	⑨	
上記以外の場合　10万円と⑥のいずれか少ない方の金額（不動産所得から差し引かれる青色申告特別控除額です。）	⑧	
青色申告特別控除額（「10万円－⑧」と⑦のいずれか少ない方の金額）	⑨	

（注）貸倒引当金、専従者給与や3ページの割増（特別）償却以外の特典を利用する人は、適宜の用紙にその明細を記載し、この決算書に添付してください。

－2－

2 専従者の給与を記入

赤字の場合でも「青色事業専従者給与に関する届出書」を提出済で支払いをした場合は記入

開業年は赤字になりやすいので最初から青色申告を

収入より経費が多かった。基礎控除や社会保険料控除はもちろん、青色申告特別控除額など各種の控除額を差し引く前の段階で、すでに経費が収入を上回ってしまった状態を指す（青色申告決算書の1ページ㉝欄がマイナス）。決算書の作成方法は赤字の場合も同じだが、青色申告特別控除額の特例は利用できないので記入は不要となる。

4 固定資産の残高

減価償却をする必要がある固定資産の期末残高をここに表記する

5 必要経費外は事業主貸

必要経費にならない個人的な支出などは事業主貸という科目で整理する

6 1ページから転記

1ページの㊸青色申告特別控除前の所得金額を転記する

青色申告決算書 3

START

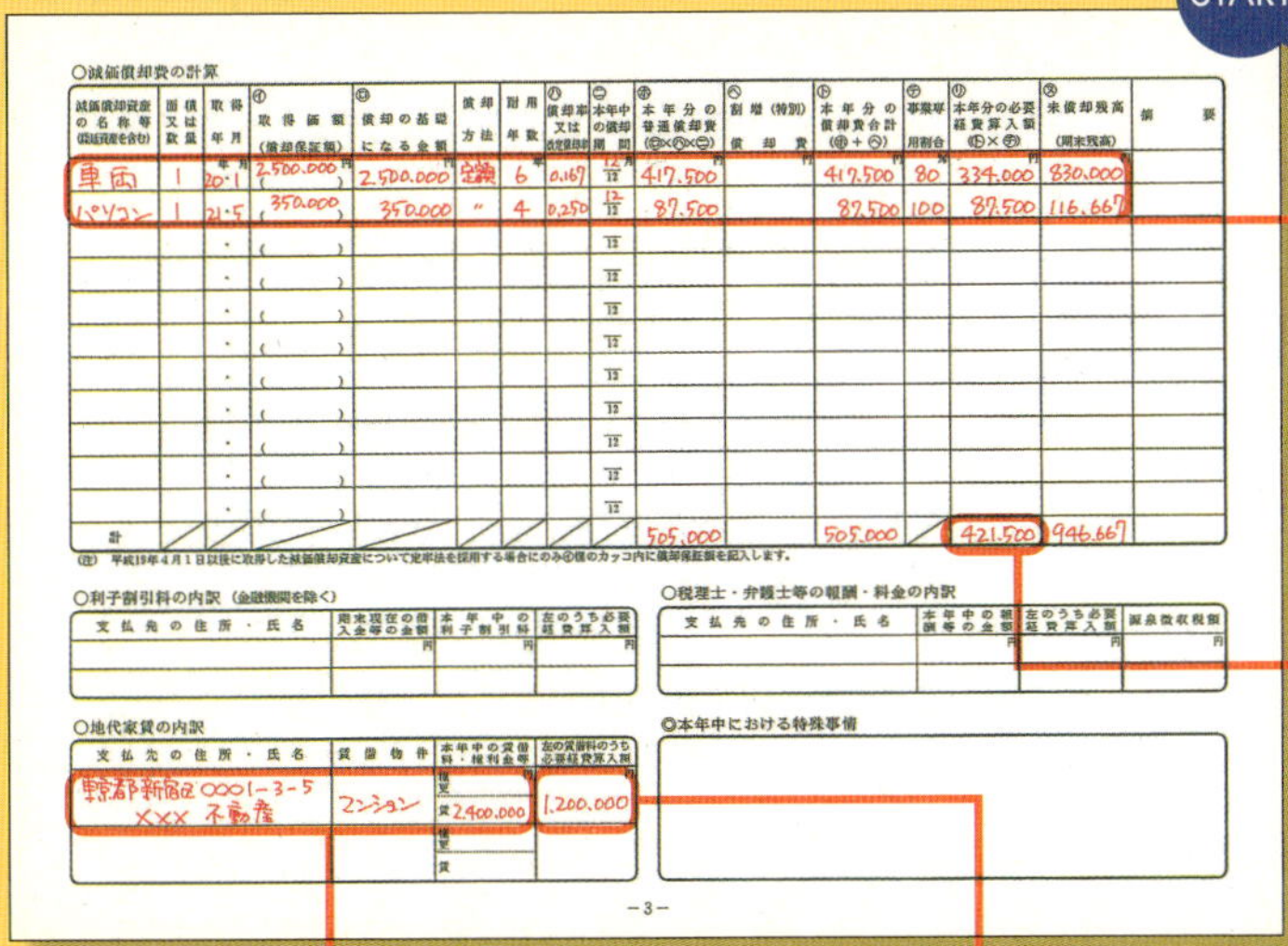

○減価償却費の計算

減価償却資産の名称等（繰延資産を含む）	面積又は数量	取得年月	㋑取得価額（償却保証額）	㋺償却の基礎になる金額	償却方法	耐用年数	㋩償却率又は改定償却率	㋥本年中の償却期間	㋭本年分の普通償却費（㋺×㋩×㋥）	㋬割増（特別）償却費	㋣本年分の償却費合計（㋭＋㋬）	㋠事業専用割合	㋷本年分の必要経費算入額（㋣×㋠）	㋦未償却残高（期末残高）	摘要
車両	1	20・1	2,500,000	2,500,000	定額	6	0.167	12/12	417,500		417,500	80	334,000	830,000	
パソコン	1	21・5	350,000	350,000	〃	4	0.250	12/12	87,500		87,500	100	87,500	116,667	
計									505,000		505,000		421,500	946,667	

（注）平成19年4月1日以後に取得した減価償却資産について定率法を採用する場合にのみ㋑欄のカッコ内に償却保証額を記入します。

○利子割引料の内訳（金融機関を除く）

支払先の住所・氏名	期末現在の借入金等の金額	本年中の利子割引料	左のうち必要経費算入額
	円	円	円

○税理士・弁護士等の報酬・料金の内訳

支払先の住所・氏名	本年中の報酬等の金額	左のうち必要経費算入額	源泉徴収税額
	円	円	円

○地代家賃の内訳

支払先の住所・氏名	賃借物件	本年中の賃借料・権利金等	左の賃借料のうち必要経費算入額
東京都新宿区0001-3-5 XXX不動産	マンション	賃 2,400,000	1,200,000

◎本年中における特殊事情

－3－

1 減価償却する資産を記入

減価償却の必要がある資産（30万円以上のもの）を書き出す。国税庁HPの申告書作成コーナーを利用すると、資産の名称、取得価額、取得年月を入力するだけで自動計算してくれる

2 経費となる金額はこれ

事業専用割合を加味した必要経費算入額の合計がここ。この金額を1ページの⑱へ転記する

3 家賃などの明細を記入

家賃や駐車場代などの明細を書き出す。「賃借物件」の欄はマンション、店舗、駐車場など使用状況がわかる表記に

4 経費への算入額を計算

自宅と事務所が同一の場合、経費算入額は50%が一般的な目安。使用面積などをもとに計算するといい

START

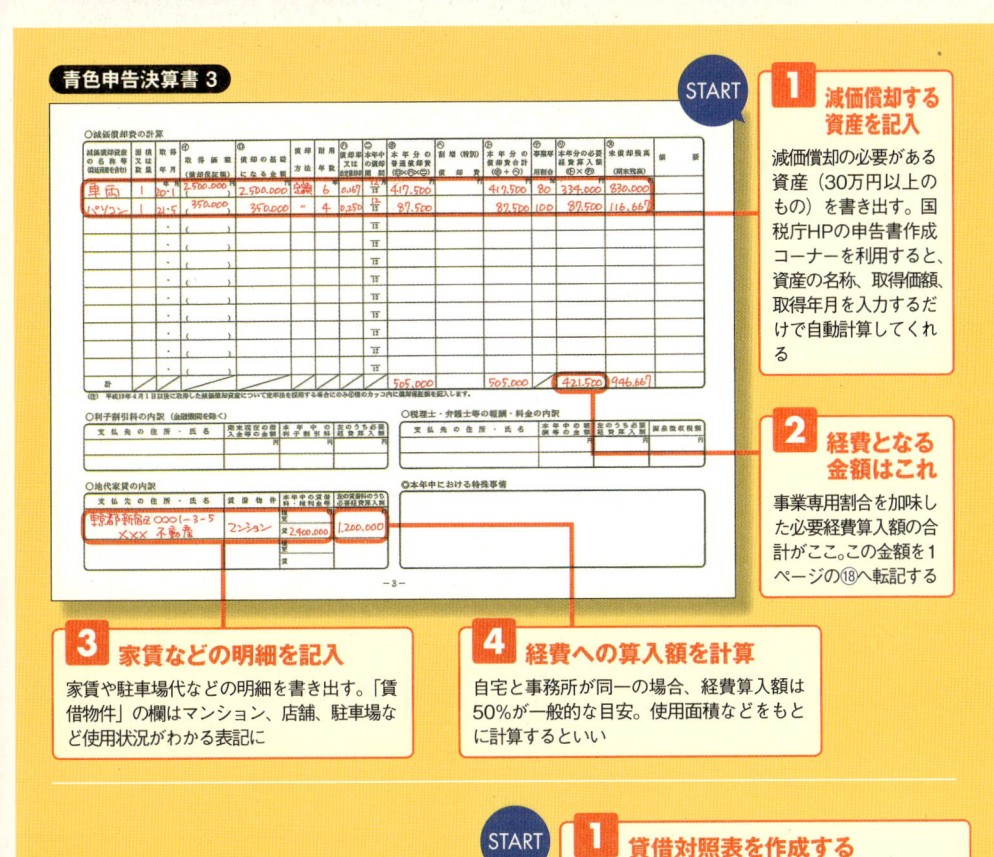

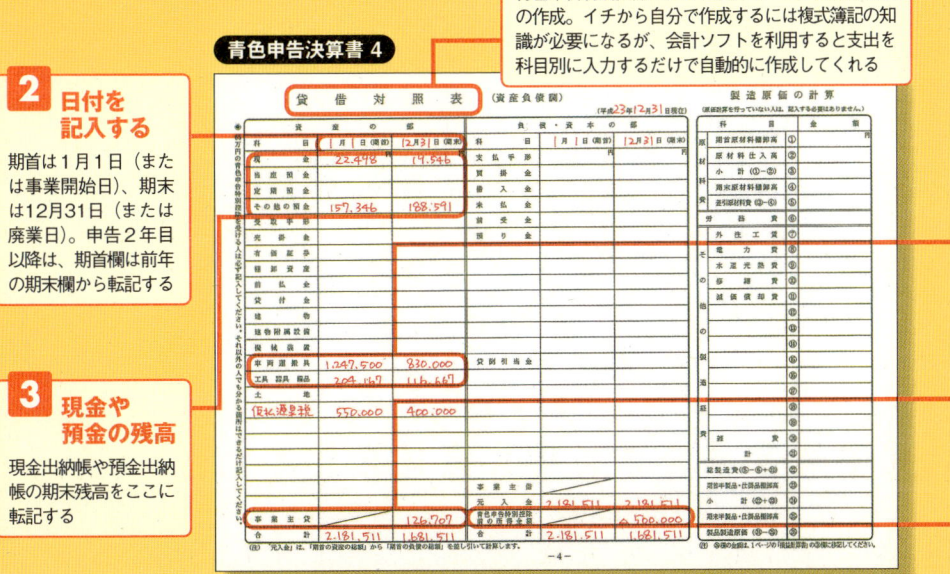

1 貸借対照表を作成する

青色申告特別控除を受ける要件の一つが貸借対照表の作成。イチから自分で作成するには複式簿記の知識が必要になるが、会計ソフトを利用すると支出を科目別に入力するだけで自動的に作成してくれる

青色申告決算書 4

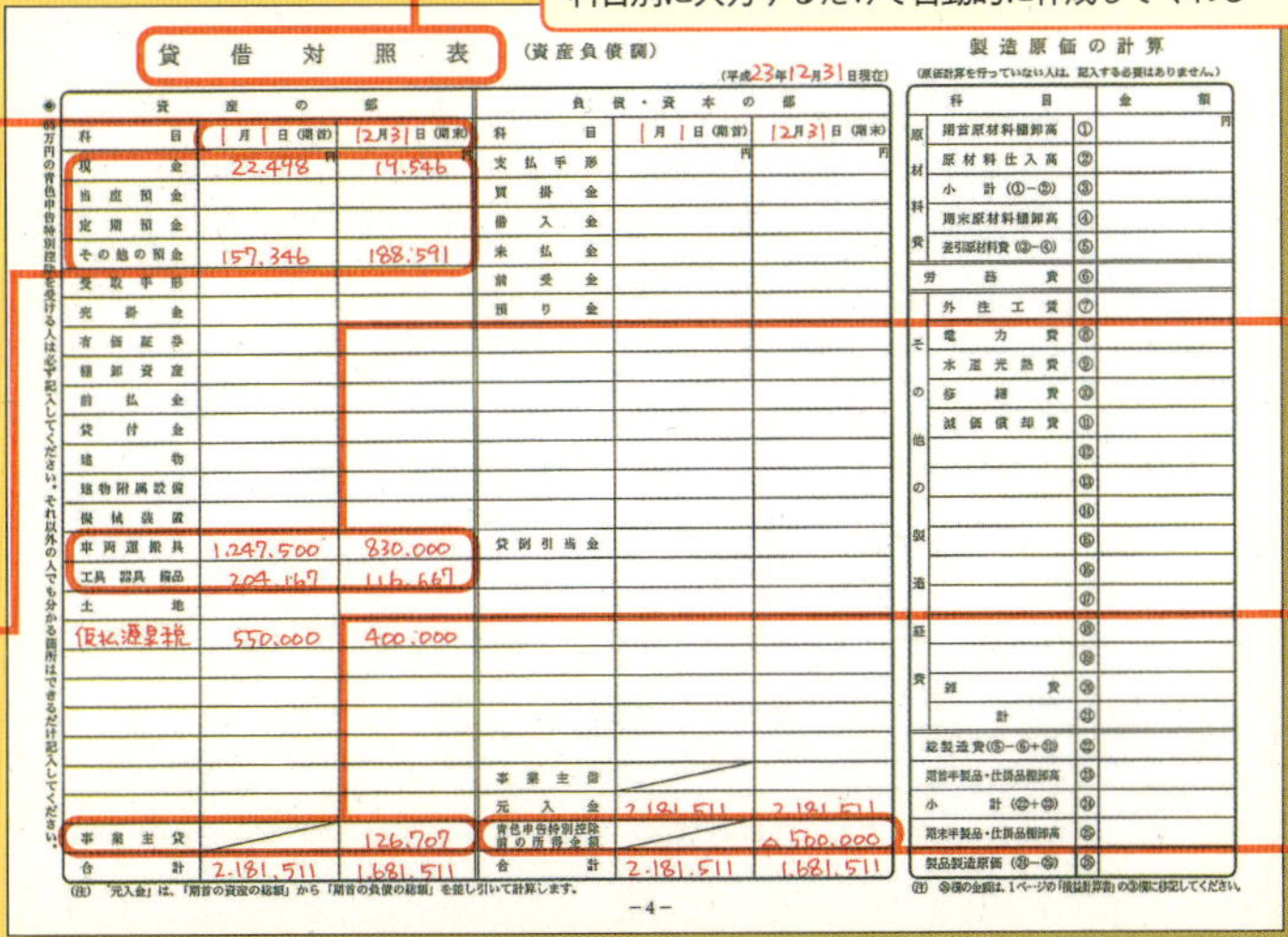

貸借対照表（資産負債調）（平成23年12月31日現在）

資産の部 科目	1月1日（期首）	12月31日（期末）
現金	22,498	19,546
当座預金		
定期預金		
その他の預金	157,346	188,591
受取手形		
売掛金		
有価証券		
棚卸資産		
前払金		
貸付金		
建物		
建物附属設備		
機械装置		
車両運搬具	1,247,500	830,000
工具 器具 備品	204,167	116,667
土地		
仮払源泉税	550,000	400,000
事業主貸		126,707
合計	2,181,511	1,681,511

負債・資本の部 科目	1月1日（期首）	12月31日（期末）
支払手形		
買掛金		
借入金		
未払金		
前受金		
預り金		
貸倒引当金		
事業主借		
元入金	2,181,511	2,181,511
青色申告特別控除前の所得金額		△500,000
合計	2,181,511	1,681,511

（注）「元入金」は、「期首の資産の総額」から「期首の負債の総額」を差し引いて計算します。

製造原価の計算（原価計算を行っていない人は、記入する必要はありません。）

科目		金額
期首原材料棚卸高	①	
原材料仕入高	②	
小計（①＋②）	③	
期末原材料棚卸高	④	
差引原材料費（③－④）	⑤	
労務費	⑥	
外注工賃	⑦	
電力費	⑧	
水道光熱費	⑨	
修繕費	⑩	
減価償却費	⑪	
	⑫	
	⑬	
	⑭	
	⑮	
	⑯	
	⑰	
	⑱	
	⑲	
雑費	⑳	
計	㉑	
総製造費（⑤＋⑥＋㉑）	㉒	
期首半製品・仕掛品棚卸高	㉓	
小計（㉒＋㉓）	㉔	
期末半製品・仕掛品棚卸高	㉕	
製品製造原価（㉔－㉕）	㉖	

（注）㉖欄の金額は、1ページの「損益計算書」の③欄に移記してください。

－4－

2 日付を記入する

期首は1月1日（または事業開始日）、期末は12月31日（または廃業日）。申告２年目以降は、期首欄は前年の期末欄から転記する

3 現金や預金の残高

現金出納帳や預金出納帳の期末残高をここに転記する

CASE 4 「申告書B」の書き方

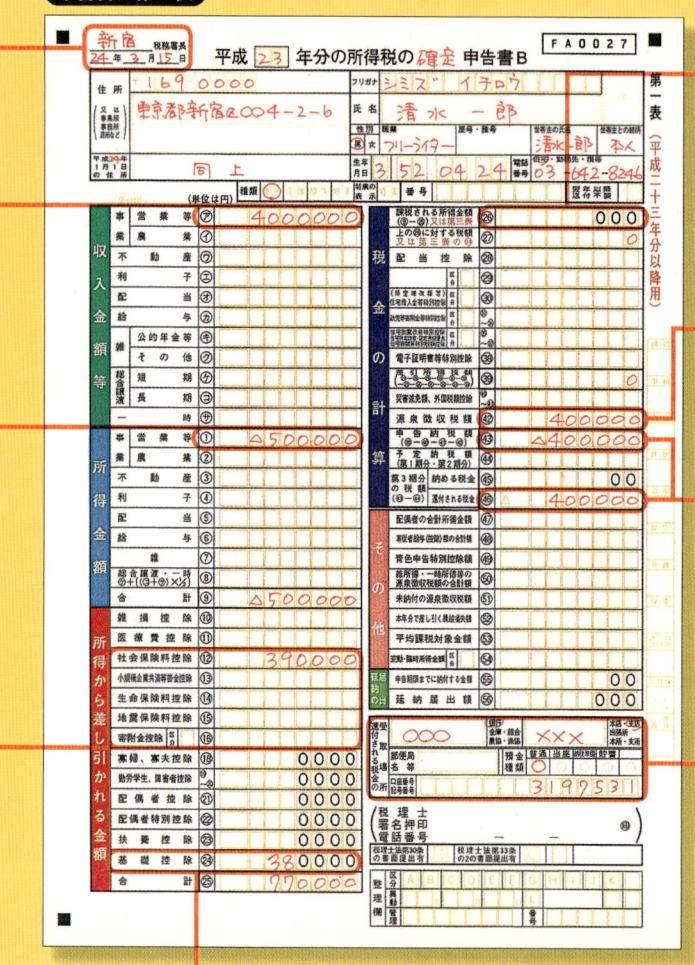

申告書B 第一表

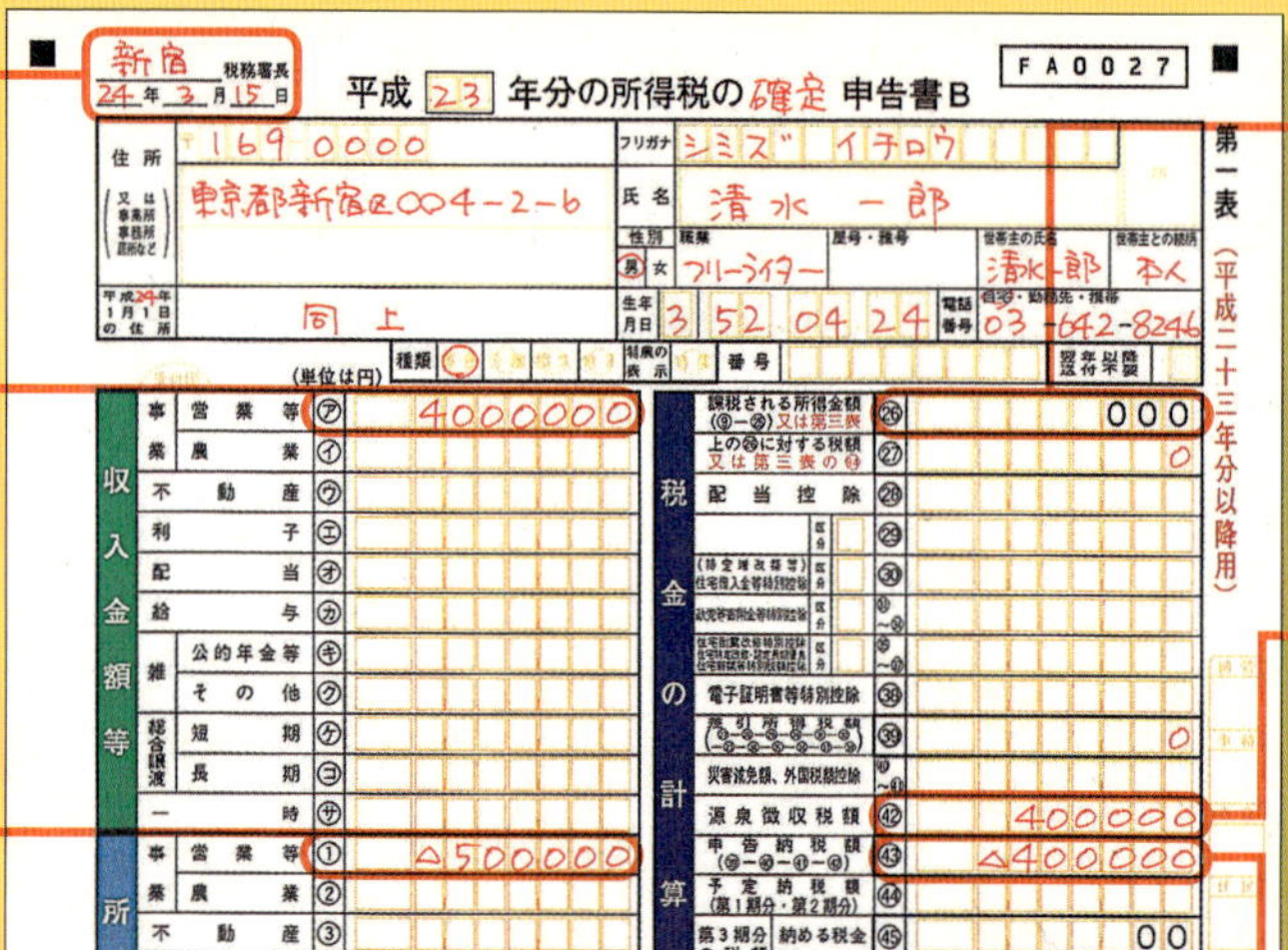
新宿 税務署長
24年3月15日
平成23年分の所得税の確定申告書B
FA0027

項目	記入内容
住所	〒169-0000 東京都新宿区○○4-2-6
平成24年1月1日の住所	同上
フリガナ	シミズ イチロウ
氏名	清水 一郎
性別	男
職業	フリーライター
世帯主の氏名	清水一郎
世帯主との続柄	本人
生年月日	3 52 04 24
電話番号	03-642-8246

（単位は円）

区分	項目	番号	金額
収入金額等	事業 営業等	㋐	4000000
所得金額	事業 営業等	①	△500000
所得金額	合計	⑨	△500000
所得から差し引かれる金額	社会保険料控除	⑫	390000
所得から差し引かれる金額	寡婦、寡夫控除	⑱	0000
所得から差し引かれる金額	勤労学生、障害者控除	⑲～⑳	0000
所得から差し引かれる金額	配偶者控除	㉑	0000
所得から差し引かれる金額	配偶者特別控除	㉒	0000
所得から差し引かれる金額	扶養控除	㉓	0000
所得から差し引かれる金額	基礎控除	㉔	380000
所得から差し引かれる金額	合計	㉕	770000
税金の計算	課税される所得金額（⑨－㉕）又は第三表	㉖	000
税金の計算	上の㉖に対する税額又は第三表の㊸	㉗	0
税金の計算	差引所得税額	㊴	0
税金の計算	源泉徴収税額	㊷	400000
税金の計算	申告納税額（㊶－㊷－㊸）	㊸	△400000
税金の計算	第3期分の税額 納める税金	㊺	00
税金の計算	第3期分の税額 還付される税金	㊻	△400000
延届納の出	申告期限までに納付する金額	55	00
延届納の出	延納届出額	56	000

還付される税金の受取場所：○○○ 銀行、×××支店、預金種類 普通、口座番号 3197531

5 基礎控除額を記入

自分に対する控除（基礎控除＝38万円）を記入。配偶者や扶養家族がいる場合は㉑～㉓へも記入する

6 課税される所得を計算

所得⑨から控除される金額㉕を引いて、課税される所得金額を計算する。赤字の場合は印字されているママでいい

7 源泉徴収税額を記入

支払調書をもとに確定申告書B第二表㊷で計算した源泉徴収税額の合計を転記する

8 還付される税額を計算

所得税額㊴から源泉徴収税額㊷を引き、申告納税額㊸を計算（マイナスのときは頭に△）。これが還付される税額㊻

9 還付金の振込先を記入

還付される税金は金融機関へ振込まれる。振込みを希望する、本人名義の口座を正しく記入する

START

1 源泉徴収税額を記入

支払い元から送付された支払調書をもとに記入し、源泉徴収税額を合計する

2 社会保険料を記入

国民健康保険、国民年金など1年に支払った社会保険料を、送付されたハガキをもとに記入

申告書B 第二表

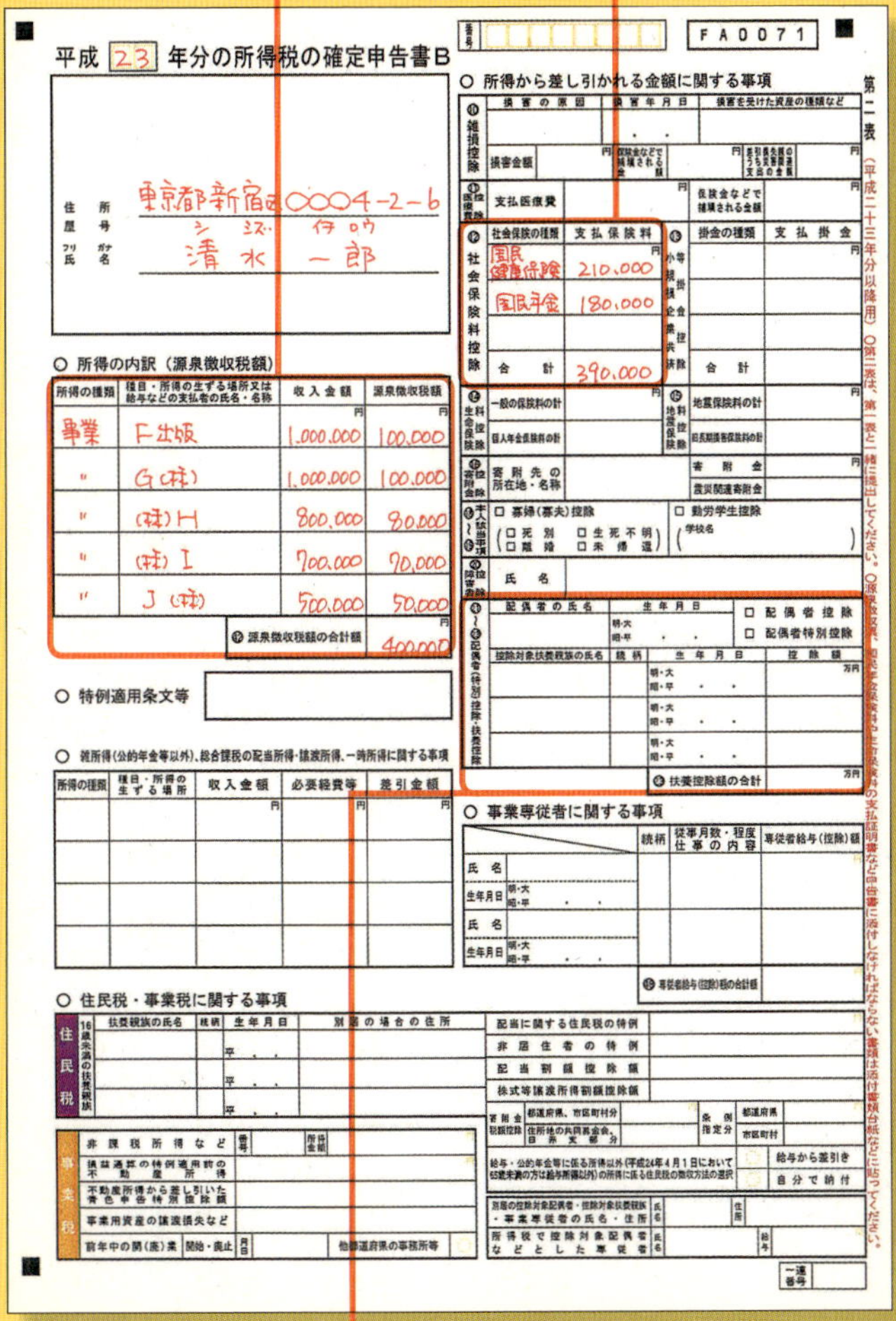

平成 23 年分の所得税の確定申告書B

FA0071

住所 屋号 フリガナ 氏名　東京都新宿区○○○4-2-6　シミズ イチロウ　清水 一郎

○ 所得の内訳（源泉徴収税額）

所得の種類	種目・所得の生ずる場所又は給与などの支払者の氏名・名称	収入金額	源泉徴収税額
事業	F出版	1.000.000	100.000
〃	G(株)	1.000.000	100.000
〃	(株)H	800.000	80.000
〃	(株)I	700.000	70.000
〃	J(株)	500.000	50.000
		㊽ 源泉徴収税額の合計額	400.000

○ 特例適用条文等

○ 雑所得（公的年金等以外）、総合課税の配当所得・譲渡所得、一時所得に関する事項

○ 所得から差し引かれる金額に関する事項

⑫ 社会保険料控除

社会保険の種類	支払保険料
国民健康保険	210.000
国民年金	180.000
合計	390.000

○ 事業専従者に関する事項

○ 住民税・事業税に関する事項

3 扶養控除を記入

配偶者控除や扶養控除に該当する家族がいる場合は、氏名や生年月日などを記入。第一表の同じ番号へ転記する

START

1 提出先の税務署を記入

確定申告書は住所地を管轄する税務署へ提出する。日付は収支内訳書と同様に、提出日を記入する

2 1年間の収入を記入

青色申告決算書で計算した1年間の収入（青色申告決算書の⑦）を転記する

3 1年間の所得を記入

青色申告決算書で計算した1年間の所得＝収入－経費など（青色申告決算書の㊺）を転記。赤字の場合は最初に△をつける

4 該当する控除を記入

確定申告書B第二表に記入した社会保険料控除⑫などを転記する

CASE 4

「確定申告書第四表」の書き方

損失の繰越しは第四表の(一)(二)、繰戻しは第四表(一)と左ページの還付請求書を提出すること

申告書第四表(一)

平成 23 年分の所得税の確定 申告書(損失申告用) FA0052

第四表(一)(平成二十三年分以降用)

住所(又は事業所事務所居所など)	東京都新宿区〇〇4-2-6	フリガナ 氏名	シミズ イチロウ 清水 一郎

番号 / 一連番号

1 損失額又は所得金額

A	経常所得(申告書B第一表の①から⑦までの合計額)					(57)	△500,000 円

所得の種類		区分等	所得の生ずる場所	Ⓐ収入金額	Ⓑ必要経費等	Ⓒ差引金額(Ⓐ−Ⓑ)	Ⓓ特別控除額	Ⓔ損失額又は所得金額
B 譲渡	短期 分離譲渡			円	円	㋛ 円		(58) 円
	短期 総合譲渡					㋜	円	(59)
	長期 分離譲渡			円	円	㋝		(60)
	長期 総合譲渡					㋞	円	(61)
	一時							(62)
C	山林			円				(63)
D	退職				円	円		(64)
E	株式等の譲渡	未公開分						(65)
		上場分						(66)
	上場株式等の配当				円	円		(67)
F	先物取引							(68)
							特例適用条文	

2 損益の通算

所得の種類			Ⓐ通算前		Ⓑ第1次通算後		Ⓒ第2次通算後		Ⓓ第3次通算後	Ⓔ損失額又は所得金額
A	経常所得	(57)	△500,000 円	第	△500,000 円	第	△500,000 円	第	△500,000 円	△500,000 円
B 譲渡	短期 総合譲渡	(59)		1		2		3		
	長期 分離譲渡(特定損失額)	(60)	△	次		次		次		
	長期 総合譲渡	(61)		通		通		通		
	一時	(62)		算						
C	山林	→		(63)		算				㋟
D	退職	→				(64)		算		
損失額又は所得金額の合計額									(69)	△500,000

1 経常所得を(57)へ記入

申告書B第一表の所得金額⑨を転記する

START

2 損益を通算する

1と同様、(57)へ申告書B第一表の所得金額⑨を転記。経常所得以外の所得がない場合は、すべて同じ金額を記入する

3 損失額を記入する

(一)面(57)へ記入した赤字の金額を転記する

申告書第四表(二)

平成 23 年分の所得税の確定 申告書(損失申告用) FA0057

第四表(二)(平成二十三年分以降用)

番号 / 一連番号

3 翌年以後に繰り越す損失額

青色申告者の損失の金額						(70)	△500,000 円
居住用財産に係る通算後譲渡損失の金額						(71)	
変動所得の損失額						(72)	
被災事業用資産の損失額	所得の種類	被災事業用資産の種類など	損害の原因	損害年月日	Ⓐ損害金額	Ⓑ保険金などで補填される金額	Ⓒ差引損失額(Ⓐ−Ⓑ)
	山林以外 営業等・農業			. .	円	円 (73)	円
	山林以外 不動産			. .		(74)	
	山林			. .		(75)	
山林所得に係る被災事業用資産の損失額						(76)	円
山林以外の所得に係る被災事業用資産の損失額						(77)	

4 繰越損失を差し引く計算

年分	損失の種類			Ⓐ前年分までに引ききれなかった損失額	Ⓑ本年分で差し引く損失額	Ⓒ翌年分以後に繰り越して差し引かれる損失額(Ⓐ−Ⓑ)
A ___年(3年前)	純損失	___年が青色の場合	山林以外の所得の損失	円	円	
			山林所得の損失			
		___年が白色の場合	変動所得の損失			
			被災事業用資産の損失 山林以外			
			被災事業用資産の損失 山林			
	居住用財産に係る通算後譲渡損失の金額					
	雑損失					
B ___年(2年前)	純損失	___年が青色の場合	山林以外の所得の損失			円
			山林所得の損失			
		___年が白色の場合	変動所得の損失			
			被災事業用資産の損失 山林以外			
			被災事業用資産の損失 山林			
	居住用財産に係る通算後譲渡損失の金額					
	雑損失					
C ___年(前年)	純損失	___年が青色の場合	山林以外の所得の損失			
			山林所得の損失			
		___年が白色の場合	変動所得の損失			
			被災事業用資産の損失 山林以外			
			被災事業用資産の損失 山林			
	居住用財産に係る通算後譲渡損失の金額					
	雑損失					
本年分の株式等に係る譲渡所得等から差し引く損失額			(78)		円	
本年分の上場株式等に係る配当所得から差し引く損失額			(79)		円	
本年分の先物取引に係る所得から差し引く損失額			(80)		円	

○第四表は、申告書Bの第一表・第二表と一緒に提出してくださ

CASE 4

「純損失の金額の繰戻しによる所得税の還付請求書」の書き方

START

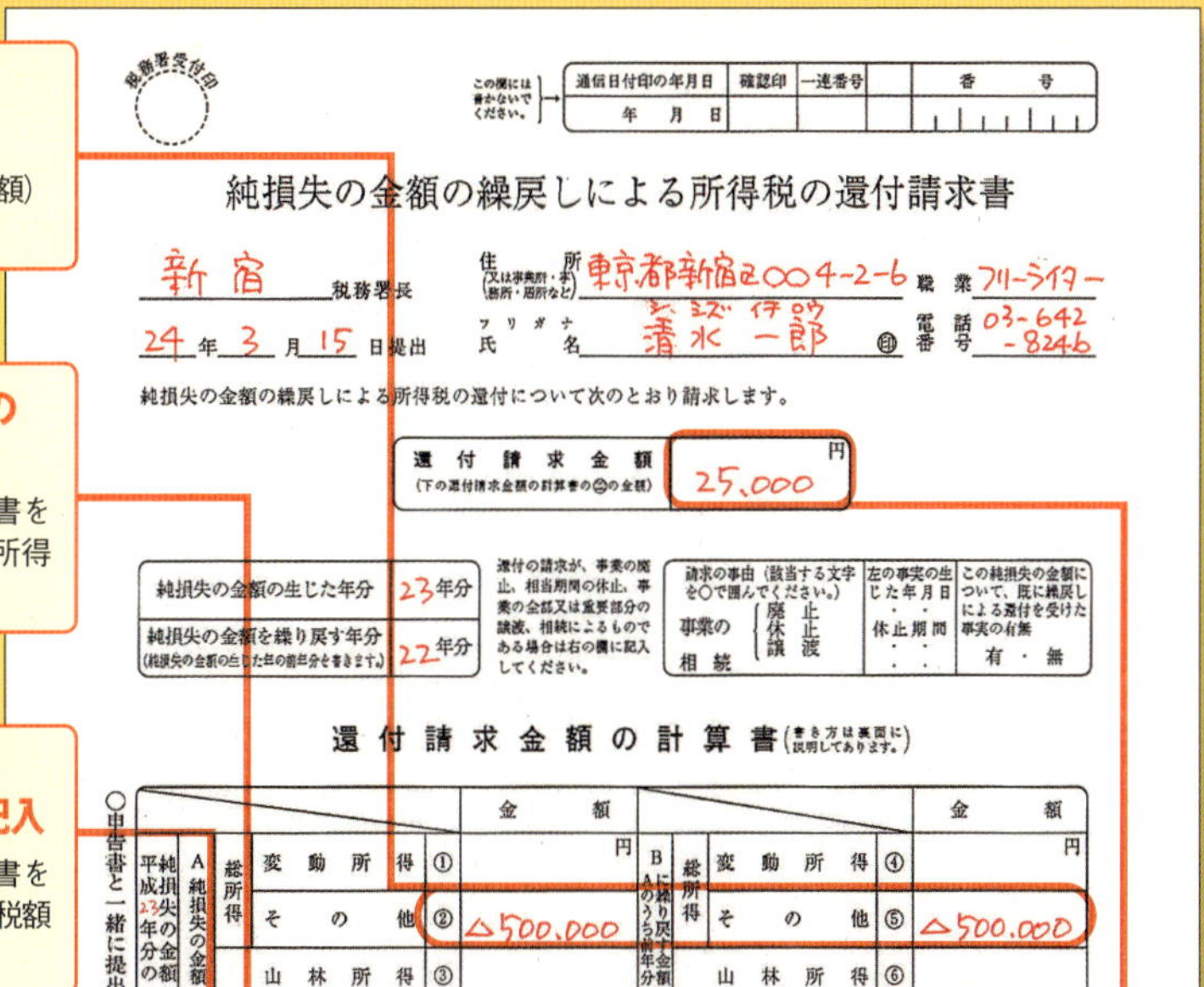

この欄には書かないでください。

通信日付印の年月日	確認印	一連番号		番号
年 月 日				

税務署受付印

純損失の金額の繰戻しによる所得税の還付請求書

新宿 税務署長

24年3月15日提出

住所（又は事業所・事務所・居所など） 東京都新宿区○○4-2-6　職業 フリーライター

フリガナ シミズ イチロウ

氏名 清水 一郎 ㊞　電話番号 03-642-8246

純損失の金額の繰戻しによる所得税の還付について次のとおり請求します。

還付請求金額（下の還付請求金額の計算書の㉒の金額）	25,000 円

純損失の金額の生じた年分	23 年分
純損失の金額を繰り戻す年分（純損失の金額の生じた年の前年分を書きます。）	22 年分

還付の請求が、事業の廃止、相当期間の休止、事業の全部又は重要部分の譲渡、相続によるものである場合は右の欄に記入してください。

請求の事由（該当する文字を○で囲んでください。）	左の事実の生じた年月日	この純損失の金額について、既に繰戻しによる還付を受けた事実の有無
事業の｛廃止・休止・譲渡｝相続	・ ・ 休止期間 ・ ・	有・無

還付請求金額の計算書（書き方は裏面に説明してあります。）

				金額					金額
純損失の金額 平成23年分の	A 純損失の金額 総所得	変動所得	①	円	B Aのうち前年分に繰り戻す金額 総所得	変動所得	④		円
		その他	②	△500,000		その他	⑤	△500,000	
		山林所得	③			山林所得	⑥		
純損失の金額の繰戻しによる所得税の還付金額の計算 前年分の税額	C 課税される所得金額	総所得	⑦	1,900,000	繰戻し額控除後の税額 E 繰戻し後の課税される所得金額	総所得	⑮	1,400,000	
		山林所得	⑧			山林所得	⑯		
		退職所得	⑨			退職所得	⑰		
	D Cに対する税額	⑦に対する税額	⑩	95,000	F Eに対する税額	⑮に対する税額	⑱	70,000	
		⑧に対する税額	⑪			⑯に対する税額	⑲		
		⑨に対する税額	⑫			⑰に対する税額	⑳		
		計（00円未満の端数は切り捨ててください。）	⑬	95,000		計（00円未満の端数は切り捨ててください。）	㉑	70,000	
	源泉徴収税額を差し引く前の所得税額		⑭	95,000	純損失の金額の繰戻しによる還付金額（「⑬－㉑」と⑭のいずれか少ない方の金額）		㉒	25,000	

（千円未満の端数は切り捨ててください。）

○申告書と一緒に提出してください。

税理士署名押印

還付される税金の受取場所	（銀行等の預金口座に振込みを希望する場合） ○○○ 銀行・金庫・組合・農協・漁協　×××　本店・支店・出張所・本所・支所 普通 預金 口座番号 3197531	（ゆうちょ銀行の口座に振込みを希望する場合） 貯金口座の記号番号 ― （郵便局等の窓口受取りを希望する場合）

22.12

1 赤字額を記入する

平成23年の所得（赤字額）を記入する

2 平成22年の所得を記入

平成22年の確定申告書をもとに、平成22年の所得金額を転記する

3 平成22年の所得税額を記入

平成22年の確定申告書をもとに、支払った所得税額を記入する

4 平成22年の所得を修正

前年分の課税される所得金額⑦から、前年分に繰戻す金額⑤を差し引いた金額を記入

5 所得控除後の税額を計算

平成23年の赤字額50万円を平成22年の所得に繰戻すことで、所得が190万円から140万円に減少。これに伴い税額も変わる。繰戻し額控除後の税額は140万円×5%＝7万円

6 繰戻し後の税額を計算

平成22年の所得税額⑩から繰戻し額控除後の税額⑱を引いて、繰戻しによる還付される金額を計算する

7 還付金の振込先を記入

還付される税金は金融機関へ振込まれる。振込みを希望する、本人名義の金融機関の口座を正しく記入する

column

自動計算されてサクサク！国税庁のHPは便利！！

フリーランスになってはじめて、確定申告をする人は不安でいっぱいでしょう。なんといってもまず、確定申告の用紙を入手するのも大緊張ではないでしょうか？

用紙を入手するには①税務署で用紙を入手して記入する、②国税庁のHPから用紙をプリントして記入する、③HPの「申告書作成コーナー」を利用して作成し、プリントする、④HPで作成し提出も電子申告で行う（e-Tax）の４つの方法があります。

意外とカンタンで便利なのが、③の国税庁HP内にある「確定申告書作成コーナー」の利用。ネット上で作成するには、不安を感じる人も多いかもしれませんが、手順が詳しく記されているので、手順どおりに入力していけば、なんとか最後までたどりつけます。

申告書記入で一番心配なのは、足し算がおおいので、単純に計算ミスをすること。それもこのコーナーを利用すれば、計算が必要なところは自動計算をしてくれるので、電卓をたたくのは、念のための検算程度でOK。

また、書き損じがないのも、ネットのよいところ。キレイな申告書があっという間にできます。

そのほか、このコーナーには、管轄税務署を調べたり、提出方法や還付金の受け取り方、Q&Aコーナーなど、情報がいっぱい。

https://www.keisan.nta.go.jp/h23/ta_top.htm

第9章

社会保険

賢く使おう! 国保と年金

腕一本、体一つで勝負する
フリーランスにとって
健康と老後は重要なテーマ!
国保と年金を理解しよう

さて、私の
年金
です。
年金手帳
会社をやめたり
結婚したり
引越したり
風のウワサに
まどわされたり
払ったり
払っていなかったり
していたようでした。
p.6参照
あいまい。
払っていたはずなのに
払っていない事に
なってるっぽいので
確認して下さい
というお知らせ
が
何度も
きましたが
め…。
めんどくさい…
と放置。
ねんきん定期便
そんなこんなで
何年かたった
先日ー。
ヒラリと届いた
封書
赤い文字がコワイ!!
国民年金未納保険料納付
督促通知書
(最終催告状)

ついに来たーーッ
イヤーーッ
2年分の滞納金と その利息分を 納めないと あなたの財産 差し押さえます
えーと…今日が21日 だから……
猶予は…10日。
夫の分と合わせて… 70万円強……?
容赦ないね。
指定期限
平成●●年●月31日
先生ーッ たすけてーーッ とりたてがーーッ
そこで敏腕社労士さんの登場です。
S社労士
理知的
クールで……

私はコレをどうしても払わなくてはいけないんでしょうか
ブツ
他にも払ってない人いっぱいいるのに〜何で私だけ〜
自分の老後の責任は自分でもちますし。貯金とかもして。
口とんがらかして言う。
ブツ
ってゆーか私が65歳になった時って本当にもらえるんでしょうか。
ブツ
ブツ
なんか年金受給年齢も引き上げられるとかっていうし
喝!
まず叱られました。
払わない方が悪い!!

国民年金とは…
日本に住む20歳～60歳までのすべての人が加入する公的年金制度
日本人の義務なんだよ
65歳から死ぬまでお金がもらえるんだよ
年金ちゃん
病気やケガで障害が残ってしまった時にももらえるんだよ
25年以上納めれば条件クリアだよ
初耳だらけ～
18歳未満の子供がいるバアイの母子家庭や孤児がもらえる遺族年金ってのもあるよ
あと、男性と女性では、もらえる年齢がちがうんだよ
年金がつぶれることはまずないよ
受給額においては変動はあるだろうけど預金するより年金を払った方が節税になるし

会社員時代に払ったモノと今回のとでトータル10年分。
う〜〜ん
悩ましい……
どっちがトクでどっちが損?
まだ言う
その10年分をすてるか
あと15年分がんばるか
損とか得とかじゃなくて社会保険っていうのはそもそも助け合いの—
支払えるのであれば
すぐに影響をうけやすいピュアな(?)魚座
払ってない人もいるけど払ってる人もいるんだし
そうだよね…
そうだよね…
そうだよね!
財産差押えられたらこまるし。
……
小心者
デメリットとメリットをはかりにかけ…
NENKIN
いくらもらえるかわからないけどマイナスにならないことを祈りつつ…
指定期限ギリギリの31日にワタクシ…

白ハタ
入金して
まいりました。入金っていうか支払い。
3人くらいの人にバカだなーと言われつつ
一括で支払えないバアイは分割もあるそうです。
逆に一括で支払うと割引きサービスもあるという
ドコで情報をえれば…
もう知らないコトだらけ…
フリーランスにとって老後問題は重要なテーマなのでうやむやにせず!
個人年金とか国民年金基金とか?
ちゃんと考えたいと思います!!

フリーランスの社会保険って何?

フリーランスの「健康」は国民健康保険が、「老後」は国民年金が守ってくれます。これが二大社会保険で、日本に住むなら義務として加入する必要があります。

会社を辞めた瞬間から、あなたは健康保険証を持っていないし、老後のための年金にも加入していない状態。特に家族がいる人なら、子どもが風邪を引いても、健康保険証がないと碌に医者にもかかれません。

だからと言って、誰かが加入の手続きをしてくれるわけでもありません。国民健康保険は市区町村役場で、国民年金は社会保険事務所に自分で行って手続きをしなければなりません。

面倒だから、無視するわけにもいかない。とにかく仕組みを知って、納得して保険料を払いたいものだ。

フリーランスの国保と年金

自分の身は自分で守る！ ああ、社会保険のありがたさ

国民健康保険も国民年金も加入には手続きが必要

フリーランスの健康保険は会社の健保組合から脱退し「国民健康保険」へ加入。年金も会社の厚生年金から脱退し「国民年金」へ加入となり、**これからは直接保険料を支払うことになる。**

国民健康保険（以下、国保）の加入は、退職の翌日から14日以内に、退職時に会社から受け取った「健康保険の資格喪失証明書」と身分証明書を持参し、住まいの自治体の窓口で手続きを行う。

国民年金の加入方法も同様で、退職の翌日から14日以内に「年金手帳」と「離職票」を持って自治体の窓口で手続きをする。もし、会社員時代、扶養する配偶者がいた場合は、配偶者も国民年金に加入し年金保険料を納めることになり、これも手続きが必要だ。

国保も年金も退職した会社では脱退手続きしかしてくれないので、加入の手続きは自分でやらなければならない。届け出をしないと保険料の未納となってしまい、イザというときに困ることに。

また、これからフリーランスとして生きて行くと決めたとしても、ハローワークに出向いて失業保険の手続きもしておこう。再就職の意思がないなら大っぴらにはいえないが、独立準備をしていてもうまくいかず、独立開業をしないことになる可能性もある、その場合に失業保険をもらうためだ。

なんだかんだいっても年金は老後の収入源

しかし現実として、今まで会社が半分負担してくれていた健康保険と年金を、毎月、自分で納めるのは大きな出費となる。仕事があろうとなかろうと待ったナシで支払わなければならない。

また、会社員でいれば病気やケガをし

国民年金

老後、障害、遺族の生活を保障する社会保険。20歳以上60歳未満は全員加入の義務があり、会社員は会社経由で、フリーランスは事業所得から国に納める。

月 一律 (平成23年度の場合)
1万5020円

会社負担はなくなる

国民健康保険

病気、ケガ、出産、死亡に関して医療費の支給をするフリーランスのための社会保険。自己負担は本人、家族ともに３割。運営は住まいの自治体が行っている。

40歳未満・加入者1人
課税所得300万円で
月 約**1万4000円**

たときでも健康保険や労災からの収入保障があるが、フリーランスにはそうした助けもない。

実際、自営業者のなかで、国民年金を支払わない人が増えているのも確かだ。「年金を納めた分だけもらえないでしょ」「納めなくとも法律上のペナルティはないでしょ」というのが彼らの言い分。

ただ、フリーランスといえども、年金がもらえないわけではない。Ｐ１９０で詳しく紹介しているが、厚生年金に加入している会社員（月給42万円）が65歳以降もらえる年金は年１９５万８００円。これに対し、フリーランス（35歳から）がもらえるのは年１２１万５４００円。給付額は約３分の２だが、払っている保険料も約3分の2。会社員より少ない分は、定年がない分長く働いたり、自分で貯蓄をする必要があるのは確かだ。

先輩フリーランスの ぶっちゃけ！

国保と年金を納めないのは
フリーとして情けないよ

東京都・カメラマン・36歳・男性

先日、「足の骨が折れたみたいだ。健康保険証を貸してくれ」と頼んできた同業者がいてもちろん貸さなかったけれども、国保に入ってないのは驚いたし、一生、自分だけではなく家族も医者の世話にならないなんてありえないですよ。独立したら「国保も年金もくれてやれ！」ぐらいの気持ちになって、それ以上にガンガン稼がないと生き残っていけません。

国民健康保険の基本

別枠で貯めないと大変 国保＋介護保険も！

40歳以上は

フリーランスは健康いちばん。医者の世話になりたくないが…

フリーランスは病気やケガをしても収入の保障はない。**だから日頃から健康でいるための注意が必要であり、体調がよくないと思ったら早めの手当を心がけよう。**ひどくなって仕事に穴を開けたら、次の仕事はこないかもしれない。

そこで、病院にかかるときに必要なのが国保だ。

国保は住まいの自治体が運営している。保険料は所得金額や世帯の加入人数によって異なり、毎年変わる。

3月の所得税の確定申告から住民税が計算され、その住民税などから国保の保険料が計算されて、毎年、6月になると保険料の納付書が送られてくる。別枠で納付分のお金を貯めておかないと、あとで手痛い出費となる。

とにかく国保の保険料は高い！　高過ぎる！

風邪をひいて病院へ行くだけではなく、歯科や耳鼻科、はたまた国保の効くマッサージでも保険証のありがたみを実感するだろうが、とにかく保険料は高い。

上限はあるが、稼ぐほど、世帯の加入人数が多いほど保険料も上がるので、医者いらずの健康な人にとっては左表にもあるように超高額な保険料にみえる。

40歳未満の一人身なら、最低でも月1万円は覚悟しよう。納付書は手続きをして2週間ぐらいで送られてくる。

参考までに、「国民健康保険組合」というフリーランスが入れる健保組合があり、そちらのほうが保険料が安い可能性が高いので調べてみよう（P187参照）。こちらも自己負担は3割だ。

また、重い病気に罹ったときの国保の高額療養費や、出産時の出産育児一時金はありがたい制度だ（P186参照）。

先輩フリーランスの
ぶっちゃけ!

子ども3人の家庭の国保は年間63万円!

神奈川県・専従者・39歳・女性

３人の子どもはスポーツジャーナリストの夫が扶養していますが、国保の保険料は去年は63万円で、月額5万2500円は高過ぎる。「そんなに病気にならないよ」と思いつつも、子どもたちが風邪を引いて病院にいくと無料なので、仕方ないかなとも思いますが…。

国民健康保険の計算の仕方

国民健康保険は自治体によって保険税率が異なる。
住まいの行政のホームページなどで､計算方法と税率をチェックしてみよう。

東京都中野区の場合(平成23年度)

40歳未満

	所得割	均等割
医療分（年間限度額51万円）	国保加入者全員の平成22年分の所得×0.0613	＋ 3万1200円／1人
後期高齢者支援金分（年間限度額14万円）	国保加入者全員の平成22年分の所得×0.0196	＋ 8700円／1人

※所得割の税率や均等割の負担額は毎年見直される。

40～64歳の人には、上記に介護分が追加

	所得割	均等割
介護分（年間限度額12万円）	国保加入者全員の平成22年分の所得×0.0148	1万3200円／1人

※実際に納付する金額では、緩和措置が受けられ、この計算額より安くなる場合がある。

計算例 40歳未満、加入者4人の場合(本人、妻、子ども2人)

所得金額	年間健康保険料
100万円	8万0204円
300万円	22万7313円
500万円	39万3713円
700万円	53万8060円

※旧ただし書き所得の緩和措置を適用。

国保に上乗せして介護保険も納める

40歳以上になると、介護保険料も納めなければならない。介護保険とは高齢者の介護サービスや介護支援を保障するための国の社会保険制度で、将来、介護が必要になった場合に保険が出る。

ぶっちゃけ、一生涯、誰の世話にもならずに生きられる可能性は低く、保障が手薄なフリーランスこそ必要な保険かもしれない。

介護保険の保険料も、国保同様、住民税などから計算され、国保に上乗せされて納付書が届く。その保険料は40歳以上の一人身なら、最低でも月約4000円（40歳未満は納付なし）。年12万円という限度額（市区町村によって異なる）はあるものの、稼ぐほどに介護保険料が高くなる。

国民健康保険からもらえるお金

医療費の3割負担

療養費

やむをえない理由で、保険証では診療を受けられず医療費の全額を自己負担した場合に、保険者が必要と認めたとき、自己負担分3割を除いて払い戻しを受けることができる制度。

やむをえない理由とは、旅行中に急病やケガをし、近くに保険医療機関がなかったので保険医療機関ではない病院で自費医療を受けた、など。

一律42万円もらえる

出産育児一時金

出産費用として国保から一定額をもらえるのが「出産育児一時金」。**その金額は子ども一人につき42万円**、双子なら2倍の84万円がもらえるので、セレブ産院に入ったり、帝王切開になったりしない限りはほぼまかなえる。なので出産での家計からの出費はゼロと考えていい。残念なことに死産や流産をしても、「出産育児一時金」の支給対象になる。

一律1万～7万円もらえる

葬祭費

国保の加入者が亡くなったときには、遺族はすみやかに窓口で健康保険証の返却・変更の手続きをする。**そのとき、葬祭費がもらえるので、手続きを忘れないように。**支給額は自治体によって異なるが、おおよそ1～7万円。自治体によって言葉や表現の違いがあるが、「葬儀を行った人（喪主）に支払われるお金」という位置づけになる。

月約9万円以上の医療費ナシ

高額療養費

国保の自己負担は3割、さらに高額療養費制度があり、**1カ月に負担する医療費の自己負担は上限で9万円程度、**年間で4回以降は5万円弱で済む。つまりがん、心筋梗塞、脳卒中など重たい病気にかかって手術、入院が長期になったとしても、国保の範囲内で治療すれば高額な費用はかからないことを覚えておこう。万が一のとき、治療に専念するために。

こちらの国保のほうが安いかも!?

フリーランスが入れる国保組合

国保組合とは知事の許可を得て、職能団体などが互助会的な役割をもって運営している国民健康保険組合のこと。その多くが定額、あるいは安価の健康保険料をうたっている。

たとえば下記の文芸美術国民健康保険組合なら、組合員月1万4500円、家族1人月6700円、介護保険月2700円と国保に比べてかなり安い。おおよその著作活動者を網羅しているので、組合加盟の団体に所属するなど加入条件はあるが、該当者は問い合わせてみよう。

フリーランスが入れる主な国民健康保険組合

健康保険組合名	特徴	加入資格	保険料
文芸美術 **国民健康保険組合** http://www.bunbi.com/	日本国内であれば地域を問わず、文芸、美術及び著作活動に従事し、かつ、組合加盟の各団体の会員とその家族。組合員数は約1万1000人。	東京コピーライターズクラブ、日本イラストレーション協会、日本グラフィックデザイナー協会、日本作詩家協会、日本パッケージデザイン協会、日本アニメーター・演出協会などの会員（組合加盟の各団体はほぼすべての著作活動を網羅している）	組合員月1万4500円、家族1人月6700円、介護保険月2700円
東京芸能人 **国民健康保険組合** http://www7.ocn.ne.jp/~nhigeino/ne.jp/~nhigeino/	東京近郊で、フリーの立場で芸能に従事する人とその家族のための健康保険組合。組合員数は約1万人。	俳優、歌手、タレントはもちろん、映画及びテレビ、演劇、放送、イベント、コンサート、レコード及びテープの製作スタッフ（プロデューサー、ディレクター、舞台監督、ステージマネージャー、演出家、企画、映画監督、構成作家、脚本作家、作詞家、作曲家、編曲者、字幕作者、スクリプター、タイムキーパー、音響デザイナー、美術デザイナー、照明デザイナー、衣装デザイン、マネージャー、付き人など）	所得に応じた所得割と均等割で決定
全国土木建築 **国民健康保険組合** http://www.dokenpo.or.jp/	土木建築事業の作業現場に働く従業員と、本社及び支店に勤務する従業員とを一括した健康保険組合。	土木建築事業に関する人	所得に応じた所得割と均等割で決定
東京美容 **国民健康保険組合** http://www.kokuho-tokyobiyo.or.jp/	東京都内の事業所において美容の業務に従事し、東京近郊に居住している人の健康保険組合。	美容の業務に従事する人（美容師の免許を有しない、インターン、見習、スタイリスト、メイクアップアーティスト、ならびに事務、会計、雑役等に従事する人を含む）	事業主組合員月1万4500円、従業員組合員月9500円、同一世帯家族1人当たり月額7000円
東京食品販売 **国民健康保険組合** http://www.toshoku-kokuho.or.jp/	食品業界の人々が健康で明るく安心して仕事に励めるよう作られた健康保険組合。組合員数は約10万人。	東京都内の事業所において食品の製造又は販売及び旅館・料亭、民生食堂・麺類・食堂の事業に従事する人で、東京近郊に住む人	事業主組合員月1万6300円、従業員組合員月7700円
京都府衣料 **国民健康保険組合** http://www.kyotoiryokokuho.or.jp/	衣料関連の31団体で組織されている。組合員数は約3500人。	京都府内で衣料品の仕立て、加工、販売等に従事する人で組合加盟の加入団体に所属する組合員とその関係者で、大阪、滋賀の近隣に住まいのある人	所得に応じた所得割と均等割で決定
大阪文化芸能 **国民健康保険組合** http://www.bunkageinou.com/	大阪芸能や文化に従事する人とその家族の健康を守ることを目的とした健康保険組合。組合員数は4000人。	組合加盟の加入団体に所属し、大阪近郊で芸能、著作に関係する人（俳優、タレント、声優、イラストレーター、商業デザイナー、カメラマン、ライター、エッセイスト・コラムニストなど）	所得に応じた所得割と均等割で決定、後期高齢者支援金分保険料は一律2200円、介護保険料は一律2500円

国民年金の基本

明るい老後にしよう！年金の基本のキ

フリーランスだからこそ

会社員からフリーランスになると年金も変わる！

年金の仕組みを知って老後の安心を得よう

まずは、基本的な「年金の3階建て」のおさらいを。**大前提として、年金は25年以上、年金保険料を払っていないと、将来、給付金をもらえない。**

左図をみて欲しい。年金制度は働き方によって入る年金が異なる。フリーランス（自営業者）は第1号被保険者で1階建て（基礎年金）、会社員と公務員は第2号被保険者で2階建て、ここまでは国民の義務で、それぞれ〝自力〟で1階分の年金のプラスオンができる。会社員が扶養する妻は第3号被保険者で年金保険料を納めなくても、将来、1階建て部分の年金がもらえる。

つまり、会社員からフリーランスになると、第2号から第1号と年金制度も変わり、住まいの自治体の窓口で手続きが必要となる。

なにかと話題の年金制度で、将来、年金はもらえないのではないかとの憶測もあるが、年金制度を変えるには法改正が必要であり、国民が毎月納めているのだから急には変わらないだろう。

年金のありがたさとして、意外と見過ごしがちなのが、障害者年金と遺族年金。もしあなたが明日、交通事故で一生働けないほどのケガをしたら？その場合は、一生、障害者年金が給付されることになる。妻と子どもがいる場合は、あなたが亡くなったら、遺族年金が支給される。独立したばかりで手持ち金がなかったとしても、遺された家族は、最低限の保障を受けられるわけ。国民年金、侮るべからず、ということだ。

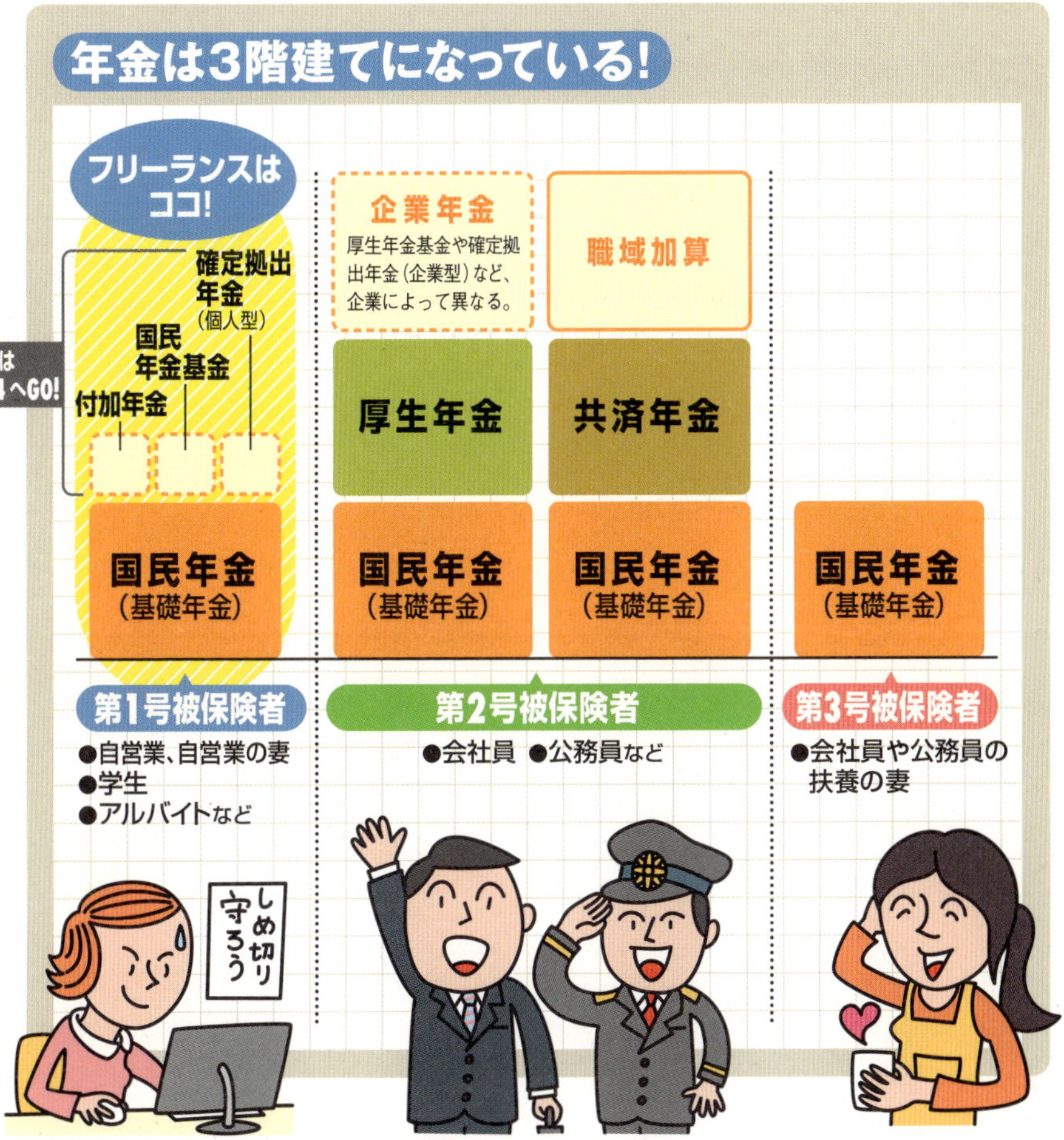

年金は3階建てになっている!
フリーランスはココ!
確定拠出年金
(個人型)
国民年金基金
付加年金
詳しくはP.194へGO!
企業年金
厚生年金基金や確定拠出年金(企業型)など、企業によって異なる。
職域加算
厚生年金
共済年金
国民年金
(基礎年金)
国民年金
(基礎年金)
国民年金
(基礎年金)
国民年金
(基礎年金)
第1号被保険者
●自営業、自営業の妻
●学生
●アルバイトなど
第2号被保険者
●会社員 ●公務員など
第3号被保険者
●会社員や公務員の扶養の妻
しめ切り守ろう

年金スケジュール
年金をもらうためには25年以上(300ヵ月以上)年金保険料を払っていること!
男性 昭和36年4月2日生まれ以降
女性 昭和41年4月2日生まれ以降
20歳
60歳(定年)
65歳
年金がもらえるのは65歳から
年金保険料の支払期間
無年金の期間
年金受取期間
40年
5年間
一生涯年金をもらえる

パターン1

会社員・夫

1976年生まれ、現在35歳、男性

大学生時代に2年間国民年金に加入。卒業後、就職。60歳退職まで働く予定。月額平均給与はボーナス込みで42万円。

20歳	学生	第1号
23歳	会社員	第2号
35歳	会社員	第2号 ◀現在
60歳	定年退職	年金納付終了
↓		
65歳	年金受給開始	

払った年金 40年間

国民年金	30万1200円
厚生年金	1698万8177円
合計	1728万9377円

もらえる年金 年間

国民年金	78万8900円
厚生年金	116万1900円
合計	195万800円

フリーランスはもらえる年金が少ないのは覚悟せよ！

「寄らば大樹の陰」より「稼げるうちが花」

「寄らば大樹の陰」とはよくいったもので、会社員には「厚生年金」があり、年金保険料は会社の半分補助があった。ゆえに将来のもらえる年金は裕福ではないが、食べていく分ぐらいはもらえる（現在の年金制度が続くと仮定）。

けれどフリーランスになると大樹の陰はなくなり、年金も第2号から第1号の「国民年金」となる（会社員時代に納めた厚生年金分は計算されて、将来もらえる）。**年金は1階分（基礎年金）しかないので、食べるだけの分もおぼつかないと思ったほうがいい。**

逆にいえば、定年がないのがフリーランスのいいところ。ぶっちゃけ「稼げるうちが花」ならば、一生涯、売れっ子で、ガンガン稼げたらこれほど幸せなことはない。

では、フリーランスはいったいいくら年金がもらえるのだろうか？

上のパターン1とパターン2を比べて欲しい。同じ22歳で就職し、パターン1の夫は60歳まで会社員でいた場合、パターン2の夫は会社員から33歳で独立してフリーランスになった場合で、どちらも60歳まで年金保険料を納め、**65歳から年金給付金がもらえるのだが、会社員の夫の給付金は年１９５万８００円、フリーランスの夫は１２１万５４００円で、その差は年７３万５４００円。**つまり、フリ

パターン2

会社員➡フリーランス・夫

1976年生まれ、現在35歳、男性

大学生時代に2年間国民年金に加入。卒業後、就職し、35歳で退職し、個人事業主に。会社員時代の月額平均給与はボーナス込みで42万円。

20歳	学生	第1号
23歳	会社員	第2号
35歳	フリーランス	第1号 ◀現在
60歳	フリーランス	年金納付終了
↓		
65歳	年金受給開始	

払った年金 40年間

国民年金	550万3440円
厚生年金	520万6169円
合計	1070万9609円

もらえる年金 年間

国民年金	78万8900円
厚生年金	42万6500円
合計	121万5400円

パターン3

会社員➡専業主婦➡フリーランスの妻

1979年生まれ、現在32歳、女性（フリーランスの妻）

20歳から7年間のＯＬ経験を経て（月額平均給与はボーナス込みで25万円）結婚、夫の扶養として3年。現在はフリーランスの夫の妻。

20歳	会社員	第2号
27歳	退職	第3号
32歳	フリーランスの妻	第1号 ◀現在
60歳	フリーランスの妻	年金納付終了
↓		
65歳	年金受給開始	

払った年金 40年間

国民年金	621万6240円
厚生年金	162万7410円
合計	784万3650円

もらえる年金 年間

国民年金	78万8900円
厚生年金	14万3600円
合計	93万2500円

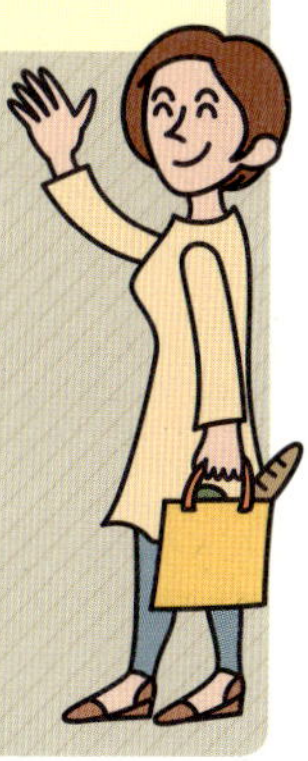

※平成23年度の年金制度で計算。

ーランスはもらえる年金が少ないことを覚悟し、稼ぎ続けなければならない。

一方、妻のパターンを見てみよう。会社員時代（2号）に結婚し、夫の扶養となった妻（3号）は年金を納めなくても納めた計算として「国民年金」はもらえる。しかし、夫が独立し、フリーランスになると、妻は扶養からはずれ、国民年金を納めることになる（1号）。

このように夫の働き方によって、パートや専業主婦の妻の年金は変わり、そのたびに手続きが必要なので注意したい。女の年金は複雑なのだ。

年金は夫婦単位で考えないと足りない金額はわからない。上記のフリーランス夫妻の年金額は、年間２１４万７９００円もらえるが、やはりこれだけでは老後の生活費は少々不足気味か。

フリーランスはなるだけ長い期間稼いで、老後用のお金をプールし続けたほうがよさそうだ。

こんなときどうする？
男と女の年金Q&A

Q フリーランスになったはいいけれど仕事がなくて…年金が払えません

A 現在、生活が苦しくて国民年金を納めていなく、**この先も納めるのが厳しいのなら「免除申請」の届け出を**。申請をすれば受給資格期間の25年間に数えられ、また、年金保険料を納めていないにもかかわらず老後の年金給付に一部反映されるのです。該当者は「未納」にしないで「免除」申請を！

年金の全額免除制度

申請により保険料の全額が免除される（収入などの条件あり）。全額免除の期間は全額納付したときに比べて、老後の給付額には2分の1（平成21年3月以前は3分の1）納めたとして計算される。

年金の一部免除制度

保険料の一部を納付することにより、残りの保険料の納付が免除される。4分の1納付、2分の1納付、4分の3納付があり、老後の給付額には多少多めに納めたとして計算される。

Q 夫が会社員時代に離婚。専業主婦だった私の年金はどうなる？

A 夫の会社員時代に扶養の妻が離婚をすると、**第3号被保険者の国民年金に加えて、夫の厚生年金の分割が認められています**。分割できるのは専業主婦として結婚していた期間の厚生年金部分の2分の1で、これは強制的に計算されるので安心を。

Q 夫がリストラに。専業主婦の私はどうしたらいい？

A 夫は会社員でなくなるのですから第１号に、夫の扶養だった妻も第３号から第１号となります。**夫婦とも１号になる手続きを行い、これから毎月、２人分の国民年金を納めなければなりません**。ただし、収入がなく家計が厳しいなら免除制度があります。

Q 年金手帳をなくしてしまった。どうしたらいいですか？

A たとえ年金を納めていなくても、日本に住む20歳以上は全員が「基礎年金番号」を持っているので照会ができます。ペナルティもありません。再交付の申請は身分証明書をもって、近くの日本年金機構の年金事務所へ行きましょう。

Q 交通事故に遭い一生、車椅子と言われました

A 国民年金の加入期間中に病気やケガで、法令の障害等級表（１級・２級）による障害の状態にある間は障害基礎年金がもらえます。**１級で年98万6100円、２級で年78万8900円**で、18歳の年度末までの子どもがいるなら加算金もあります（平成23年度価格）。

Q 20歳の大学生の息子の年金を払わなければいけない？

A 年金は20歳で加入ですが、稼ぎのない学生には申請によって保険料の納付が猶予される**「学生納付特例制度」**があり、受給資格期間の25年間に数えられます。働くようになってからまとめて追納すれば（10年以内）、将来の給付金が増えます。

将来、年金が足りない！

一生お金に困らないために国民年金にプラスオン！

まだまだ先とは思っても、確実にやってくる老後。保障が手薄なフリーランスだからこそ、稼げるうちに稼ぎ、老後のためにプールしておきたい。

全額所得控除になる年金2階建て商品はトク

将来、国民年金だけだと保険料納付済期間が４８０月（40年間）で定額78万８９００円（平成23年）、月額にすると６万５７４１円だ。しかも、昭和36年４月２日生まれ以降の男性、昭和41年４月２日生まれ以降の女性は65歳からしかもらえない。

さらに、ぶっちゃけ、この金額やもらえる時期は、自分が老後になる前に年金改正があって、もっと不利な状況になるかもしれない。

けれど、年金は国の制度なので、なくなることはないし、将来の収入の大きな柱になることは間違いない。

そこでフリーランスが自前で国民年金の上に2階を建てることができるのが、「付加年金」「国民年金基金」「確定拠出年金（個人型）」だ。

「付加年金」は国民年金にたった４００円プラスするだけで、将来、孫にお小遣いをあげられるくらい年金が増える（２００円×保険料納付月数）。

「国民年金基金」は、会社員や公務員との年金額の差を解消するための公的年金制度で、少ない掛金で始められ、加入後も収入に応じて月々の掛金の増減ができるので、収入が不安定なフリーランスでもプレッシャーは少ない。

「確定拠出年金（個人型）」は、民間の金融機関の商品を自分で選び、自分で運用するイメージ。手数料が比較的高いのが難点だが、運用次第で大きく年金が増えるかもしれない。

３つの年金商品の大きなメリットは、全額所得控除になること。年金を貯めながら、税金も安くなるし、年金受給年齢までお金を下ろせないのもフリーランスにとってはメリットだろう。

なんだかんだいっても年金は将来の重要な収入源

	難易度	内容
付加年金	◎	**国民年金に月400円プラスでちょっと増やせる年金** 付加年金の保険料は月400円で、年金給付額は200円×付加年金保険料納付月数。つまり付加保険料を10年間納付すると、給付金が年2万4000円増えて、少しだけ贅沢ができる。
国民年金基金	○	**“年金の2階建て”を自力で作りたい人はコレ!** フリーランスが任意で加入できる公的な年金制度。加入口数や年金の種類を選択することができ、全額所得控除になるのが大きなメリット。60歳から年金がもらえるものもあるのでいい。
確定拠出年金（個人型）	△	**自らの運用次第で年金を大きく増やせるかも** 民間金融機関の金融商品（確定拠出年金用）を使い、毎月、一定の金額を口座に積み立て、その元本と運用益がその人の老後の年金となる制度。運用次第でもらえる年金額が変わる。

先輩フリーランスの ぶっちゃけ!

ええっ。国民年金の取り立て書類が来た!

愛知県・イラストレーター・34歳・女性

フリーランスになって以来、国民年金を納めていなく、何度か「払いなさい」的な郵便物が届いてもスルーしていたら、いよいよ「最終催告状」なるものが届き、内容は「財産を差し押さえるぞ」的なものでした。2年分で滞納金は35万8920円とありました。怖くなってすぐに納めましたが、仲間の皆さん、年金を納めないと取り立てがやってきますよ。

フリーランスの退職金

小規模企業共済で〝自前の退職金〟を作らねば！

会社員よりも年金が少ないうえに、退職金もないフリーランス。けれど、フリーランスは頑張れば頑張っただけ自分に返ってくる。

何度もいうが、フリーランスは「稼げるうちが花」。稼げるうちに老後のためのお金をプールしておきたい。

そこで、強くすすめたいのが、「小規模企業共済」だ。 これはフリーランスを含め小規模企業の経営者が事業を辞めたときに解約ができるという〝退職金代わり〟の共済制度だ。

毎月積み立てて、自分が仕事の廃業届を出したときなどに、はじめて解約できる。利息は預貯金より高く、何よりも全額所得控除になるのが大きなメリットだ（所得控除の詳細は第3章）。

掛金は月1000~7万円の範囲で、これからでも1年分全納すれば、**最高84万円もの所得控除となり、課税所得を一気に減らすことができる。**

この共済には、もし、事業の運転資金が足りなくなったら、掛金の7割程度を限度にした貸付制度もある。

また、フリーランスから会社にしたときには解約ができるので、法人化への資本金準備として貯めるのもいい。

今、不況の日本では、哀しいかな、倒産件数が増えている。自分の事業は好調でも、取引先に不測の事態が起きたときに連鎖倒産なんてこともありえる。

「経営セーフティ共済」は倒産防止保険付き預金のようなもの

そこでフリーランス向けに「経営セーフティ共済」がある。 これは毎月、積み立てて、もし、取引先が不渡りや倒産をして被害を被った場合に、積み立てたお金の10倍まで無利子で貸してくれるというもの。40カ月以上加入していれば、全額解約金として返してもらえるのでプレッシャーも少ない。

イメージとしては、倒産防止保険のついた預金のようなものなので、こちらもおすすめだ。

経営セーフティ共済とは

中小企業基盤整備機構が運営。自分の事業はうまくいっていても、取引先の倒産はいつ起こるかわからない。そのような不測の事態に直面したときに、迅速に資金を貸してくれる制度。掛金は月5000円〜20万円の範囲内で必要経費として計上できる。40カ月以上の加入で解約時に全額返金してくれるのもいい。
http://www.smrj.go.jp/tkyosai/

小規模企業共済とは

中小企業基盤整備機構が運営。小規模企業の個人事業主が事業を廃止した場合や、会社などの役員が役員を退職した場合など第一線を退いたときに、それまで積み立ててきた掛金に応じた共済金が受け取れる。掛金は月1000円〜７万円の範囲内。預金より利息がよく、また全額所得控除にもなる。
http://www.smrj.go.jp/skyosai/

先輩フリーランスの
ぶっちゃけ!

経費がほとんどないので共済にめいっぱい入ってます

宮城県・SE・42歳・男性

東京の取引先からの仕事の発注はメール、打ち合わせもスカイプを使っているので、電車に乗ることもなく、経費といっても通信費と資料代ぐらいしかありません。なので、小規模企業共済を月７万円、経営セーフティ共済を月10万円加入し、合計月17万円を積み立てています。お金は知らないうちに貯まっていき、このたび1500万円を超えました。

社会保険と税金の関係

将来の備えが手厚いほど税金が安くなるのだ!

国保に年金に小規模企業共済経営セイフティー共済はかけておくといいぞ~特に国保に年金は納めとくほうがトクなんだ
先輩
入ってますよでも~年金不安に国保のかけ金だってバカにならないですよ

税金でもっていかれるより将来の備えに!

本章で述べてきたように、**国民健康保険と国民年金、国民年金基金、確定拠出年金、小規模企業共済、経営セーフティ共済などのフリーランスの社会保険は、全額所得から引くことができる。あたかも経費のように…。**

たとえば健康保険を月3万円、年金を月1万5000円、小規模企業共済を月5万円、経営セーフティ共済を月5万円納めたら年174万円となり、これを所得から差し引くことができるのはかなり大きい。その分税金が安くなり、経費も計上すれば、ほとんど税金を納めないフリーランスもでてくるのではないだろうか(控除の説明は第3章)。

フリーランスは知識があるとないのとでは大違い。**税金でもっていかれるより、年金や共済で将来の備えをしたほうがずっとトクなのだ。**

それでいて将来、もらえる公的年金には公的年金等控除という非課税枠があり優遇されている。民間の年金や生命保険料は保険料のだいたい半分、しかも最大でも5万円しか控除されないので、公的なものはこの面でも優遇されている。

会社員時代は天引きで納めてきた健康保険と年金だが、フリーランスになると

税金
備え
備え

ははっ
ところが
フリーランスは
これらを
経費みたいに
所得から
引けるんだよ
しかも
年金は
生きてる間
ず〜っと
もらえる
んだぞ
そう
ですよね〜
へへっ
わしゃ〜
まだまだ
生きるぞ〜
ん〜
何
考えて
る？

収入が安定せず、社会保険は負担が大きく感じるかもしれない。けれども、**実際は会社員時代に比べて支払い保険料は減っていることを理解しよう。**

年金は生きている間はずっともらえる

それでも年金を払いたくないと思っているフリーランスへ。**年金の最大のメリットは「何歳まで生きようが、生きている間は終身でもらえる」ことだ。**

今、日本人の平均寿命は女性が86・39歳、男性が79・64歳（２０１０年発表）。けっこう、人は知らず知らずのうちに長生きしてしまうものなのだ。

年金は納めなければもらえない。納めていない人は、今からでも年金は納められる。将来、ステキなおじいちゃん、おばあちゃんになりたければ、年金は加入は一考の価値ありだ。

先輩フリーランスの

ぶっちゃけ!

Cut House

親の跡継ぎとして美容師に。健保は東京美容国保組合です

東京都・美容師・28歳・男性

実家が美容室なので、今、修行のため外の美容室にてフリー契約で働いています。親に教えられ、「小規模企業共済」へ月3万円自動引き落しでお金を貯めているのが唯一の自分の財産。健康保険は「東京美容国民健康保険組合」の手続きをしたので、普通の国民健康保険より安いと思います。有名なスタイリストになって、将来は実家の支店を出すのが夢！

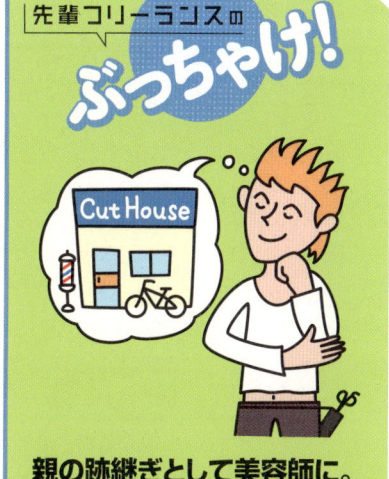

腑に落ちた?

ぶっちゃけ!

フリーランスが知りたい 社会保険Q&A

「健康」と「老後」を守ってくれる社会保険。
高額なお金を納めるのだから、
しっかりとその恩恵に預かりたいもの。
社会保険のぶっちゃけな疑問を解決します!

Q 年金をバックレています。今から払ってもいいですかねぇ

フリーランスになって9年。国民年金の納付をバックレていたら、「国民年金未納保険料納付勧奨通知書」なる、まさに“赤紙”が届いてドキリ。今から払ってもいいですかねぇ。

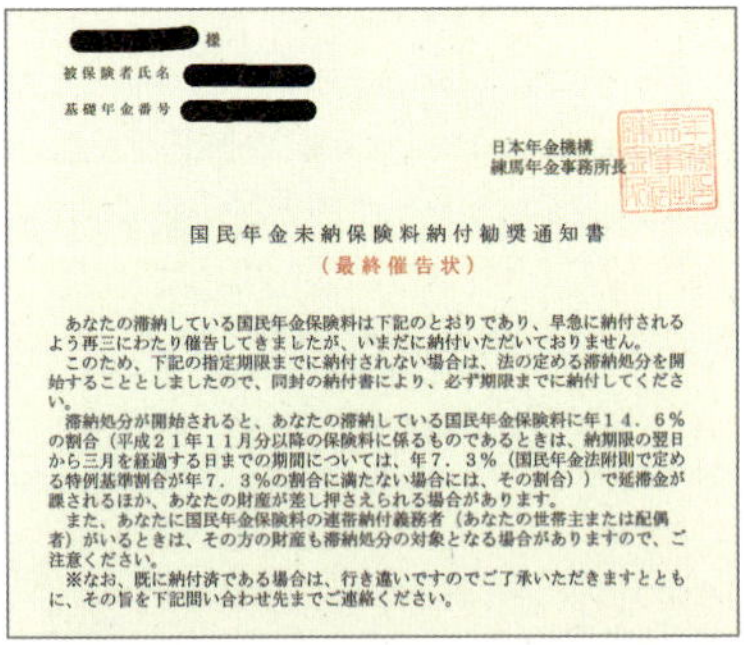

[redacted] 様

被保険者氏名 [redacted]

基礎年金番号 [redacted]

日本年金機構
練馬年金事務所長

国民年金未納保険料納付勧奨通知書
（最終催告状）

あなたの滞納している国民年金保険料は下記のとおりであり、早急に納付されるよう再三にわたり催告してきましたが、いまだに納付いただいておりません。

このため、下記の指定期限までに納付されない場合は、法の定める滞納処分を開始することとしましたので、同封の納付書により、必ず期限までに納付してください。

滞納処分が開始されると、あなたの滞納している国民年金保険料に年１４．６％の割合（平成２１年１１月分以降の保険料に係るものであるときは、納期限の翌日から三月を経過する日までの期間については、年７．３％（国民年金法附則で定める特例基準割合が年７．３％の割合に満たない場合には、その割合））で延滞金が課されるほか、あなたの財産が差し押さえられる場合があります。

また、あなたに国民年金保険料の連帯納付義務者（あなたの世帯主または配偶者）がいるときは、その方の財産も滞納処分の対象となる場合がありますので、ご注意ください。

※なお、既に納付済である場合は、行き違いですのでご了承いただきますとともに、その旨を下記問い合わせ先までご連絡ください。

A 国民年金の「未納」が社会的な問題になっており、最近は未納者にこのような納付催促状が届いています。

催促状には滞納処分が開始されるとあなたの財産が差し押さえられる場合があり、世帯主や配偶者も同罪のようなことが書かれています。

年金は過去２年分をさかのぼって納めることができます。また、このたび未納の事後納付が過去２年分から10年分に延長となり、援助措置は2012年10月までには実施され、３年間の時限措置で行われます。将来、無年金はキツイし、若い頃の自分を恨むことになります。未納があるのなら納付を。

Q フリーランスになったばかりなのに乳がんが発覚。治療費が心配…

会社を辞めて独立したとたん、体に異変が出て乳がんが発覚し落ち込んでいます。これから抗がん剤の治療が始まります。治療費を払っていけるかどうか心配です。

A 乳がんで手術をしたり、長期入院したり、通院でも治療が長引く場合には、医療費は高額となるでしょう。

医療は平等に受けられなければならないとの観点から、国民健康保険には一定の金額（自己負担限度額）を超えた部分が払い戻される「高額療養費制度」があります。あなたの月収が53万円以上あるのなら月16万円弱、それ未満なら約月9万円以上の医療費はかかりません。保険内でじっくり治療をしてください。

ただし差額ベッド代や入院時食事療養費、入院時生活療養費の自己負担額は対象になりません。

Q ヤフオクで定期的な収入あり。扶養から外れたくないんですけれども

主婦ですが、最近、ヤフーオークションを使って品物を売って、月５万円ほどの利益を上げています。夫の扶養から外れたくはないのですが、私はフリーランスですか？

A まずは税金面では、年間38万円を超えた所得がある場合は、税金を納める、納めないにかかわらず、**妻は妻で確定申告をしなければなりません。**

年金面では、妻の収入が130万円以上になると夫の扶養から外れ、フリーランスとして自分で国民年金に入らなければいけません。

所得税の確定申告においては、基礎控除の38万円以上の所得がある場合は申告しなければなりません。ただし、所得は「収入ー必要経費」となるため、年間にどれだけ必要経費がかかったかがポイントです。収入から必要経費を引いた結果、38万円未満ならば妻は申告不要です。

Q パートでも職場の厚生年金に入らなければいけないんですか!?

夫の扶養の立場ですが、パート先を変えて、大手スーパーで働くことになったら厚生年金に入らなければいけないと言われ、年金を納めることになりました。納得がいきません。

A 正社員ではなく、パート主婦でも働く時間と労働日数の両方が正社員のおおむね４分の３以上（週30時間以上）の人は、勤務先によって厚生年金の加入者になることがあります。

計算をしてみると、週30時間（月125時間）で時給900円なら月11万2500円、年収135万円となるので、収入面からも扶養からはずれますね。

もし、あなたが国民年金を納めなくてはならないフリーランスの妻ならば、パートでも厚生年金に加入できれば会社負担があり、将来的にはもらえる年金が増えるのでうれしい話です。

Q 「ねんきん定期便」の記載が間違っているんだよねぇ

誕生日月になって「ねんきん定期便」が郵送で届きました。勤めていた会社も記載されてあったけれども、自分の記憶と一致しません。これって、どうしたらいいものか…

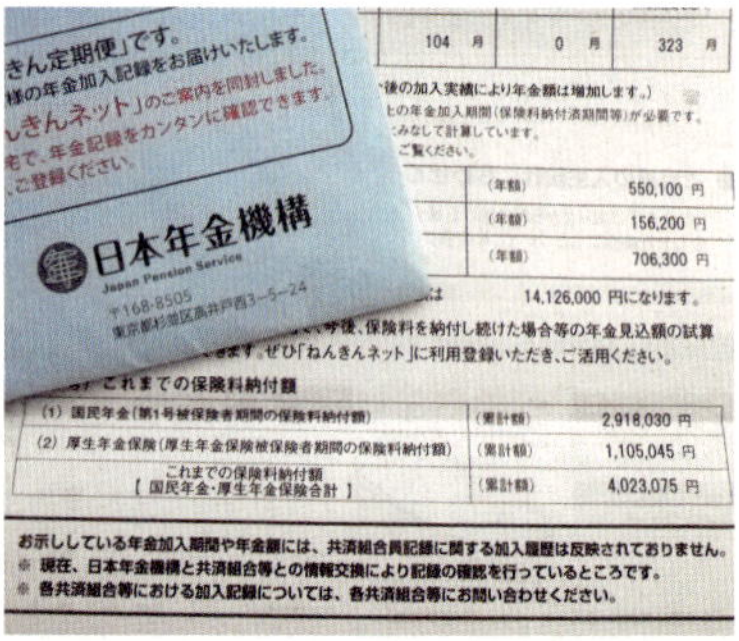

A 年金は年金記録が間違っていることが何度となく問題になっています。明らかに**「ねんきん定期便」の記載が間違っている、自分で納得したい、直接聞いてみたいという人は、近くの年金事務所で照会をしてください。**

ねんきん定期便のチェックポイントは、何度か転職している人は勤務の最初から最後まで記載されているか、転職と転職の間に未納はないか、夫が独立しフリーランスとして国民年金になったら夫の扶養だった妻の年金は大丈夫か…など。すべてが将来、もらえる年金給付額にかかわってきます。改めて自分の年金をチェックしてみましょう。

Q 夫の浮気で離婚。主婦の私の年金はどうなるんですか！

定年を前に夫の浮気が発覚し、離婚することに。長年、夫を支えてきて、もう少しで年金生活とおもっていたのに…。離婚した私は年金ないんですか？

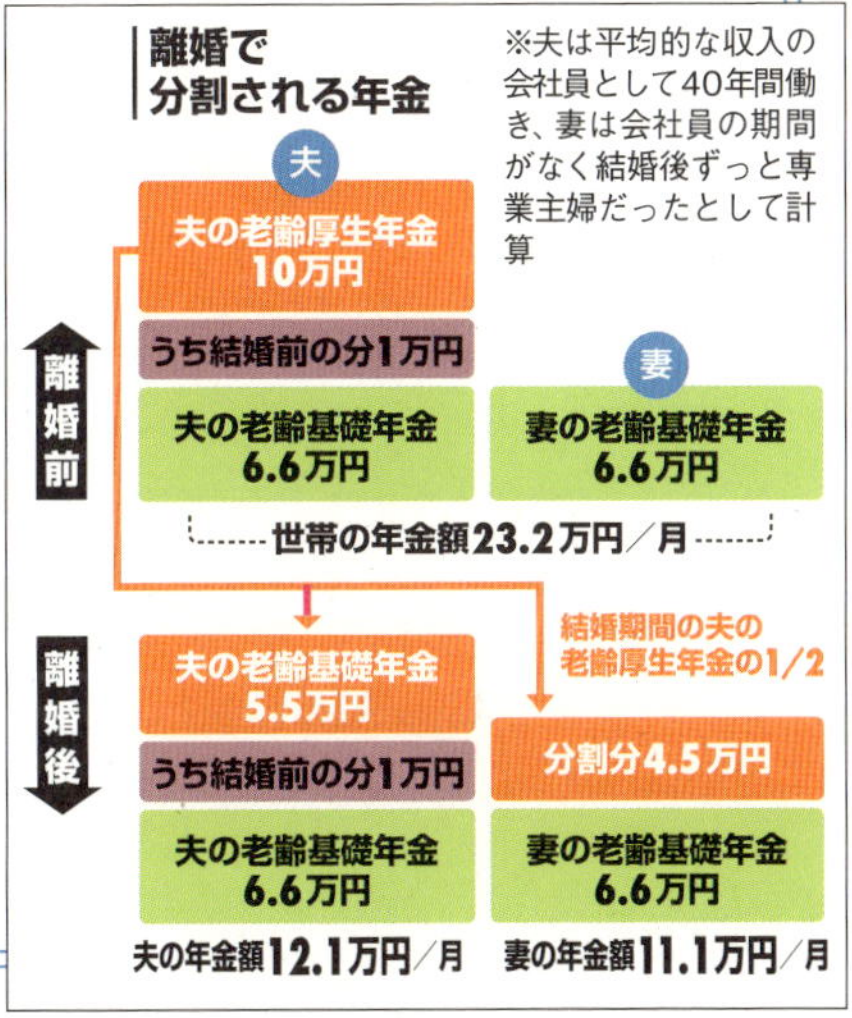

A フリーランスにあまり関係ないのですが、大切なことなので覚えておきましょう。離婚をした時、家庭で会社員の夫を支えてきた妻は国民年金しか受け取れず、たとえ厚生年金があっても「働く期間が短い」「低賃金」などから年金額自体が少ないという現状があります。そこで「会社員の夫を支えた妻の貢献度を年金額に反映させる」ために、**平成20年４月から離婚した場合、夫の厚生年金の分割が認められるようになりました。**

Q 小規模企業共済が破たんするウワサを耳にしたのですが大丈夫？

小規模企業共済で月７万円を貯めていますが、潰れるというウワサを聞いて怖くなりました。たしかに利息がいいですが、この時期、運用がうまくいっているとは思えず…

A 「小規模企業共済」は196ページでも紹介したとおり、**全額所得控除でありながら、利息も通常の預金よりよく、これを担保に借金もできるという、フリーランスにとって最高の金融商品です。**

公的制度であり、法律で守られているものではありますが、右肩上がりの高度成長を前提に作られたものなので、年金制度同様、途中の法改正でフリーランスに不利になることもないとはいえません。

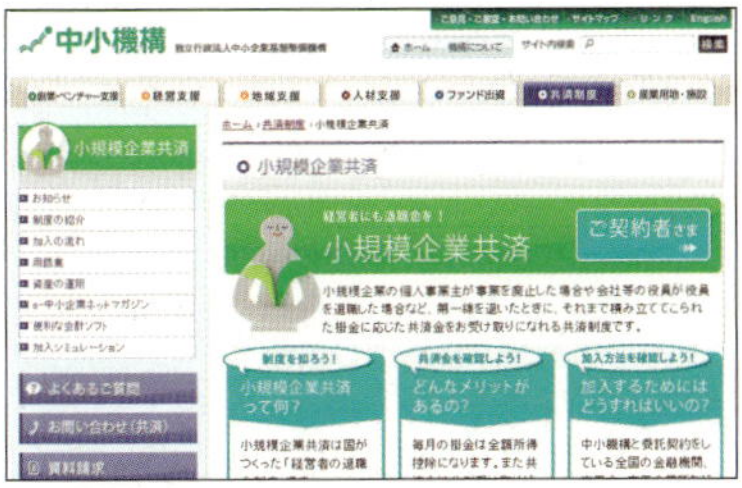

http://www.smrj.go.jp/skyosai/

ご自身で判断するしかありませんが、「小規模企業共済」は、平成23年３月末現在で在籍件数が約157万件あり、健全に運営されています。

column

「ねんきんネット」でもらえる年金をチェック!

いったい自分は将来、いくら年金がもらえるのだろう？　そんな素朴な疑問に答えてくれるのが、日本年金機構が運営しているサイト「ねんきんネット」です。

サイトではこれまで納めた年金はもちろん、年金加入月数や年金見込み額、月別納付状況なども、先月納めた年金保険料がわかる速さで、スピーディーに毎月更新されています。

また、年金に加入していない未納期間や、標準報酬月額（厚生年金の額の元になる収入）の変動などが表示されているので、「未納」も「誤り」も発見しやすいのが特徴です。

下の画面の例は、転職と転職の間に「未納」があった場合の例で、納めていない国年（国民年金）の色が変わって表示されており、クリックすると詳細があります。

サイト上で「私の履歴整理表」を作れば会社員時代の自分が納めた厚生年金の歴史が一目瞭然でわかるので、何度か転職をしている人は“自分の仕事の履歴”としてみるのもいいですね。

なお、「ねんきんネット」のユーザーIDとパスワードは、2011年4月以降に届いている「ねんきん定期便」にアクセスキーの記載があるのでチェック。誕生月がまだな人や、なくしてしまった人も、サイトを通じて申し込めば５日程度でユーザーIDが郵送されてきます。

ぜひ、「ねんきんネット」にアクセスしてみてください。

ねんきんネット
http://www.nenkin.go.jp/n_net/

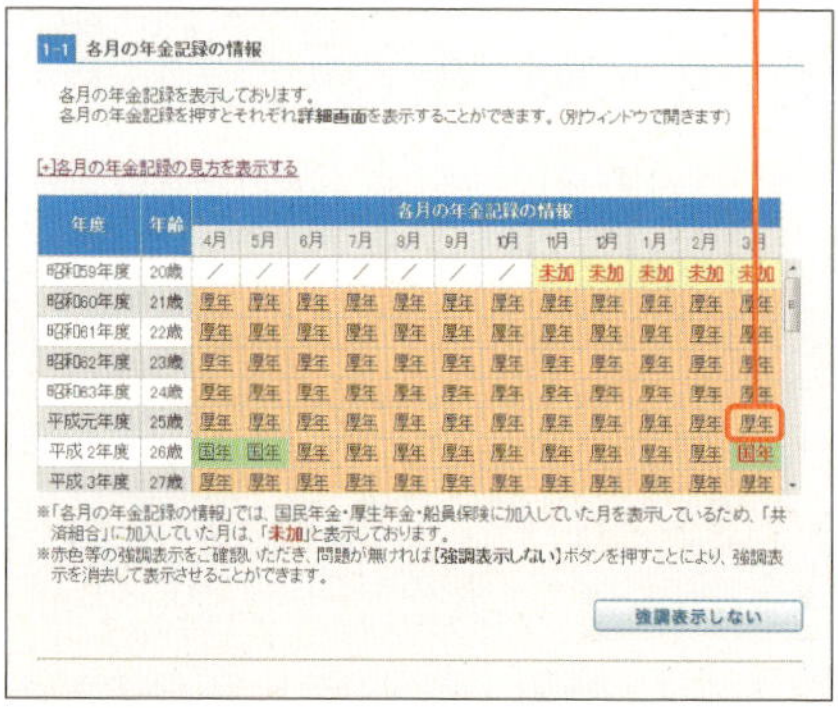

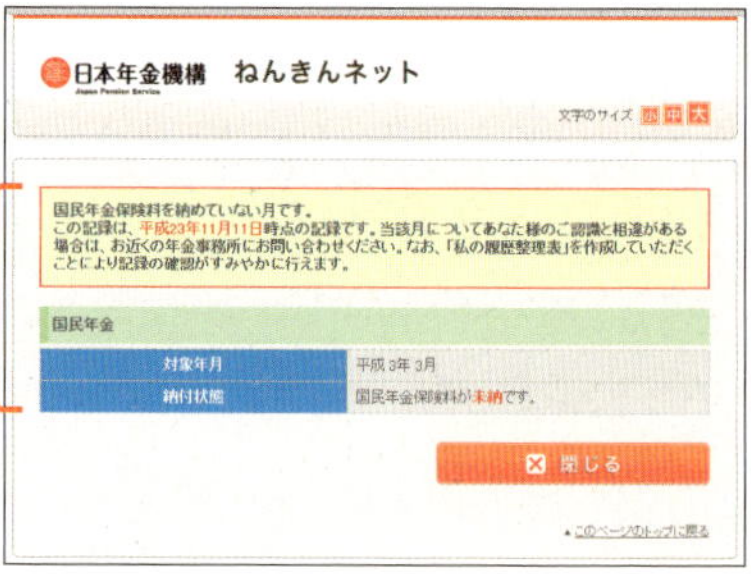

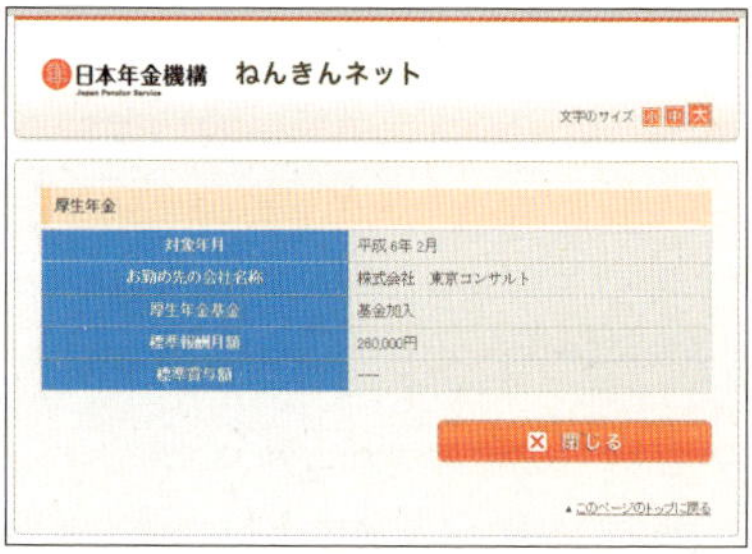

第10章

消費税

いつかくるかも消費税

消費税は前々年の売上が
1000万円以下であれば
「免税事業者」だけれども…
もっと稼いで「課税事業者」になろう!

さらに一瞬トクしたように思える消費税。
消費税、5000円プラス…と
請求書

サラリーマン時代は関係なかった！

フリーランスは「消費税」もかかる!?

会社員の給料は対象外　個人事業主の報酬は対象

　買い物をすると知らぬ間に5%上乗せされて徴収されている消費税。今ではすっかり生活の一部になって、気にならない存在になっている。

　しかし！　自分が稼いだ収入の中から「消費税」を納税せよ、となれば、話はそんなに穏やかではない。実は会社員の給料は、消費税発生対象外となっているので、消費税は関係ない。**ところが、個人事業主の報酬は、ぶっちゃけ消費税対象となっているのだ。**

「そんな殺生な！　会社員の給料と俺らフリーランスの報酬のどこが違うんだ。せっせと働いて得た収入で、消費なんかしてないぞー」というのはヘリクツ。

　消費税はそもそも、間接税と呼ばれるもので、買い物をしたときに、お店が国などに代わって間接的に徴収し、あとで、まとめて納税される仕組みになっている。だから、事業を営む限りは必ず納税しなければならないことになっている。

　ただし、「払うのを許してあげるよ」という免税特典が用意されている。売上が1000万円以下であれば、「免税事業者」と認めてもらえるのだ。つまり、消費税の支払いを免除されるわけだ。

「それじゃ、フリーランスになって1000万円超稼ぐと、なんだか損をするみたいだ。特にフリーランスになったばかりの年だと、所得税、住民税の支払いだ

けでも大変だ。そのうえ、消費税まで払うとなるときついよ」という声が出るのもわかる。

1000万円超の売上の2年後に支払い義務発生

そこは国も考えていて、実は、消費税は前々年の売上をみて支払い義務（課税事業者）が発生することになっている。つまり、1000万円超の売上があっても、実際に消費税を支払うのは2年後となる。**フリーランスになって最初の2年間は、消費税の支払いは発生しないのだ。**しかも、2年後の売上に対してかかるので、その年の売上が800万円だったら、その金額に対しての課税ということになる（下図参照）。

つまり、毎年、課税事業者だったが、ある1年、売上が1000万円以下だったということになれば、2年後は免税事業者ということになるのだ。

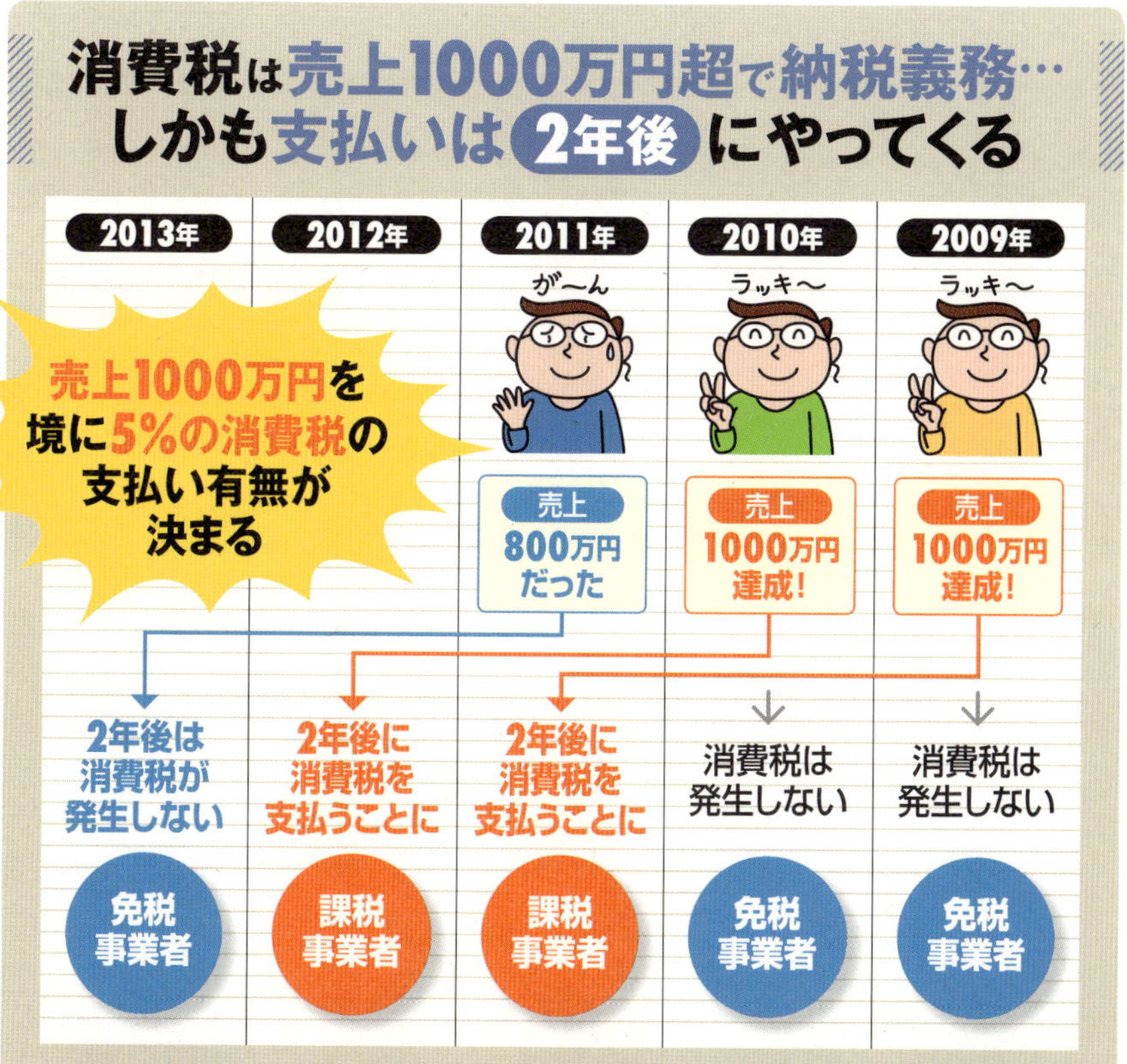

※H24.1.1からは特定期間（1月〜6月の6カ月間）に売上1000万円を超えると翌年、課税事業者の適用を受けることに要件が変更になっています。（適用開始は平成25年1月1日以後）

1000万円の売上なら50万円？

単純に売上の5%が課税額ではない！

自分が支払った分を差し引いて納税する

「わかりましたよ。簡単に言えば、1000万円の売上なら、50万円の消費税を払えばいいんでしょ」。

と、いうのはちょっと待ってほしい。消費税は単純に1年間の売上の5％を支払うとは限らないのだ。

消費税の納税は、自分がすでに支払った分の消費税があるなら、それらを差し引いてよいということになっている。

わかりにくいので、下図を見てみよう。

たとえば、エステシャンのAさんがお客さんに3000円のボディクリームを販売すると、消費税込で3150円の売上がたつことになる。しかし、Aさんは仕入の時点で、卸売価格2100円なら、プラス消費税105円を既に支払っている。その場合、105円を差し引き、45円だけを納税すればよいわけだ。

「仕入」とは「経費」にかかった消費税全般

ここで消費税額の計算方法について、もう1度確認しておこう。まず売上の中から、課税対象とならない売上を差し引く（課税売上）。課税対象外ってどんなもの？という素朴な疑問がわくが、**先ほど、会社員の給料を例にあげたが、そのほかに土地の譲渡や有価証券の譲渡などがある**（下図参照）。

次に課税売上に5％乗じて、課税売上にかかる消費税額を計算。最後に、そこから、既に支払っている消費税を差し引けば、納税すべき消費税額が計算できる。

ここで気をつけたいのが、既に支払っている消費税額。これは「仕入にかかった消費税額」と呼ばれるものだが、実はこの仕入の意味はかなり幅広くて、何も仕入れた商品には限っておらず、経費全般が含まれているのだ。

つまり、仕事で使うためのパソコン費から打ち合わせでかかったコーヒー代まで、消費税を支払ったら、その分をすべて差し引ける。つまり、経費の管理もしっかりしておかないと、消費税額を計算するときに、困ってしまう、という結果になるわけだ。

消費税額はどう計算する？ その2

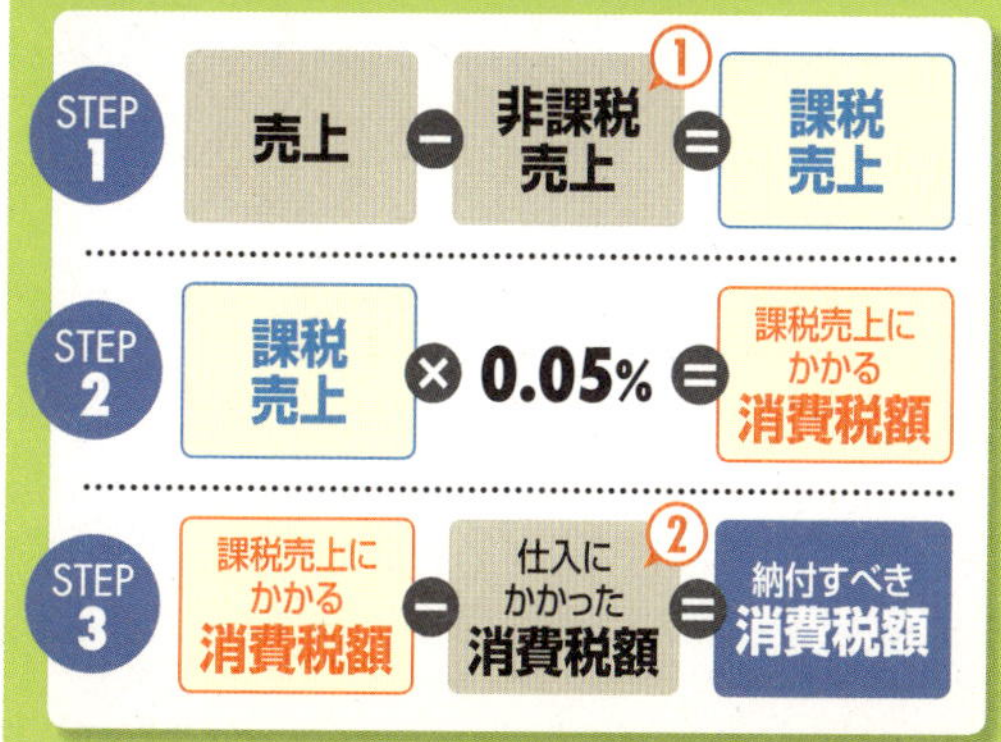

①「非課税取引」ってどんなもの？

- 土地の借地権など土地の譲渡および貸付け
- 国債や株券などの有価証券等の譲渡
- 小切手、約束手形などの譲渡
- 社会保険医療の給付等
- 介護保険サービスの提供
- 学校教育　etc.

②「仕入」とは実は「経費」の事！　例えばこんなものも

- 器具備品等の事業用資産の購入
- 広告宣伝費、厚生費、接待交際費、通信費、水道光熱費の支払い
- 事務用品、消耗品、新聞図書などの購入
- 修繕費　●外注費

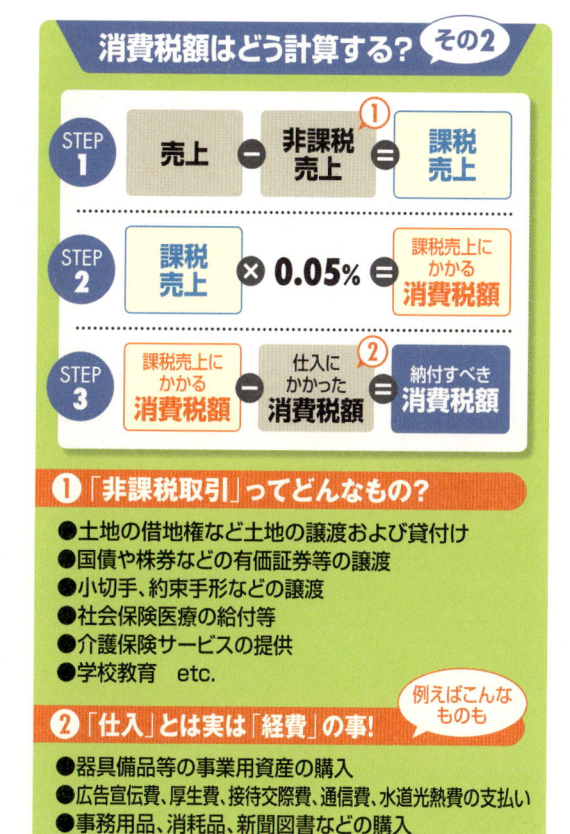

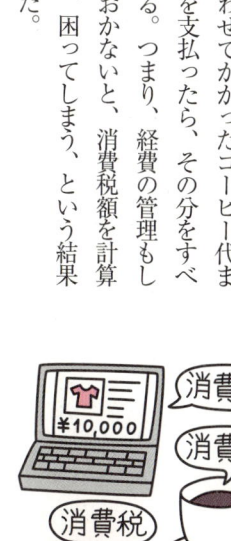

帳簿の管理もカンタンで助かる

簡易課税制度を選択して消費税額計算も簡単らくらく

仕入の消費税額を計算しなくともみなしでOK

「1000万円超の売上になると、消費税は支払わなければいけないし、帳簿をしっかりつけて、経費の管理をしなければいけないし、稼ぐって大変なことだな〜」というのが、偽らず感想だろう。

よく売上1000万円を超えたら、会社設立をしろというのもうなずける話だ。

しかし、会社設立をしなくとも、なんとか自分でやっていけるうれしい制度もある。それが「簡易課税」制度だ。

これは、下表のように、事業別に「みなし仕入率」が決まっており、仕入にかかった消費税をざっくり計算できるというもの。フリーランスの場合、たいていは50%のみなし仕入率となる計算。

簡易課税制度の事業区分5種類

事業区分	みなし仕入率	該当する事業
第一種事業	90%	卸売業 (他の者から購入した商品をその性質、形状を変更しないで他の事業者に対して販売する事業）をいいます。
第二種事業	80%	小売業（他の者から購入した商品をその性質、形状を変更しないで販売する事業で第一種事業以外のもの）をいいます。
第三種事業	70%	農業、林業、漁業、鉱業、建設業、製造業（製造小売業を含みます。)、電気業、ガス業、熱供給業及び水道業をいい、第一種事業、第二種事業に該当するもの及び加工賃その他これに類する料金を対価とする役務の提供を除きます。
第四種事業	60%	第一種事業、第二種事業、第三種事業及び第五種事業以外の事業をいい、具体的には、飲食業、金融・保険業などです。なお、第三種事業から除かれる加工賃その他これに類する料金を対価とする役務の提供を行う事業も第四種事業となります。
第五種事業	50%	不動産業、運輸通信業、サービス業（飲食店業に該当する事業を除きます。）をいい、第一種事業から第三種事業までの事業に該当する事業を除きます。

売上5000万円以下と届出書の提出が要件

たとえば、1500万円の課税売上があったら、課税売上にかかる消費税は75万円となる。そこにみなし仕入率の50%を適用して、実際の消費税額は75万円×50%で、37・5万円となるわけだ。

これなら、面倒な帳簿つけや経費管理をしなくとも、なんとか消費税を納税できるはず。

簡易課税制度を利用するにはふたつの要件を満たす必要がある。ひとつは、課税売上高が5000万円以下であること。もう一つは、前年までに簡易課税制度の適用を申し出る「消費税簡易課税制度選択届出書」を提出することだ。

1度選択すると2年は継続することになっているので、その点も注意が必要だ。また、もし自分の仕事はみなし仕入率より経費率が高いというなら、もちろん、この制度を選択せず、「原則課税」にしたほうがおトク。がんばって、自分で経費計算をして納税しよう。

簡易課税は届け出を忘れずに

制度を受ける期間の前日（つまり前年）までに、納税地を所轄する税務署まで提出。会社の住所、会社名、代表者名、適用開始課税期間などを記入して。

http://www.nta.go.jp/tetsuzuki/

消費税簡易課税制度選択届出書

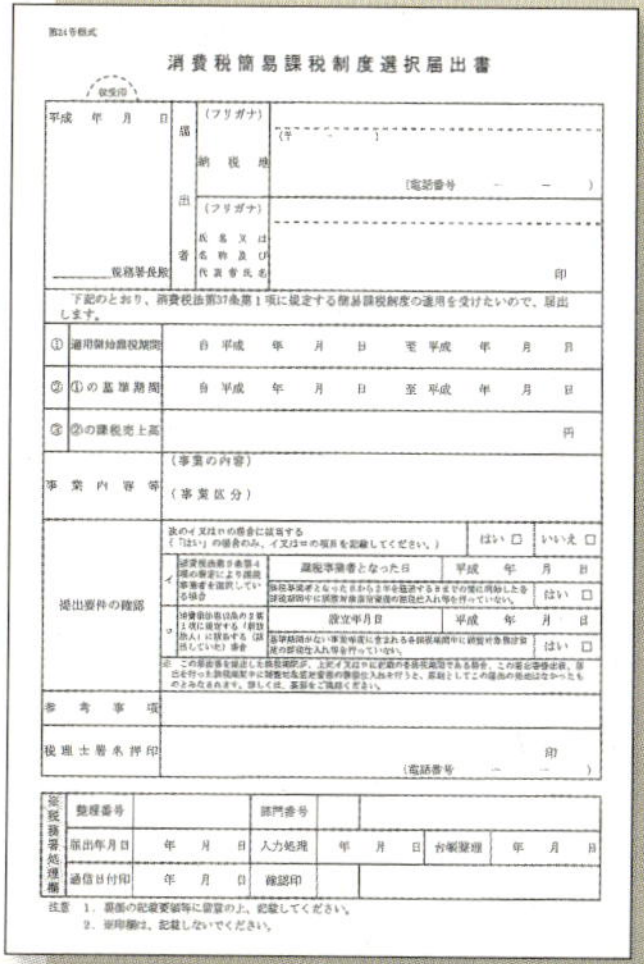

消費税簡易課税制度選択届出書

平成　年　月　日 税務署長殿	届出者	（フリガナ） 納税地	（〒　－　） （電話番号　－　－　）
		（フリガナ） 氏名又は名称及び代表者氏名	印

下記のとおり、消費税法第37条第1項に規定する簡易課税制度の適用を受けたいので、届出します。

①	適用開始課税期間	自 平成　年　月　日　至 平成　年　月　日
②	①の基準期間	自 平成　年　月　日　至 平成　年　月　日
③	②の課税売上高	円
事業内容等		（事業の内容） （事業区分）
提出要件の確認		はい □　いいえ □
参考事項		
税理士署名押印		印 （電話番号　－　－　）

※税務署処理欄	整理番号		部門番号			
	届出年月日	年　月　日	入力処理	年　月　日	台帳整理	年　月　日
	通信日付印	年　月　日	確認印			

先輩フリーランスのぶっちゃけ!

妻が経理を担当して原則課税で消費税を納税

東京都・35歳・カメラマン・男性

カメラマンのUさんは、売れっ子ファッションカメラマン。売上1000万円は優に超えている。「でも僕なんか、簡易課税制度を使うと損するので、がんばって毎年計算しています」。ストロボやレンズなどの機材代やバック紙などの小道具の経費を考えると、50%では足が出るとか。「妻がガッツリ、経理をやってくれてますんで、助かってます」。

column

仕事がないと不安…フリーランスのメンタルケア

フリーランスは「仕事をコントロールできる」「決まった規則がない」という自由の反面、絶えず「仕事が切れるかもしれない」という不安と戦わなければなりません。一人で仕事をする環境になると却って遊べなくなり、営業も、作業も、経理もすべて自己責任になるためストレスのレベルもアップ。

病気になっても誰も助けてくれない、愚痴もこぼせない、代わりの人を頼めない…、フリーランスは孤独で、ぶっちゃけ寂しい立場なのです。好調のときは、自分の能力に対して仕事が入ってくるので無敵な気分になりますが、仕事が減ってくると一人で思い悩む時間が長くなってしまうのです。

自信なさげの、暗いフリーランスに仕事はきません。これは先輩フリーランスからのシンプルなアドバイスです。マイナス思考になっていると感じたら、気持ちを切り替えなければ！

下記は先輩フリーランスからのポジティブ行動のススメです。中でもおススメなのはスポーツクラブに通うこと。体を動かすことで健康を維持できるし、必要以上に落ち込まなくても済むし、汗を流すジャグジーやサウナで気分もスッキリできるからです。

逆に仕事のやり過ぎもNG。締め切りやノルマがあったり、成功報酬型のフリーランスはどうしても長時間労働になってしまいがち。体が危険信号を出してもなかなか気がつかず、ある日、突然、バッタリ倒れて戦線離脱という人がどれほど多いことか！

年に一度は健康診断を受けましょう。フリーランスは心身ともに「健康いちばん」なのです。

先輩フリーランスからの「ポジティブ行動」のススメ

- **飲み会や打ち上げを仕切ろう!**
（そういうフリーランスに仕事は来るもの）
- **打ち合わせは午前中に入れる**（朝、ちゃんと起きるため）
- **スポーツクラブに通おう**
（仕事がないときに引きこもらないため）
- **人に「暇なので仕事をください」とは言わない**
（忙しい人に仕事は集まる!）
- **年に一度は健康診断を受けよう**（仕事のやりすぎに注意せよ）

第11章

会社設立

会社にする? 損益分岐点は?

会社を作るメリットは
「節税」「信用」「見栄」の3つ。
法人化には助走期間が必要だ。
年収別シミュレーションをご覧あれ!

法人化するかどうかは何で決める？

税額が安くなるかどうかをチェック。助成金の確認も

法人化すると、社長1人でも支払う税金は5種類に増える

フリーランスで既に事業をしている人はもちろん、現在はサラリーマンでこれから独立を考えている人からも、よく聞く悩みが「会社を設立するか、フリーランスとして個人で働くか、どちらがおトクか」ということ。

なんとなく、会社にしたほうが節税になるというイメージがあるが、実際はそんなに単純ではない。

もちろん、ある程度の事業規模になると節税効果が高い場合もある。ただ、まず法人設立（法人化、法人成りともいう）をするにあたって、覚えておきたいのが、会社を設立すると、自分は社長であると同時に社員になる、ということ。つまり、サラリーマンに逆戻りするのだ。

そうすると、まず、法人にかかる3つの税金（法人税、法人住民税、法人事業税）を支払うことになる。そのうえで、会社からもらった給料からも天引きして、所得税と住民税を払わなければならない。

法人と個人は別人格だが、実際は、社長1人の会社だとすると、今まで2種類（消費税、事業税は除く）の税金を支払っていたものが、**最低でも5種類に増えると聞くと、なんだか面倒な気がする。**

それでも、要は、その際支払う税金が、トータルで見て法人のほうが安ければ、法人化するメリットがあるということ。支払う税金の種類が増えても、税金が安くなるなら、法人化しよう、という心づもりが大前提となる。

助成金や許認可の際法人が条件なことも

そのほか、介護事業のように法人化すると助成金を受けられる業種や、建設業のように、法人でないと免許の許認可を受けられない業種もあり、法人化の理由は節税以外にも業種によって違ってくる。

そのあたりもよく調べてから、法人化を検討することが大事だ。

法人化すると2パターンの税金を払う

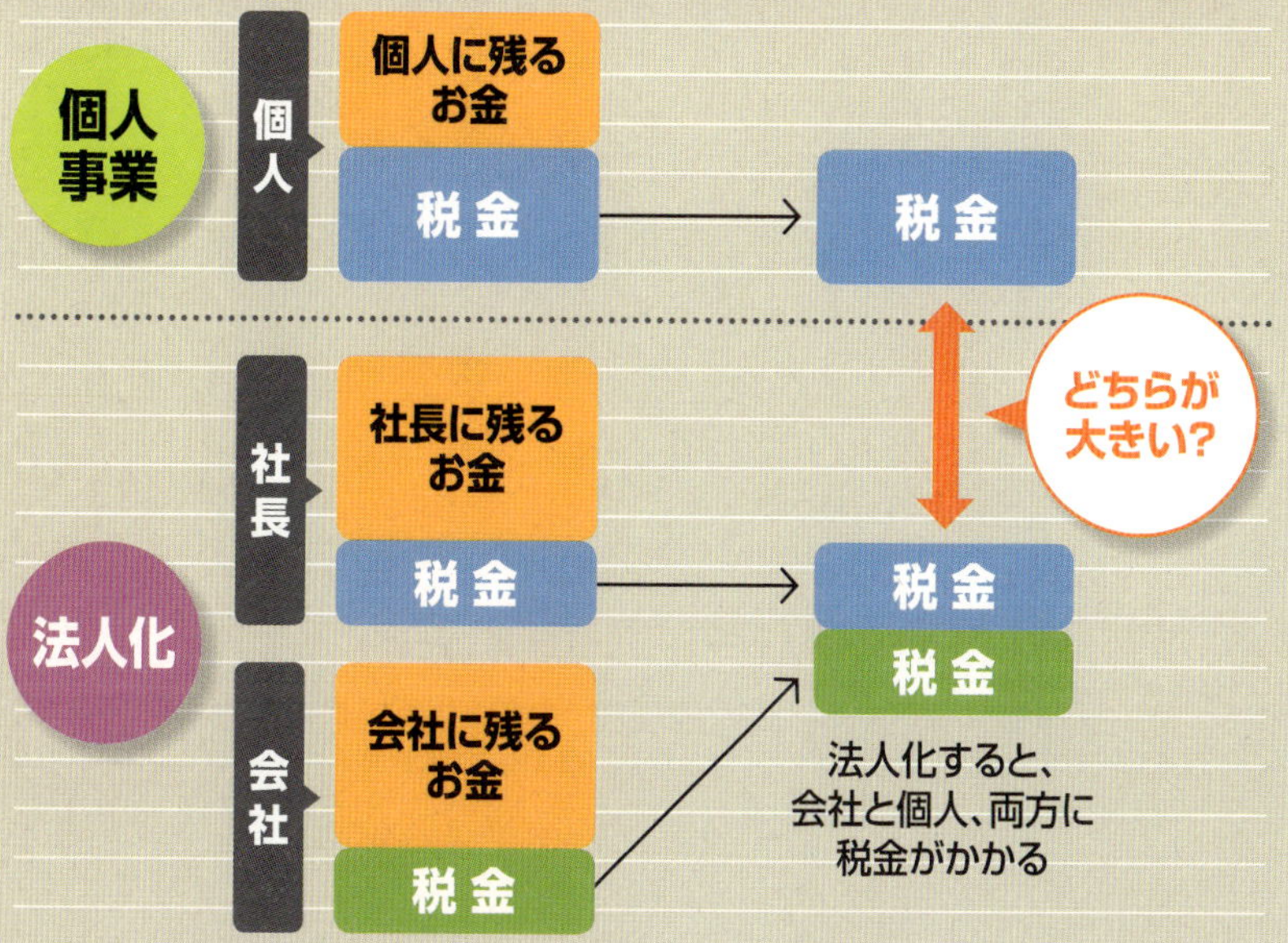

法人と個人では納める税金が違う

- **法人**…法人税、法人住民税、法人事業税（地方法人特別税を含む）、消費税、償却資産税、源泉所得税（給料・利息・配当にそれぞれかかるもの）など
- **個人**…所得税、住民税、事業税、消費税など
- **法人、個人共通**…印紙税、自動車諸税など

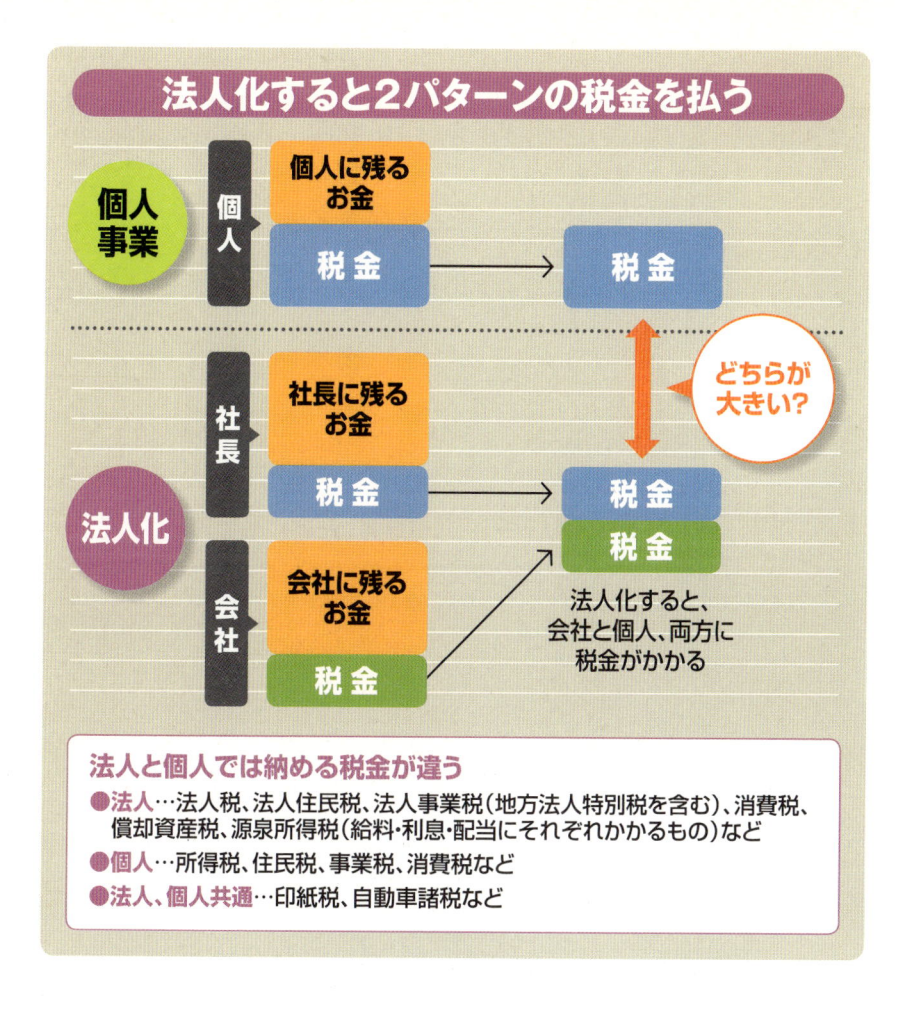

売上や利益でみるといくら？

決め手は「課税所得400万円」「売上1000万円」を超えたら

稼ぐほど、個人の場合税率が上がってしまう

いくら以上の売上があると、法人化したほうが節税になるのか。

　まずは課税所得（P23参照）で判断する。**個人にかかる税金は、最高で所得税40％、住民税10％、事業税5％で55％となる。これに対して法人は、法人税（800万円以上）30％、住民税10％で最高でも40％にしかならない。**課税所得400万円あたりになったら、法人のほうが安くなる可能性が高くなる。

　売上でみると、消費税が課税される1000万円超がやはり一つの目安だ。

法人化の決め手は？

① 課税所得400万円以上なら考える

個人事業主の最高税率

所得税40％＋住民税10％＋個人事業税5％＝最大55％

法人の最高税率

法人税30％＋住民税10％＝最大40％

② 売上1000万円超なら考える

個人事業主の消費税

売上1000万円超だと2年後から消費税がかかる

法人の消費税

法人化した当初の2年間は支払免除になる

消費税の課税事業者になったら、**2年間の免除**の特典利用を考える

法人化の最大のメリット

会社と個人の「経費」をダブルで差し引ける

実はサラリーマンにも経費枠があった！

法人化すると、自分は社長であると同時に社員になるのだが、実はここに大きな節税のメリットが隠れている。

サラリーマンは経費が認められないから、自営業者より損だという話をよく聞くが、実はとんでもない。**サラリーマンは最初から、「給与所得控除」という名前で経費ということで、所得から控除がされているのだ。**

その額は年収５００万円なら、１５４万円。意外と大きい金額だ。

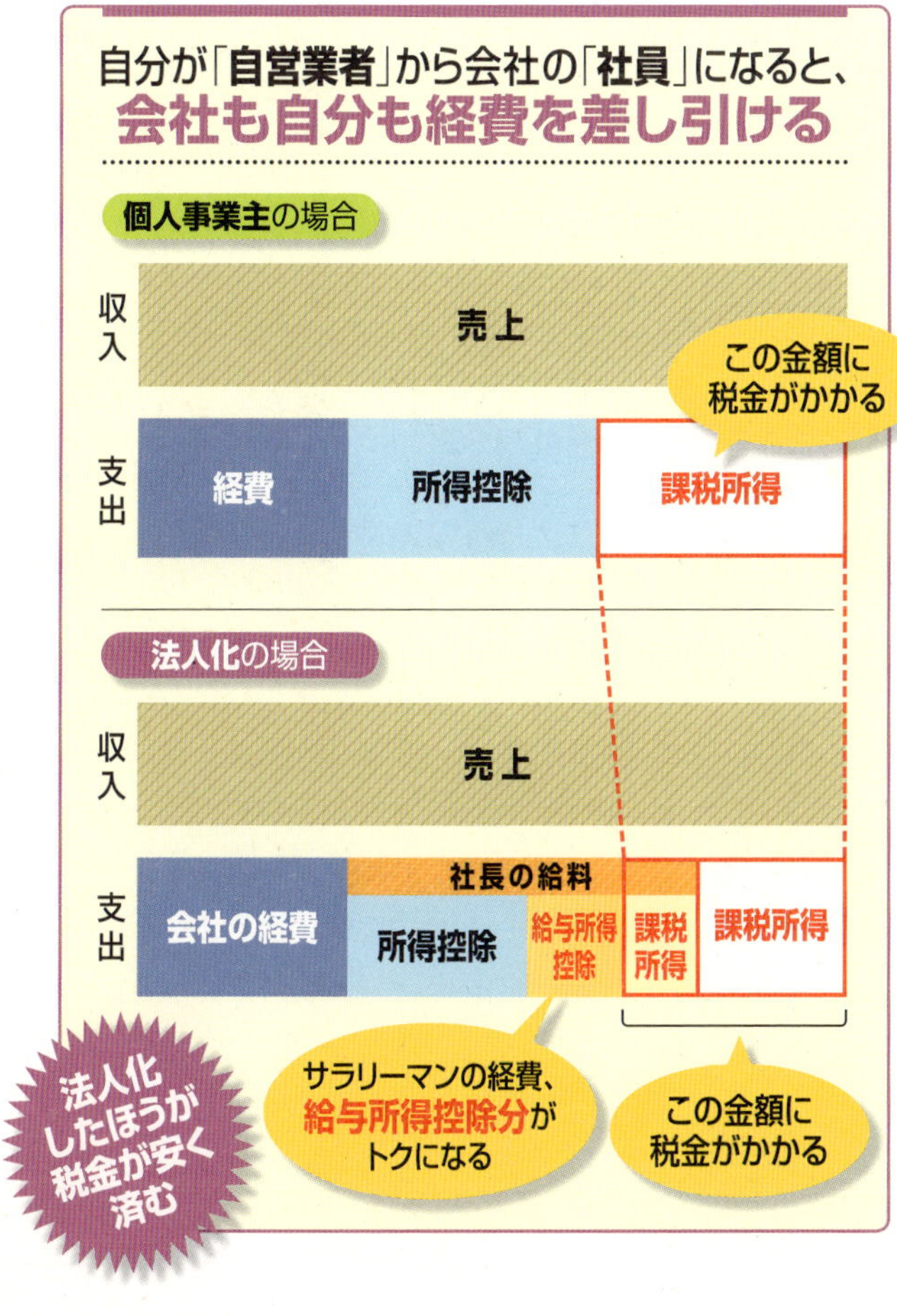

勘のいい人なら、わかっただろう。つまり、法人化すると、会社としての経費はもちろん売上から差し引けるが、**さらに社長の給料から「給与所得控除」という経費枠をさらに差し引けるわけだ**。ダブルで経費が差し引ける。なんというステキな響きだろう。

年収300万円だと個人　年収1000万円だと法人

「それなら、誰でも法人化したほうがトクだろう」と思うのは少し早い。

下表で年収300万円と1000万円の場合の個人事業主の場合と法人化した場合の税額を比較してみた。

これで見ると年収300万円だと、法人化するより、個人事業主でいたほうが、税額が安いことがわかる。この場合、売上300万円のうち、60万円を経費とし、残りをすべて社長の給料として計算。利益は0としている。個人だと青色申告控

個人事業と法人の税金の比較

[年収300万円の場合]

A 会社を設立して、サラリーマンとして申告した場合

会社が払う税金

売上：	300万円
自分への給料：	△240万円
経費	60万円
法人の利益	0万円
★法人税(国税0円、地方税のみ)	7万円

会社から給料をもらって自分が支払う税金

自分への給料：	240万円
給与所得控除　※1	△90万円
所得控除	△100万円
課税所得	50万円
所得税　※2	2.5万円
住民税　※3	5.4万円
税金合計	14.9万円

B 個人事業主として、青色申告をした場合

売上	300万円
経費	△60万円
青色申告特別控除　※4	△65万円
所得控除	△100万円
課税所得	75万円
所得税	3.75万円
住民税	7.9万円
税金合計	11.65万円

※1：240万×30%+18万=90万円
※2：所得税率は25ページ参照(50万×5%=2.5万円)
※3：住民税は、課税所得の10%に均等割(道府県民税1000円、市町村民税3000円)を足したもの
※4：複式簿記の帳簿をつけると、65万円控除される(→P120)

除の65万円を控除するのに対し、法人は給与所得控除を90万円差し引くので、一見、法人のほうがトクに見えるが、**法人の場合、利益0でも、7万円の法人住民税を支払う義務がある。その分が足を引っ張り、個人のほうが割安になっている。**

しかし、これが売上１０００万円となると、青色申告控除65万円に対して、給与所得控除は１５０万円と、差し引く控除額にだいぶ差が出てくる。**そのため、所得税額も、個人だと27万２５００円なのに対し、法人だと13万５０００円。累進課税のなせる技だ。**こうなると、利益０で法人住民税７万円を支払っても、法人のほうがおトクになるというわけ。

売上だけでなく、経費や利益の金額によって、損益分岐点は異なるが、給与所得控除の威力がいかに大きいかがよくわかるのではないだろうか。

［ 年収1000万円の場合 ］

A 会社を設立して、サラリーマンとして申告した場合

会社が払う税金

売上：	1000万円
自分への給料：	△480万円
経費	520万円
法人の利益	0万円
★法人税(国税0円、地方税のみ)	7万円

会社から給料をもらって自分が支払う税金

自分への給料：	480万円
給与所得控除	△150万円
所得控除	△228万円
課税所得	228万円
所得税	13.5万円
住民税	約24万円
税金合計	**約44万円**

※5：480万×20%+54万＝150万円
※6：所得控除は社会保険料の個人負担約59万円、基礎控除38万円、生命保険料控除5万円

B 個人事業主として、青色申告をした場合

売上	1000万円
経費	△480万円
青色申告特別控除 ※4	△65万円
所得控除	△100万円
課税所得	355万円
所得税	28.25万円
住民税	35.9万円
事業税	3.25万円
税金合計	**67.4万円**

法人化すると経費もこんなに違う

個人では認められない経費がガッツリ落とせる

車も携帯電話も100％OK 保険料もスポーツクラブも

節税の基本となる経費についても、認められる範囲が法人と個人では違ってくる。どっちがトクかといえば、全体でみれば法人のほうがおトクだ。

その代表例が車や携帯電話。法人名義で購入すれば、購入費用だけでなく、ガソリン代や通話料も100％経費になる。もちろん、やたらと私用に使うのはご法度だ。

ベンツを社用車として全額経費で落とせる

また、社長になったら、ベンツに乗れ、という話しもあるが、法人名義であれば、高級車だって経費で落とせる。社長という肩書きがある以上、多少のメンツは保つべき。ベンツに乗っていれば、「会社が儲かっているのかな」という印象を与えて、かえってクライアントは安心する。安全性の高さも評価できるし、何かあったら買取価格が高いという資産性もある。社用車ということなら、ちょっと良い車に乗るのはOKだろう。

その他、個人ではなく、社員であるということで、自分に退職金が払えるし、社員への福利厚生ということで、たとえば、スポーツクラブの入会金や会費も経費になる。

社員規則や経費精算規則などを作れば、たとえば、自分に出張日当を支払ったり、

社長は高級車に乗ってもOK!!

- **安全性が高い**
  (→社長の身を守りやすい)
- **ステイタスがある**
  (→会社の信用にもつながる)
- **高値で買い取ってくれる**
  (→困った時の資金繰り対策になる)
- **社員の成績優秀者に社用車として使わせてもいい**
  (→社員ががんばる)

福利厚生費として、ベビーシッター代への補助を出すこともできる。

変わったところでは、生命保険料経費になる（もちろん、受取人は会社）。商品によって経費になる割合は変わるが、個人だと生命保険料控除での節税効果は、500万円の個人が10万円の控除をうけてもせいぜい2万円程度。保険料が全額経費になるのは大きい。

そのほか、会社の赤字を7年間繰越せる特権も。個人なら3年なので、売上に浮き沈みのある業種なら、ありがたい制度だ。

交際費は使用分の9割しか認めない制限が

逆に、個人のほうが有利な経費もある。代表例が交際費だ。個人の場合、全額OKだが、法人は上限600万円、使った分の90%しか認められない。個人が使い放題なのに比べると、制限があるわけだ。

法人と個人のおもな経費の違い

●車の購入、税金・諸経費・ガソリン代
携帯電話の購入費、通話費

法人　基本的に全額OK

個人　自家消費分（私用で使った分）は認められない

●生命保険料

法人　原則経費になるが、商品によって経費になる場合が変わる

個人　経費にはならない（生命保険料控除として処理）

●退職金

法人　自分へも家族へも払える　個人　自分へは払えない

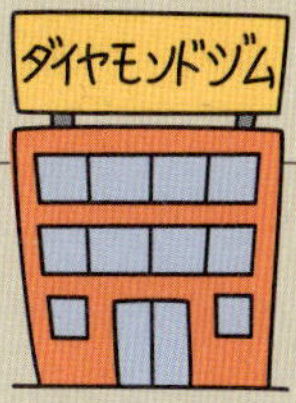

●不動産を処分したとき

法人　処分して損をした分は経費になる

個人　通常とは別に税金計算する

●スポーツクラブの入会金（脱退時に返還される場合）

※年会費は、福利厚生費または交際費

法人　経費になる

個人　経費にならない（給料扱いになってしまう）

●交際費

法人　資本金1億円以下の場合、上限は年間600万円までで、使った金額の90%までしか認められない（600万円使った時は、540万円までは交際費となる）

個人　経費にならない（給料扱いになってしまう）

『「個人か？会社か？」から申告・節税まで、「ソン・トク」の本音ぶっちゃけます。』（ダイヤモンド社）から抜粋（右図・上図）

節税だけ見ていると大きな落とし穴も

会社設立をすることで、逆にこんな費用が発生する!!

会社設立には法定費用や報酬、資本金などが必要

法人化することでのデメリットもたくさんある。

まず会社設立自体に費用がかかる。株式会社を設立するには、定款認証手数料、印紙代、登録免許税などの法定費用を払わなければならない。これらがざっと20万円強。手続きをすべて司法書士に頼むと、さらにその報酬が5万~10万円は必要だ。

また、一時的とはいえ、資本金も必要。もちろん、会社法上は、資本金1円でも構わないのだが、運転資金として最低100万円程度は用意する必要があるだろう。

個人から法人になると、自分が社長であり、社員であるという話をしているが、**社長の給料は実は最低でも決算期間内（通常は1年間）は、変えられない。**売上が上がってきたからと途中で給料を上げようといった融通はきかない。また、役員はボーナスをもらっても会社の経費にならない（個人の所得税はかかる）こ

会社設立のデメリット

- **会社設立に費用がかかる**
  税理士と司法書士への報酬に30万円前後。資本金にも100万円など、いったんは現金を用意する必要がある
- **社会保険料の負担が大きい**
  自分と社員の分の健康保険、厚生年金、雇用保険料の会社負担分の負担が発生する
- **社長の給料は1年間、同じでないといけない**
  社長の給料は1年間を通して変えられない。変えるときには株主総会に通すルール。もちろん、ボーナスももらえない
- **書類や手続きが煩雑になる**
  会社の場合、源泉税の支払いが必ず発生するほか、何かと書類や手続きが煩雑になることが多い

とも覚えておこう。

バカにならない社会保険の会社負担分

また、大きいのが、社会保険の整備。

個人のときは、国民健康保険と国民年金に加入していたが、会社員になったのだから、基本、会社として、健康保険と厚生年金、労働保険に加入しなければならない。しかも、健康保険と厚生年金は保険料を社員と会社が折半することになっている。その負担たるや、たとえば、給料100万円なら、健康保険と厚生年金保険料の会社持ち出しは約8万円。いずれは社員も採用しようというなら、**こうした整備は大事なことだが、経営が厳しいときには、大きな負担になる。**

法人化のメリット・デメリットを見てきたが、事業を大きくしたいなら、法人化は避けて通れない通過点。負担もあるが、前向きに検討しよう。

売上が大きくなれば社長はうれしい!

同じ売上、同じ経費なら社長の給料が高いほど節税になる!!

売上8400万円の法人の例

		社長の給料（月額）		
		60万円	100万円	150万円
法人税負担	法人税	438万円	294万円	126万円
	事業税	142万5100円	96万4700円	41万2600円
	住民税	80万7700円	55万8600 円	26万7900円
	消費税	200万円	200万円	200万円
	合計	861万2800円	646万3300円	394万500円
社長の個人税負担	所得税	21万8000円	110万7000円	284万7000円
	住民税	32万1200円	76万3200円	133万3200円
	合計	53万9200円	187万200円	418万200円
総計		915万2000円	833万3500円	812万700円
		高い		安い

役員報酬はいくらにしたらいいか。実はこれがもっとも悩ましく、難しい問題だ。上場・**非上場企業3500社の社長の年間給料の平均は3181万円**なので、夢はでっかくいきたいところ。左の図は経費が一定の場合に社長の給料と会社の税金の負担がどう変わるかを試算したもの。社長の給料を上げるとトータルの税金は低くなることがわかる。これはあくまでも一例だが、会社が儲かっている場合、社長の給料は上げた方がトクになることを覚えておこう。

社長の給料が高いほど、会社全体でみたときの税負担は軽くなるなぜキャバクラ代がOKでベビーシッター代が経費で落とせないのか!?
ザイが作ったフリーランスのためのお金の本

2012年2月16日　第1刷発行

編著 ———— マンガ　小迎裕美子
ダイヤモンド・ザイ編集部
発行 ———— (株)ダイヤモンド社
〒150-8409　東京都渋谷区神宮前6-12-17
http://www.diamond.co.jp/
電話／03-5778-7375（編集）　電話／03-5778-7240（販売）

監修 ———— 岩松正記 佐藤正明 宮沢博
執筆協力 ———— 大山弘子 金野和子 坂本君子 鈴木弥生 酒井富士子
デザイン ———— 河南祐介 五味 聡 島津摩里 新藤雅也（FANTAGRAPH）
イラスト ———— 浜畠かのう
製作進行 ———— ダイヤモンド・グラフィック社
印刷 ———— 加藤文明社
製本 ———— 川島製本所
編集 ———— ㈱回遊舎 坂本君子 鈴木弥生
校閲 ———— ㈱ヴェリタ
制作統括 ———— 浜辺雅士

ISBN978-4-478-02051-7